COMPACT 2025년 14회 변호사시험 민사법 (선택 사례 기록형) 해설

변호사/법학박사 이관형 공저
변호사 송재광 공저

머리말

2026년도 제15회 변호사시험 합격을 위해 도움이 되었으면 하는 마음으로 2025년도 제14회 변호사시험 민사법 선택형, 사례형, 기록형 해설서를 빠르게 준비하여 출간하게 되었습니다. 제15회 변호사시험을 준비하는 분들은 제14회 변호사시험 민사법 기출문제를 우선 정밀하게 분석하기 바랍니다. 이후, 출제 경향에 맞는 학습 방향을 설정하여 제15회 변호사시험을 준비하면, 시행착오 없이 합격하는데 도움이 될 것입니다. 단언컨대 변호사시험을 준비하는 로스쿨 수험생 중에서 열심히 하지 않는 학생은 없을 것입니다. 본인이 하고 싶은 방향으로 하는 공부가 아니라 새로운 출제 경향과 방향에 맞는 올바른 학습 방법을 우선 고민하고 남은 기간 열심히 하시면 반드시 좋은 결과 있을 겁니다. 2024년 모의고사부터 손발을 맞춰온 송재광 변호사와의 협업이 원활하게 이루어져 완성도 있는 해설서가 나온 것 같아서 매우 뜻깊게 생각합니다. 저자의 큰 복이 아닐까 싶습니다. 무턱대고 열심히 공부하기보다는 학습 방향에 대한 올바른 설정 이후 열심히 하시길 다시금 부탁드리며 출간사를 이만 줄입니다. 여러분의 합격을 진심으로 기원드립니다.

공동저자 이관형 변호사, 법학박사

송재광 변호사 올림

목 차

제1편
선택형

1. 미성년자에 관한 설명 중 옳은 것을 모두 고른 것은? (다툼이 있는 경우 판례에 의함)

ㄱ. 「민법」 제921조에 따라 미성년자의 법정대리인으로 특별대리인을 선임하는 경우에 법원은 특별대리인이 처리할 법률행위를 특정하여 이를 심판 주문에 표시하는 것이 원칙이다.
ㄴ. 법정대리인이 미성년자에게 특정한 영업을 허락한 경우에 법정대리인은 그 허락을 취소할 수 없다.
ㄷ. 미성년자가 법률행위 당시 상대방에 대하여 자신을 단지 성년자라고만 말하였을 뿐 적극적으로 속임수를 사용하지는 않았다면 미성년자는 그 법률행위를 취소할 수 있다.
ㄹ. 미성년자의 법정대리인으로 미성년후견인을 두는 경우에 미성년자의 이익을 위하여 여러 명의 미성년후견인을 둘 수 있다.
ㅁ. 미성년자가 성폭력을 당한 경우에 이로 인한 손해배상청구권의 소멸시효는 그가 성년이 될 때까지 진행하지 않는다.

① ㄱ, ㄴ, ㅁ ② ㄱ, ㄷ, ㄹ ③ ㄱ, ㄷ, ㅁ
④ ㄴ, ㄷ, ㄹ ⑤ ㄴ, ㄹ, ㅁ

해설

㉠ (O)
[1] 민법 제921조의 특별대리인 제도는 친권의 남용을 방지하고 미성년인 자의 이익을 보호하려는 데 그 취지가 있으므로, 특별대리인은 이해가 상반되는 특정의 법률행위에 관하여 개별적으로 선임되어야 한다. 따라서 특별대리인선임신청서에는 선임되는 특별대리인이 처리할 법률행위를 특정하여 적시하여야 하고 법원도 그 선임 심판시에 특별대리인이 처리할 법률행위를 특정하여 이를 심판의 주문에 표시하는 것이 원칙이며, 특별대리인에게 미성년자가 하여야 할 법률행위를 무엇이든지 처리할 수 있도록 포괄적으로 권한을 수여하는 심판을 할 수는 없다.
[2] 법원이 특별대리인 선임 심판을 함에 있어서 그 주문에 특별대리인이 처리할 법률행위를 적시하지 아니한 채 단지 특정인을 미성년자를 위한 특별대리인으로 선임한다는 내용만 기재하는 것은 바람직하지 아니한 것이나, 이러한 내용의 심판이 있는 경우에도 그 특별대리인의 권한은 그 사건 선임신청서에서 신청의 원인으로 적시한 특정의 법률행위에 한정되는 것이며 그 밖의 다른 법률행위에 대하여는 그 처리 권한이 없다(대법원 1996. 4. 9. 선고 96다1139 판결).

㉡ (×)
1) 미성년자가 법정대리인으로부터 허락을 얻은 특정한 영업에 관하여는 성년자와 동일한 행위능력이 있다(민법 제8조 제1항). 법정대리인은 전항의 허락을 취소 또는 제한할 수 있다. 그러나 선의의 제3자에게 대항하지 못한다(민법 제8조 제2항).
2) 이 때의 '취소·제한'의 법적 성격은 거래안전과의 조화를 위하여'철회'로 보는 것이 통설이다. 따라서 영업허락의 취소는 '취소'라는 문언에도 불구하고, 장래를 향하여 효력이 발생하므로 비소급효를 가짐에 주의해야 한다.

㉢ (O)

1) 제한능력자가 속임수로써 자기를 능력자로 믿게 한 경우에는 그 행위를 취소할 수 없다(민법 제17조 제1항). 미성년자나 피한정후견인이 속임수로써 법정대리인의 동의가 있는 것으로 믿게 한 경우에도 제1항과 같다(민법 제17조 제2항).

2) 민법 제17조에 소위 '무능력자가 능력자인 것을 믿게하기 위하여 사술을 쓴 때'라함은 무능력자가 상대방으로 하여금 그 능력자임을 믿게하기 위하여 적극적으로 사술을 쓴 것을 말하는 것으로서 단순히 "성년자로 군대에 갔다왔다고 언명"하여 자기가 능력자라 칭한 것만으로는 소위 사술을 쓴 것이라 할 수 없다(대법원 1954. 3. 31. 선고 4287민상77 판결).

3) **비교** : 미성년자가 위조 신분증, 위조 인감증명 등을 제시하며 성년자임을 믿게하였다면 민법 제17조 소정의 '속임수'에 해당한다는 판례가 있다(대법원 1971. 6. 22. 선고 71다940 판결).

㉣ **(×)** 미성년후견인의 수는 한 명으로 한다(민법 제930조 제1항). 책임 있는 후견이 되도록 하기 위하여 '1명'의 '자연인'만이 미성년후견인이 된다.

㉤ **(○)** 미성년자가 성폭력, 성추행, 성희롱, 그 밖의 성적 침해를 당한 경우에 이로 인한 손해배상청구권의 소멸시효는 그가 성년이 될 때까지는 진행되지 아니한다(민법 제766조 제3항). 2020. 10. 20. 자 신설 조문을 그대로 출제한 것이다.

정답 ③

2. 甲의 乙에 대한 5,000만 원의 대여금 채권은 소멸시효가 완성되었다. 이에 관한 설명 중 옳지 않은 것은? (각 지문은 독립적이며, 다툼이 있는 경우 판례에 의함)

① 乙이 소멸시효 완성 사실을 모르고 위 채무의 변제로 甲에게 5,000만 원을 지급한 경우, 乙은 甲에게 그 반환을 청구할 수 없다.

② 丙이 甲의 乙에 대한 위 채권을 담보하기 위해 소멸시효 완성 전에 자기 소유의 X 토지에 저당권을 설정해 준 경우, 丙은 위 채권의 소멸시효 완성을 주장할 수 있다.

③ 乙의 일반채권자 丙은 자기의 채권을 보전하기 위해 필요한 한도 내에서 乙을 대위하여 甲의 乙에 대한 위 채권의 소멸시효 완성을 주장할 수 있다.

④ 甲의 乙에 대한 위 채권이 소멸시효 완성 전에 이미 乙의 甲에 대한 채권과 상계할 수 있었던 경우, 甲은 위 채권을 乙의 채권과 상계할 수 있다.

⑤ 甲이 소멸시효 완성 후 乙을 상대로 채무이행의 소를 제기하였는데 乙이 사실심 변론 종결시까지 소멸시효 완성 사실을 주장하지 않은 경우, 법원은 직권으로 소멸시효 완성을 고려하여야 한다.

해설

① **(○)**, ⑤ **(×)**

1) 민법상 당사자의 원용이 없어도 시효완성의 사실로서 채무는 당연히 소멸하고, 다만 소멸시효의 이익을 받는 자가 소멸시효 이익을 받겠다는 뜻을 항변하지 않는 이상 그 의사에 반하여 재판할 수 없을 뿐이다(대법원 1979. 2. 13. 선고 78다2157 판결). 판시는 소멸시효의 완성으로 청구권이 소멸한다는 절대적 소멸설의 입장으로 이해된다.

2) 채무 없는 자가 착오로 인하여 변제한 경우에 그 변제가 도의관념에 적합한 때에는 그 반환을 청구하지 못한다(민법 제744조).

② **(○)** 타인의 채무를 담보하기 위하여 자기의 물건에 담보권을 설정한 물상보증인은 채권자에 대하여 물적 유한책임을 지고 있어 그 피담보채권의 소멸에 의하여 직접 이익을 받는 관계에 있으므로 소멸시효의

완성을 주장할 수 있고, 소멸시효 이익의 포기는 상대적 효과가 있을 뿐이어서 채무자가 시효이익을 포기하더라도 물상보증인에게는 효력이 없다(대법원 2018. 11. 9. 선고 2018다38782 판결).

③ (O) 소멸시효가 완성된 경우 이를 주장할 수 있는 사람은 시효로 인하여 채무가 소멸되는 결과 직접적인 이익을 받는 사람에 한정되므로, 채무자에 대한 일반 채권자는 자기의 채권을 보전하기 위하여 필요한 한도 내에서 채무자를 대위하여 소멸시효 주장을 할 수 있을 뿐 채권자의 지위에서 독자적으로 소멸시효의 주장을 할 수 없다(대법원 1997. 12. 26. 선고 97다22676 판결).

④ (O) 소멸시효가 완성된 채권이 그 완성 전에 상계할 수 있었던 것이면 그 채권자는 상계할 수 있다(민법 제495조).

정답 ⑤

3. 甲은 자기 소유의 X 토지를 적절한 가격에 매도할 것을 乙에게 위임하면서 그에 관한 대리권도 함께 수여하였다. 이에 관한 설명 중 옳은 것을 모두 고른 것은? (각 지문은 독립적이며, 다툼이 있는 경우 판례에 의함)

ㄱ. 乙이 甲의 대리인으로서 X 토지에 관하여 丙과 매매계약을 체결한 후 중도금까지 받았다는 사정을 알고 있는 丁이 乙에게 적극적으로 매도를 요청하여 乙이 甲의 대리인으로서 丁에게 다시 X 토지를 매도하고 소유권이전등기까지 마쳐 주었다면, 甲이 이러한 사실을 몰랐다고 하더라도 甲과 丁 사이의 매매계약은 무효이다.

ㄴ. 乙이 甲의 대리인으로서 X 토지에 관하여 丙과 매매계약을 체결하면서 丙에게 위법한 강박을 행하였다면, 丙은 甲이 이러한 사실을 알았거나 알 수 있었을 경우에 한하여 甲과의 매매계약을 취소할 수 있다.

ㄷ. 乙이 甲의 대리인으로서 X 토지에 관하여 丙과 매매계약을 체결하였는데 丙이 약정한 날짜에 잔금을 지급하지 않은 경우, 乙이 丙에게 상당한 기간을 정하여 이행의 최고를 하였으나 그 기간 내에도 丙이 잔금을 지급하지 않았다면 乙은 위 매매계약을 해제할 수 있다.

ㄹ. 乙이 甲의 대리인으로서 甲의 허락 없이 자기를 X 토지의 매수인으로 하는 계약을 체결하였다면, 그 계약은 특별한 사정이 없는 한 무효이다.

① ㄱ, ㄷ ② ㄱ, ㄹ ③ ㄴ, ㄷ
④ ㄱ, ㄴ, ㄹ ⑤ ㄴ, ㄷ, ㄹ

해설

㉠ (O)

1) 부동산의 이중매매가 반사회적 법률행위로서 무효가 되기 위하여는 매도인의 배임행위와 매수인이 매도인의 배임행위에 적극 가담한 행위로 이루어진 매매로서, 그 적극가담하는 행위는 매수인이 다른 사람에게 매매목적물이 매도된 것을 안다는 것만으로는 부족하고, 적어도 그 매도사실을 알고도 매도를 요청하여 매매계약에 이르는 정도가 되어야 한다(대법원 1994. 3. 11. 선고 93다55289 판결).

2) 의사표시의 효력이 의사의 흠결, 사기, 강박 또는 어느 사정을 알았거나 과실로 알지 못한 것으로 인하여 영향을 받을 경우에 그 사실의 유무는 대리인을 표준하여 결정한다(민법 제116조 제1항).

3) 대리인이 본인을 대리하여 매매계약을 체결함에 있어서 매매대상 토지에 관한 저간의 사정을 잘 알고 그 배임행위에 가담하였다면, 대리행위의 하자 유무는 대리인을 표준으로 판단하여야 하므로, 설사 본인

이 미리 그러한 사정을 몰랐거나 반사회성을 야기한 것이 아니라고 할지라도 그로 인하여 매매계약이 가지는 사회질서에 반한다는 장애사유가 부정되는 것은 아니다(대법원 1998. 2. 27. 선고 97다45532 판결).

ㄴ (×) 의사표시의 효력이 의사의 흠결, 사기, 강박 또는 어느 사정을 알았거나 과실로 알지 못한 것으로 인하여 영향을 받을 경우에 그 사실의 유무는 대리인을 표준하여 결정한다(민법 제116조 제1항).

ㄷ (×)

1) 사안에서 甲이 대리인 乙에게 수권한 범위는 '매도계약의 체결'에 그친다.

2) 어떠한 계약의 체결에 관한 대리권을 수여받은 대리인이 수권된 법률행위를 하게 되면 그것으로 대리권의 원인된 법률관계(기초적 내부관계)는 원칙적으로 목적을 달성하여 종료되는 것이고, 법률행위에 의하여 수여된 대리권은 그 원인된 법률관계의 종료에 의하여 소멸하는 것이므로(민법 제128조), 그 계약을 대리하여 체결하였다 하여 곧바로 그 사람이 체결된 계약의 해제 등 일체의 처분권과 상대방의 의사를 수령할 권한까지 가지고 있다고 볼 수는 없다(대법원 2008. 1. 31. 선고 2007다74713 판결).

ㄹ (○) 대리인은 본인의 허락이 없으면 본인을 위하여 자기와 법률행위를 하거나, 동일한 법률행위에 관하여 당사자 쌍방을 대리하지 못한다(민법 제124조).

정답 ②

4. 「민법」상 법인의 기관에 관한 설명 중 옳은 것은? (다툼이 있는 경우 판례에 의함)

① 이사가 사임의 의사표시를 하였더라도 법인의 승낙이 없으면 사임의 효력은 발생하지 않는다.

② 법인과 이사의 이익이 상반되는 사항에 관하여 이해관계인 또는 검사의 청구가 있는 경우, 법원은 임시이사를 선임하여야 한다.

③ 감사는 필요적 상설기관이므로 감사의 성명과 주소는 정관의 필요적 기재 사항이다.

④ 직무대행자는 주무관청의 허가를 얻어 법인의 통상사무에 속하지 아니한 행위를 할 수 있다.

⑤ 법인이 정관에서 이사의 해임 사유와 절차를 정하였고 그 해임 사유가 실제로 발생하였다면, 법인과 이사 사이의 신뢰관계가 더 이상 유지되기 어려울 정도에 이르지 않았더라도 법인은 정관에서 정한 절차에 따라 이사를 해임할 수 있다.

해설

① (×) 재단법인의 이사는 법인에 대한 일방적인 사임의 의사표시에 의하여 법률관계를 종료시킬 수 있고, 그 의사표시가 수령권한 있는 기관에 도달됨으로써 효력을 발생하는 것이며, 법인의 승낙이 있어야만 효력이 있는 것은 아니다(대법원 1992. 7. 24. 선고 92다749 판결).

② (×) 이사가 없거나 결원이 있는 경우에 이로 인하여 손해가 생길 염려 있는 때에는 법원은 이해관계인이나 검사의 청구에 의하여 임시이사를 선임하여야 한다(민법 제63조). 법인과 이사의 이익이 상반하는 사항에 관하여는 이사는 대표권이 없다. 이 경우에는 전조의 규정에 의하여 특별대리인을 선임하여야 한다(민법 제64조).

③ (×) 법인은 정관 또는 총회의 결의로 감사를 둘 수 있다(민법 제66조). 즉, 민법상 법인의 감사는 임의적 기관이다. 따라서 민법 제49조 소정의 법인의 등기사항도 아니다. 이는 이사가 민법상 법인의 이사가 필요적 상설기관이고, 이사의 성명·주소가 법인의 등기사항인 것과 비교된다.

④ (×)

1) 민법 제52조의2(직무집행정지 등 가처분의 등기)의 직무대행자는 가처분명령에 다른 정함이 있는 경우 외에는 법인의 통상사무에 속하지 아니한 행위를 하지 못한다. 다만, 법원의 허가를 얻은 경우에는 그러하지 아니하다(민법 제60조의2 제1항).

2) 직무대행자가 제1항의 규정에 위반한 행위를 한 경우에도 법인은 선의의 제3자에 대하여 책임을 진다(민법 제60조의2 제2항).

⑤ (O)

법인의 자치법규인 정관을 존중할 필요성은 법인이 정관에서 정하지 아니한 사유로 이사를 해임하는 경우뿐만 아니라 법인이 정관에서 정한 사유로 이사를 해임하는 경우에도 요구된다. 법인이 정관에서 이사의 해임사유와 절차를 정하였고 그 해임사유가 실제로 발생하였다면, 법인은 이를 이유로 정관에서 정한 절차에 따라 이사를 해임할 수 있다. 이때 정관에서 정한 해임사유가 발생하였다는 요건 외에 이로 인하여 법인과 이사 사이의 신뢰관계가 더 이상 유지되기 어려울 정도에 이르러야 한다는 요건이 추가로 충족되어야 법인이 비로소 이사를 해임할 수 있는 것은 아니다. 해임사유의 유형이나 내용에 따라서는 그 해임사유 자체에 이미 법인과 이사 사이의 신뢰관계 파탄이 당연히 전제되어 있거나 그 해임사유 발생 여부를 판단하는 과정에서 이를 고려하는 것이 적절한 경우도 있으나, 이 경우에도 궁극적으로는 해임사유에 관한 정관 조항 자체를 해석·적용함으로써 해임사유 발생 여부를 판단하면 충분하고, 법인과 이사 사이의 신뢰관계 파탄을 별도 요건으로 보아 그 충족 여부를 판단해야 하는 것은 아니다(대법원 2024. 1. 4. 선고 2023다263537 판결).

정답 ⑤

5. 甲은 A에게 자신의 X 토지를 담보로 제공하고 2억 원을 대출받아 줄 것을 위임하면서 그에 관한 대리권도 함께 수여하였다. A는 甲으로부터 신분증과 인감도장 등을 받아 서류를 위조한 뒤 甲의 대리인이라 칭하며 X 토지를 乙에게 3억 원에 매도하는 매매계약을 乙과 체결하였다. 이에 관한 설명 중 옳은 것(○)과 옳지 않은 것(×)을 올바르게 조합한 것은? (각 지문은 독립적이며, 다툼이 있는 경우 판례에 의함)

ㄱ. 매매계약 체결 당시 A에게 대리권이 없음을 알지 못한 乙이 甲의 추인이 있기 전에 甲에 대하여 계약을 철회하는 의사를 표시한 경우, 매매계약은 확정적으로 무효가 되어 甲은 A의 무권대리행위를 추인할 수 없다.
ㄴ. 甲이 乙에게 매매대금을 4억 원으로 변경하여 추인의 의사표시를 한 경우, 乙과의 매매계약은 특별한 사정이 없는 한 매매대금을 4억 원으로 하는 계약으로서 효력이 있다.
ㄷ. 乙이 A에게 대리권이 있다고 믿을 만한 정당한 사유가 인정되는 경우, 甲은 乙에 대하여 매매계약을 이행할 책임이 있다. 여기에서 정당한 사유가 있는지는 대리행위 당시뿐만 아니라 이후의 사정도 종합적으로 고려하여 판단하여야 한다.
ㄹ. A가 「민법」 제135조 제1항에 따른 무권대리인의 책임을 지는 경우, A는 乙의 선택에 따라 乙에 대하여 매매계약을 이행할 책임 또는 손해를 배상할 책임이 있다.

① ㄱ(○), ㄴ(×), ㄷ(○), ㄹ(×)
② ㄱ(×), ㄴ(○), ㄷ(×), ㄹ(×)
③ ㄱ(×), ㄴ(×), ㄷ(○), ㄹ(×)
④ ㄱ(○), ㄴ(×), ㄷ(×), ㄹ(○)
⑤ ㄱ(○), ㄴ(○), ㄷ(○), ㄹ(○)

해설

㉠ (O)

1) 추인 또는 거절의 의사표시는 상대방에 대하여 하지 아니하면 그 상대방에 대항하지 못한다. 그러나 상대방이 그 사실을 안 때에는 그러하지 아니하다(민법 제132조). 대리권 없는 자가 한 계약은 본인의 추

인이 있을 때까지 상대방은 본인이나 그 대리인에 대하여 이를 철회할 수 있다. 그러나 계약당시에 상대방이 대리권 없음을 안 때에는 그러하지 아니하다(민법 제134조).

2) [가] 무권대리행위의 추인에 특별한 방식이 요구되는 것이 아니므로 명시적인 방법만 아니라 묵시적인 방법으로도 할 수 있고, 그 추인은 무권대리인, 무권대리행위의 직접의 상대방 및 그 무권대리행위로 인한 권리 또는 법률관계의 승계인에 대하여도 할 수 있다.

[나] 민법 제132조는 본인이 무권대리인에게 무권대리행위를 추인한 경우에 상대방이 이를 알지 못하는 동안에는 본인은 상대방에게 추인의 효과를 주장하지 못한다는 취지이므로 상대방은 그때까지 민법 제134조에 의한 철회를 할 수 있고, 또 무권대리인에의 추인이 있었음을 주장할 수도 있다(대법원 1981. 4. 14. 선고 80다2314 판결).

ㄴ (×) 무권대리행위의 추인은 무권대리인에 의하여 행하여진 불확정한 행위에 관하여 그 행위의 효과를 자기에게 직접 발생케 하는 것을 목적으로 하는 의사표시이며, 무권대리인 또는 상대방의 동의나 승낙을 요하지 않는 단독행위로서 추인은 의사표시의 전부에 대하여 행하여져야 하고, 그 일부에 대하여 추인을 하거나 그 내용을 변경하여 추인을 하였을 경우에는 상대방의 동의를 얻지 못하는 한 무효이다(대법원 1982. 1. 26. 선고 81다카549 판결).

ㄷ (×) 권한을 넘은 표현대리에 있어서 대리인에 그 권한이 있다고 믿을 만한 정당한 이유가 있는가의 여부는 대리행위(매매계약) 당시를 기준으로 하여 판정하여야 하는 것이므로 무권대리인이 매매계약 후 잔대금 수령시에 가서야 비로소 본인 명의의 등기권리증, 인감증명서, 위임장, 매도증서 등을 상대방에게 제시한 사정만으로는 상대방이 무권대리인에게 그 권한이 있다고 믿을 만한 정당한 이유가 된다고 할 수 없다(대법원 1981. 8. 20. 선고 80다3247 판결).

ㄹ (○) 다른 자의 대리인으로서 계약을 맺은 자가 그 대리권을 증명하지 못하고 또 본인의 추인을 받지 못한 경우에는 그는 상대방의 선택에 따라 계약을 이행할 책임 또는 손해를 배상할 책임이 있다(민법 제135조 제1항). 대리인으로서 계약을 맺은 자에게 대리권이 없다는 사실을 상대방이 알았거나 알 수 있었을 때 또는 대리인으로서 계약을 맺은 사람이 제한능력자일 때에는 제1항을 적용하지 아니한다(민법 제135조 제2항).

정답 ④

6. 매도인 甲과 매수인 乙 사이에 甲 소유의 X 동산에 대해 소유권유보 약정이 있는 매매계약이 체결되었고, 이에 따라 甲이 乙에게 X 동산을 인도하였다. 이에 관한 설명 중 옳은 것을 모두 고른 것은? (각 지문은 독립적이며, 다툼이 있는 경우 판례에 의함)

ㄱ. 乙이 甲에게 매매대금 전액을 지급하면 X 동산의 소유권은 별도의 의사표시 없이 곧바로 乙에게 이전된다.

ㄴ. 매매대금의 절반이 지급된 상태에서 X 동산이 수급인 乙에 의해 도급인 丙이 소유한 Y 건물에 부합된 경우, 丙이 甲과 乙 사이의 소유권유보 약정 사실을 과실 없이 알지 못하였다면 甲은 丙에게 보상청구를 할 수 없다.

ㄷ. 매매대금의 절반이 지급된 상태에서 乙이 이러한 사실을 알고 있는 丁에게 X 동산을 처분한 후, 甲이 乙의 무단 처분 사실을 알고 그 처분행위를 추인하면 丁은 甲이 추인한 때부터 X 동산의 소유권을 취득한다.

① ㄱ ② ㄱ, ㄴ ③ ㄱ, ㄷ
④ ㄴ, ㄷ ⑤ ㄱ, ㄴ, ㄷ

해설

㉠ (O) 동산의 매매계약을 체결하면서, 매도인이 대금을 모두 지급받기 전에 목적물을 매수인에게 인도하지만 대금이 모두 지급될 때까지는 목적물의 소유권은 매도인에게 유보되며 대금이 모두 지급된 때에 그 소유권이 매수인에게 이전된다는 내용의 소위 소유권유보의 특약을 한 경우, 목적물의 소유권을 이전한다는 당사자 사이의 물권적 합의는 매매계약을 체결하고 목적물을 인도한 때 이미 성립하지만 대금이 모두 지급되는 것을 정지조건으로 하므로, 목적물이 매수인에게 인도되었다고 하더라도 특별한 사정이 없는 한 매도인은 대금이 모두 지급될 때까지 매수인뿐만 아니라 제3자에 대하여도 유보된 목적물의 소유권을 주장할 수 있고, 다만 대금이 모두 지급되었을 때에는 그 정지조건이 완성되어 별도의 의사표시 없이 목적물의 소유권이 매수인에게 이전된다(대법원 1996. 6. 28. 선고 96다14807 판결).

㉡ (O) 민법 제261조에서 첨부로 법률규정에 의한 소유권 취득(민법 제256조 내지 제260조)이 인정된 경우에 "손해를 받은 자는 부당이득에 관한 규정에 의하여 보상을 청구할 수 있다"라고 규정하고 있는바, 이러한 보상청구가 인정되기 위해서는 민법 제261조 자체의 요건만이 아니라, 부당이득 법리에 따른 판단에 의하여 부당이득의 요건이 모두 충족되었음이 인정되어야 한다. 매도인에게 소유권이 유보된 자재가 제3자와 매수인 사이에 이루어진 도급계약의 이행으로 제3자 소유 건물의 건축에 사용되어 부합된 경우 보상청구를 거부할 법률상 원인이 있다고 할 수 없지만, 제3자가 도급계약에 의하여 제공된 자재의 소유권이 유보된 사실에 관하여 과실 없이 알지 못한 경우라면 선의취득의 경우와 마찬가지로 제3자가 그 자재의 귀속으로 인한 이익을 보유할 수 있는 법률상 원인이 있다고 봄이 상당하므로, 매도인으로서는 그에 관한 보상청구를 할 수 없다(대법원 2009. 9. 24. 선고 2009다15602 판결).

㉢ (×)

1) [1] 동산의 매매에서 그 대금을 모두 지급할 때까지는 목적물의 소유권을 매도인이 그대로 보유하기로 하면서 목적물을 미리 매수인에게 인도하는 이른바 소유권유보약정이 있는 경우에, 다른 특별한 사정이 없는 한 매수인 앞으로의 소유권 이전에 관한 당사자 사이의 물권적 합의는 대금이 모두 지급되는 것을 정지조건으로 하여 행하여진다고 해석된다. 따라서 그 대금이 모두 지급되지 아니하고 있는 동안에는 비록 매수인이 목적물을 인도받았어도 목적물의 소유권은 위 약정대로 여전히 매도인이 이를 가지고, 대금이 모두 지급됨으로써 그 정지조건이 완성되어 별도의 의사표시 없이 바로 목적물의 소유권이 매수인에게 이전된다. 그리고 이는 매수인이 매매대금의 상당 부분을 지급하였다고 하여도 다를 바 없다. 그러므로 대금이 모두 지급되지 아니한 상태에서 매수인이 목적물을 다른 사람에게 양도하더라도, 양수인이 선의취득의 요건을 갖추거나 소유자인 소유권유보매도인이 후에 처분을 추인하는 등의 특별한 사정이 없는 한 그 양도는 목적물의 소유자가 아닌 사람이 행한 것으로서 효력이 없어서, 그 양도로써 목적물의 소유권이 매수인에게 이전되지 아니한다.

[2] 소유권유보약정이 있는 동산 매매계약의 매수인이 대금을 모두 지급하지 않은 상태에서 목적물을 다른 사람에게 양도한 사안에서, 위 목적물의 양수 당시 양도인이 매매계약의 할부금 중 일부를 원래의 매도인에게 지급하지 못하고 있음을 알았으면서, 소유권이 유보되어 있는지에 관하여 조사하는 등 양수인에게 통상적으로 요구되는 양도인의 양도권원에 관한 주의의무를 다하지 아니한 과실이 있음을 이유로 선의취득이 인정되지 않는다고 한 사례(대법원 2010. 2. 11. 선고 2009다93671 판결).

2) 무효행위의 추인은 추인한 때로부터 유효하게 되지만, 무권리자의 처분행위는 소급하여 유효하게 된다. 위 지문과 같은 대금완납 전 소유권유보부매매 매수인의 무단 처분의 법적 성격은 무권리자의 처분행위이므로, 민법 제130조, 제133조를 유추적용하여 추인한 때가 아닌, 소급하여 처음부터 유효한 행위가 된다.

3) 권리자가 무권리자의 처분을 추인하면 무권대리에 대해 본인이 추인을 한 경우와 당사자들 사이의 이익상황이 유사하므로, 무권대리의 추인에 관한 민법 제130조, 제133조 등을 무권리자의 추인에 유추

적용할 수 있다. 따라서 무권리자의 처분이 계약으로 이루어진 경우에 권리자가 이를 추인하면 원칙적으로 계약의 효과가 계약을 체결했을 때에 소급하여 권리자에게 귀속된다고 보아야 한다(대법원 2017. 6. 8. 선고 2017다3499 판결).

정답 ②

7. 甲은 2023. 4. 1. 자기 소유의 X 토지에 관하여 乙과 매매계약을 체결하였다. 이 계약에서 甲과 乙은 2023. 8. 31. 매매대금 전액의 지급과 상환으로 X 토지의 인도 및 소유권이전등기절차를 이행하기로 약정하였다. 이에 관한 설명 중 옳지 않은 것을 모두 고른 것은? (각 지문은 독립적이며, 다툼이 있는 경우 판례에 의함)

ㄱ. 乙이 2023. 8. 31. 甲에게 매매대금을 지급하였는데 甲과 乙 사이의 매매계약이 무효인 경우, 乙의 甲에 대한 매매대금 상당의 부당이득반환청구권의 소멸시효는 특별한 사정이 없는 한 乙이 매매대금을 지급한 때부터 진행한다.

ㄴ. 乙이 2023. 8. 31.이 지나도록 매매대금을 지급하지 않았더라도 甲에 대해 동시이행의 항변권이 인정되는 한, 甲의 乙에 대한 매매대금 채권의 소멸시효는 진행하지 않는다.

ㄷ. 甲이 2023. 8. 31. 乙에게 X 토지를 인도하고 소유권이전등기를 마쳐 주었지만 乙은 매매대금을 지급하지 않았다. 이후 甲이 X 토지의 매매대금 채권을 보전하기 위하여 乙의 丙에 대한 채권에 대해 가압류를 신청하여 그 결정이 2023. 10. 1. 丙에게 송달되었지만 乙에게는 그 가압류 사실이 통지되지 않았다면 甲의 乙에 대한 매매대금 채권의 소멸시효는 중단되지 않는다.

ㄹ. 甲이 2023. 8. 31. 乙에게 X 토지를 인도하고 소유권이전등기를 마쳐 주었지만 乙은 매매대금을 지급하지 않았다. 이후 甲의 채권자 A가 甲을 대위하여 乙을 상대로 매매대금의 지급을 구하는 소를 제기하였더라도 甲의 乙에 대한 매매대금 채권의 소멸시효는 중단되지 않는다.

① ㄱ　　② ㄴ, ㄷ　　③ ㄷ, ㄹ
④ ㄴ, ㄷ, ㄹ　　⑤ ㄱ, ㄴ, ㄷ, ㄹ

해설

㉠ (O) 민법 제166조 제1항에 따르면 소멸시효는 객관적으로 권리가 발생하고 그 권리를 행사할 수 있는 때로부터 진행하고, 그 권리를 행사할 수 없는 동안에는 진행하지 아니한다. 여기서 '권리를 행사할 수 없다.'라고 함은 권리행사에 법률상 장애사유, 예컨대 기간 미도래나 조건불성취 등이 있는 경우를 말하고, 사실상 권리의 존부나 권리행사의 가능성을 알지 못하였거나 알지 못함에 과실이 없다고 하여도 이러한 사유는 법률상 장애사유에 해당한다고 할 수 없다. 따라서 매매계약의 무효를 원인으로 한 매매대금 상당의 부당이득반환청구권은 특별한 사정이 없는 한 매매대금을 지급한 때에 성립하고 그 성립과 동시에 권리를 행사할 수 있으므로 그때부터 소멸시효가 진행한다(대법원 2024. 6. 27. 선고 2023다302920 판결).

㉡ (×) 부동산에 대한 매매대금 채권이 소유권이전등기청구권과 동시이행의 관계에 있다고 할지라도 매도인은 매매대금의 지급기일 이후 언제라도 그 대금의 지급을 청구할 수 있는 것이며, 다만 매수인은 매도인으로부터 그 이전등기에 관한 이행의 제공을 받기까지 그 지급을 거절할 수 있는 데 지나지 아니하므로 매매대금 청구권은 그 지급기일 이후 시효의 진행에 걸린다(대법원 1991. 3. 22. 선고 90다9797 판결).

㉢ (×) [1] 채권자가 채무자의 제3채무자에 대한 채권을 압류 또는 가압류한 경우에 채무자에 대한 채권자의 채권에 관하여 시효중단의 효력이 생긴다고 할 것이나, 압류 또는 가압류된 채무자의 제3채무자에 대한 채권에 대하여는 민법 제168조 제2호 소정의 소멸시효 중단사유에 준하는 확정적인 시효중단의 효력이 생긴다고 할 수 없다.

[2] 소멸시효 중단사유의 하나로서 민법 제174조가 규정하고 있는 최고는 채무자에 대하여 채무이행을 구한다는 채권자의 의사통지(준법률행위)로서, 이에는 특별한 형식이 요구되지 아니할 뿐 아니라 행위 당시 당사자가 시효중단의 효과를 발생시킨다는 점을 알거나 의욕하지 않았다 하더라도 이로써 권리 행사의 주장을 하는 취지임이 명백하다면 최고에 해당하는 것으로 보아야 할 것이므로, 채권자가 확정판결에 기한 채권의 실현을 위하여 채무자의 제3채무자에 대한 채권에 관하여 압류 및 추심명령을 받아 그 결정이 제3채무자에게 송달이 되었다면 거기에 소멸시효 중단사유인 최고로서의 효력을 인정하여야 한다(대법원 2003. 5. 13. 선고 2003다16238 판결).

㉣ (×) 채권자대위권 행사의 효과는 채무자에게 귀속되는 것이므로 채권자대위소송의 제기로 인한 소멸시효 중단의 효과 역시 채무자에게 생긴다(대법원 2011. 10. 13. 선고 2010다80930 판결). **정답** ④

8. **甲은 丙 소유의 Y 토지에 X 건물을 신축하여 원시취득한 후 乙에게 X 건물을 미등기 무허가 상태로 매도하고 인도하였으며, X 건물에 대한 乙 명의의 소유권이전등기는 아직 마쳐지지 않았다. 이에 관한 설명 중 옳은 것을 모두 고른 것은? (각 지문은 독립적이며, 다툼이 있는 경우 판례에 의함)**

ㄱ. 乙이 甲에게 매매대금을 완납한 후 X 건물을 丁에게 매도하고 인도해 준 경우, 甲이 丁에게 물권적 반환청구권을 행사하면 丁은 자신의 고유한 점유·사용권을 甲에게 주장할 수 있다.

ㄴ. 乙이 甲에게 매매대금을 완납한 경우, 乙에게는 X 건물에 대하여 소유권에 준하는 관습상의 물권 또는 사실상의 소유권이라는 법률상의 지위가 인정된다.

ㄷ. 乙이 甲에게 매매대금을 완납하였고 乙이 丙에 대해 이미 변제기가 도래한 대여금 채권을 가지고 있는데, 甲에게 Y 토지에 대한 사용권이 없어서 丙이 甲에게 Y 토지의 차임 상당 부당이득반환청구를 한 경우, 甲은 乙의 부담부분에 한하여 乙의 위 채권을 자동채권으로 하여 상계할 수 있다.

① ㄱ ② ㄴ ③ ㄱ, ㄷ
④ ㄴ, ㄷ ⑤ ㄱ, ㄴ, ㄷ

해설

㉠ (O) 부동산의 매수인이 아직 소유권이전등기를 경료받지 않았다고 하더라도 매매계약의 이행으로 그 부동산을 인도받은 때에는 매매계약의 효력으로서 이를 점유·사용할 권리가 생기는 것이고, 매수인이 그 부동산을 이미 사용하고 있는 상태에서 부동산의 매매계약을 체결한 경우에도 특별한 약정이 없는 한 매수인은 그 매매계약을 이행하는 과정에서 이를 점유·사용할 권리를 가진다(대법원 1996. 6. 25. 선고 95다12682 판결).

㉡ (×) 미등기 무허가건물의 양수인이라도 그 소유권이전등기를 경료하지 않는 한 그 건물의 소유권을 취득할 수 없고, 소유권에 준하는 관습상의 물권이 있다고도 할 수 없으며, 현행법상 사실상의 소유권이라고

하는 포괄적인 권리 또는 법률상의 지위를 인정하기도 어렵다(대법원 2006. 10. 27. 선고 2006다49000 판결). 즉, 법률상 또는 사실상 처분할 수 있는 채권적 권리를 갖는 것에 불과하고 물권에 준하는 권리를 갖는다고 볼 수 없다.

ⓒ (×)

1) 미등기건물을 양수하여 건물에 관한 사실상의 처분권을 보유하게 됨으로써 그 양수인이 건물 부지 역시 아울러 점유하고 있다고 볼 수 있는 경우에는 미등기건물에 관한 사실상의 처분권자도 건물 부지의 점유·사용에 따른 부당이득반환의무를 부담한다. 이러한 경우 미등기건물의 원시취득자와 사실상의 처분권자가 토지 소유자에 대하여 부담하는 부당이득반환의무는 동일한 경제적 목적을 가진 채무로서 부진정연대채무 관계에 있다고 볼 것이다(대법원 2022. 9. 29. 선고 2018다243133 판결).

2) 상계할 채권이 있는 연대채무자가 상계하지 아니한 때에는 그 채무자의 부담부분에 한하여 다른 연대채무자가 상계할 수 있다(민법 제418조 제2항).

3) 부진정연대채무자 사이에는 고유의 의미에 있어서의 부담부분이 존재하지 아니하므로 위와 같은 고유의 의미의 부담부분의 존재를 전제로 하는 민법 제418조 제2항은 부진정연대채무에는 적용되지 아니하는 것으로 봄이 상당하고, 따라서 부진정연대채무에 있어서는 한 부진정연대채무자가 채권자에 대하여 상계할 채권을 가지고 있음에도 상계를 하지 않고 있다 하더라도 다른 부진정연대채무자가 그 채권을 가지고 상계를 할 수는 없는 것으로 보아야 한다(대법원 1994. 5. 27. 선고 93다21521 판결). **정답** ①

9. 경정등기에 관한 설명 중 옳은 것(○)과 옳지 않은 것(×)을 올바르게 조합한 것은? (다툼이 있는 경우 판례에 의함)

ㄱ. 등기명의인의 동일성이 인정되지 않는 위법한 경정등기가 마쳐졌으나 그것이 경정 후 명의인의 권리관계를 표상하는 결과에 이르러 그 경정등기가 실체관계에 부합하게 되었다면 그 경정등기는 유효하지만, 경정 전에 실제로 존재했던 경정 전 등기명의인의 권리가 소급적으로 소멸되지는 않는다.

ㄴ. 등기명의인 경정의 부기등기가 등기명의인의 동일성을 해치는 방법으로 행하여져서 실제 소유관계를 표상하고 있지 않은 경우, 이러한 경정등기의 말소등기절차의 이행을 청구하려는 자는 자신이 부동산의 원래의 등기명의인에 해당하는 자로서 진실한 소유자라는 사실을 증명하여야 한다.

ㄷ. 등기관이 기존 등기에 존재하는 착오를 발견한 경우 지체 없이 그 등기를 경정하여야 하는데, 이때 경정될 등기와 등기부상 양립할 수 없는 등기가 있는 경우에는 그 등기명의인의 승낙을 받아야 한다.

ㄹ. 공유부동산에 관하여 단독 소유로 소유권보존등기가 마쳐진 경우, 진정한 권리자가 소유권보존등기의 일부 말소를 소로써 구하면 법원은 그 지분에 대해서만 말소를 명할 수 없으므로 경정등기를 명하여야 한다.

① ㄱ(○), ㄴ(○), ㄷ(○), ㄹ(×)
② ㄱ(○), ㄴ(○), ㄷ(×), ㄹ(×)
③ ㄱ(○), ㄴ(×), ㄷ(×), ㄹ(○)
④ ㄱ(×), ㄴ(○), ㄷ(×), ㄹ(○)
⑤ ㄱ(×), ㄴ(×), ㄷ(○), ㄹ(×)

해설

㉠ (O) 등기명의인의 경정등기는 명의인의 동일성이 인정되는 범위를 벗어나면 허용되지 아니한다. 그렇지만 등기명의인의 동일성 유무가 명백하지 아니하여 경정등기 신청이 받아들여진 결과 명의인의 동일성이 인정되지 않는 위법한 경정등기가 마쳐졌다 하더라도, 그것이 일단 마쳐져서 경정 후의 명의인의 권리관계를 표상하는 결과에 이르렀고 그 등기가 실체관계에도 부합하는 것이라면 등기는 유효하다. 이러한 경우에 경정등기의 효력은 소급하지 않고 경정 후 명의인의 권리취득을 공시할 뿐이므로, 경정 전의 등기 역시 원인무효의 등기가 아닌 이상 경정 전 당시의 등기명의인의 권리관계를 표상하는 등기로서 유효하고, 경정 전에 실제로 존재하였던 경정 전 등기명의인의 권리관계가 소급적으로 소멸하거나 존재하지 않았던 것으로 되지도 아니한다(대법원 2015. 5. 21. 선고 2012다952 전원합의체판결).

㉡ (O) 등기명의인의 표시변경 또는 경정의 부기등기가 등기명의인의 동일성을 해치는 방법으로 행하여져서 부동산등기사항증명서상의 표시가 실지 소유관계를 표상하고 있는 것이 아니라면 진실한 소유자는 그 소유권의 내용인 침해배제청구권의 정당한 행사로써 그 표시상의 소유명의자를 상대로 그 소유권에 장애가 되는 부기등기인 표시변경 또는 경정등기의 말소등기절차의 이행을 청구할 수 있으므로, 이와 같이 부동산의 등기명의인의 표시변경 또는 경정등기의 말소등기절차의 이행을 청구하려는 자는 자신이 부동산의 원래의 등기명의인에 해당하는 자로서 진실한 소유자라는 사실을 증명하여야 한다(대법원 2021. 5. 7. 선고 2020다299214 판결).

㉢ (×)

1) 부동산등기법 제32조 제2항은 등기관이 등기의 착오나 빠진 부분이 등기관의 잘못으로 인한 것임을 발견한 경우에는 지체 없이 그 등기를 직권으로 경정하여야 하고, 다만 등기상 이해관계 있는 제3자가 있는 경우에는 제3자의 승낙이 있어야 한다고 규정하고 있다. 여기서 '등기상 이해관계 있는 제3자'는 기존 등기에 존재하는 착오 또는 빠진 부분을 바로잡는 경정등기를 허용함으로써 손해를 입게 될 위험성이 있는 등기상의 권리자를 의미하는데, 경정될 등기와 등기부상 양립할 수 없는 등기가 된 경우에 등기내용은 단지 경정의 대상이 될 뿐이고, 등기명의자를 승낙청구의 상대방인 등기상 이해관계 있는 제3자로 보아 별도로 승낙까지 받아야 할 필요는 없다(대법원 2017. 1. 25.자 2016마5579 결정).

2) 700세대로 이루어진 아파트의 공용부분에 해당하는 토지에 관하여 甲, 乙, 丙 등 701명 앞으로 소유권이전등기가 마쳐졌는데, 폐쇄등기부의 공유자란에 공유지분을 따로 표시하지 아니한 채 공유자들의 성명과 주소만 기재되어 있고, 등기관이 등기부를 전산이기하면서 토지의 공유자를 甲, 乙, 丙 등 701명으로, 공유자의 각 공유지분을 모두 1/701 지분으로 기재하자, 甲이 부부인 乙과 丙의 공유지분을 합계 1/700 지분으로 보아야 한다고 주장하면서 등기관에게 직권발동을 촉구하는 의미의 경정등기 신청을 하였으나, 등기관이 신청을 각하하는 결정을 한 사안에서, 전산이기 과정에서 등기관의 잘못으로 공유자들의 공유지분이 폐쇄등기부의 공유지분 기재와 다르게 등기된 경우에 등기내용은 단지 경정의 대상이 될 뿐이고, 등기명의자를 승낙청구의 상대방인 등기상 이해관계 있는 제3자로 보아 별도로 승낙까지 받아야 할 필요는 없으므로, 토지의 공유자인 乙과 丙은 등기상 이해관계 있는 제3자에 해당하지 아니한다고 판단한 사안이다.

㉣ (×)

1) [1] 경정등기는 기존 등기의 일부에 등기 당시부터 착오 또는 빠진 부분이 있어 그 등기가 원시적으로 실체관계와 일치하지 아니하는 경우에 이를 시정하기 위하여 기존 등기의 해당 부분을 정정 또는 보충하여 실체관계에 맞도록 등기사항을 변경하는 등기를 말한다. 경정등기가 허용되기 위해서는 경정 전후의 등기에 동일성 내지 유사성이 있어야 하는데, 경정 전의 명의인과 경정 후의 명의인이 달라지는 권리자 경정등기는 등기명의인의 동일성이 인정되지 않으므로 허용되지 않는다. 따라서 단독소유를 공유로 또는

공유를 단독소유로 하는 경정등기 역시 소유자가 변경되는 결과로 되어 등기명의인의 동일성을 잃게 되므로 허용될 수 없다.

[2] 실체관계상 공유인 부동산에 관하여 단독소유로 소유권보존등기가 마쳐졌거나 단독소유인 부동산에 관하여 공유로 소유권보존등기가 마쳐진 경우에 소유권보존등기 중 진정한 권리자의 소유부분에 해당하는 일부 지분에 관한 등기명의인의 소유권보존등기는 무효이므로 이를 말소하고 그 부분에 관한 진정한 권리자의 소유권보존등기를 하여야 한다. 이 경우 진정한 권리자는 소유권보존등기의 일부말소를 소로써 구하고 법원은 그 지분에 한하여만 말소를 명할 수 있으나, 등기기술상 소유권보존등기의 일부말소는 허용되지 않으므로, 그 판결의 집행은 단독소유를 공유로 또는 공유를 단독소유로 하는 경정등기의 방식으로 이루어진다. 이와 같이 일부말소 의미의 경정등기는 등기절차 내에서만 허용될 뿐 소송절차에서는 일부말소를 구하는 외에 경정등기를 소로써 구하는 것은 허용될 수 없다(대법원 2017. 8. 18. 선고 2016다6309 판결).

2) 사안과 같은 경우 법원은"○○부동산에 관하여 ○○권리에 관한 경정등기절차를 이행하라."는 판결주문은 낼 수 없고, "○○등기의 말소등기절차를 이행하라."는 판결주문을 내어야 하고, 소송단계가 아닌 집행단계에서 비로소 판결에 따른 집행방법이 경정등기의 방법으로 이루어진다는 의미이다. **정답** ②

10. **「부동산 실권리자명의 등기에 관한 법률」이 적용되는 명의신탁에 관한 설명 중 옳은 것은? (다툼이 있는 경우 판례에 의함)**

① 3자 간 등기명의신탁에서 명의수탁자가 명의신탁된 부동산을 임의처분하여 제3자가 그 소유권을 취득한 경우, 매도인의 소유권이전등기의무가 이행불능이 되어 발생하는 매도인과 명의신탁자 사이의 법률관계와 명의수탁자가 매도인의 소유권을 침해하여 발생하는 명의수탁자와 매도인 사이의 법률관계를 각각 구분하여 개별적으로 이해관계를 조정하면 부당이득반환제도의 취지에 배치될 수 있다.

② 3자 간 등기명의신탁에서 명의신탁자가 매도인을 대위하지 않고 직접 명의수탁자를 상대로 부당이득반환을 원인으로 한 소유권이전등기를 청구한 경우, 이에 따라 마쳐진 명의신탁자 명의 소유권이전등기는 무효이다.

③ 계약명의신탁에서 매도인이 명의신탁약정에 대하여 알지 못했던 경우, 명의수탁자가 명의신탁자에 대한 매수자금 반환에 갈음하여 명의신탁된 부동산 자체를 양도하기로 합의하고 그에 기하여 명의신탁자가 지정하는 제3자 앞으로 소유권이전등기를 마쳐 주었다면 그 제3자 명의 소유권이전등기는 유효이다.

④ 계약명의신탁에서 매도인이 명의수탁자와 매매계약을 체결할 때는 명의신탁약정에 대하여 알지 못하였으나 명의수탁자 명의로 소유권이전등기를 마쳐 줄 때는 이를 알게 된 경우, 매도인과 명의수탁자 간 매매계약은 소급적으로 무효가 된다.

⑤ 계약명의신탁에서 매도인이 명의신탁약정에 대하여 알고 있었던 경우, 매도인과 명의수탁자가 체결한 매매계약은 원시적으로 무효이고 해당 부동산의 소유권은 매도인에게 그대로 남아 있게 되므로 특별한 사정이 없는 한 명의신탁자는 매도인에게 소유권이전등기를 청구할 수 있다.

해설

판결이유 중 내용, 기존 판시 그 자체가 아니라 추론되는 함의 등을 동원해야 풀리는 문제여서 익숙한 선지들이 아니기 때문에 문제 풀이에 상당한 시간이 필요했을 것으로 추정됩니다.

① (O) 3자간 등기명의신탁에서 명의수탁자의 임의처분 또는 강제수용이나 공공용지 협의취득 등(이러한 소유명의 이전의 원인관계를 통틀어 이하에서는 '명의수탁자의 처분행위 등'이라 한다)을 원인으로 제3자 명의로 소유권이전등기가 마쳐진 경우, 특별한 사정이 없는 한 제3자는 유효하게 소유권을 취득한다[부동산 실권리자명의 등기에 관한 법률(이하 '부동산실명법'이라 한다) 제4조 제3항]. 그 결과 매도인의 명의신탁자에 대한 소유권이전등기의무는 이행불능이 되어 명의신탁자로서는 부동산의 소유권을 이전받을 수 없게 되는 한편, 명의수탁자는 부동산의 처분대금이나 보상금 등을 취득하게 된다. 판례는, 명의수탁자가 그러한 처분대금이나 보상금 등의 이익을 명의신탁자에게 부당이득으로 반환할 의무를 부담한다고 보고 있다. 이러한 판례는 타당하므로 그대로 유지되어야 한다. 이러한 판례는 타당하므로 그대로 유지되어야 한다. 그 이유는 다음과 같다. 1)~5)는 생략

6) 3자간 등기명의신탁에서 명의수탁자의 처분행위 등으로 제3자가 부동산의 소유권을 취득할 경우, 그로 인하여 법률상 원인 없이 이익을 얻은 명의수탁자가 명의신탁자에 대하여 직접 부당이득반환의무를 부담한다고 보더라도, 3자간 등기명의신탁관계의 한 당사자인 매도인으로부터 권리를 박탈하거나 의무를 추가적으로 부담하게 하는 것이 아니고, 명의수탁자도 원래 명의신탁자나 매도인에 대하여 독자적인 항변권 등을 가지지 않았기 때문에 명의수탁자로부터 권리를 박탈하거나 추가적인 의무를 부담하게 하는 것이 아니며, 명의신탁자에게 부당한 이익이나 권리를 부여하는 것도 아니다. 오히려 **3자간 등기명의신탁에서 명의신탁자와 매도인 사이의 매매계약에 기한 소유권이전등기의무가 이행불능이 됨으로써 발생하는 계약해제나 손해배상의 법률관계, 매도인과 명의수탁자 사이에서 명의수탁자가 매도인의 소유권을 침해함으로써 발생하는 부당이득반환 또는 불법행위로 인한 손해배상의 법률관계를 각각 구분하여 개별적으로 이해관계를 조정하게 될 경우, 구체적 사정에 따라서는 부당이득반환청구권이나 손해배상청구권 등이 인정되지 않는 경우도 있고 과실상계 등의 사유로 인하여 제한적으로 인정되는 경우도 있을 수 있어서, 손해의 보전이 충분하지 못함과 동시에 예상치 못한 이익을 얻게 되는 결과가 발생하게 된다. 이러한 결과를 용인하는 것은 공평의 이념에 기초한 부당이득반환 제도의 취지에 배치된다**(대법원 2021. 9. 9. 선고 2018다284233 전원합의체 판결).

② (×)

1) 3자간 등기명의신탁의 경우 부동산실명법에서 정한 유예기간 경과에 의하여 그 명의신탁약정과 그에 의한 등기가 무효로 되더라도 명의신탁자는 매도인에 대하여 매매계약에 기한 소유권이전등기청구권을 보유하고 있어 그 유예기간의 경과로 그 등기 명의를 보유하지 못하는 손해를 입었다고 볼 수 없고, 또한 명의신탁 부동산의 소유권이 매도인에게 복귀된 마당에 명의신탁자가 무효의 등기명의인인 명의수탁자를 상대로 그 이전등기를 구할 수도 없다고 보아야 하므로, 결국 3자간 등기명의신탁에 있어서 명의신탁자는 명의수탁자를 상대로 부당이득반환을 원인으로 한 소유권이전등기를 구할 수 없다고 봄이 상당하다.

2) 3자간 등기명의신탁에 있어서, 명의신탁자는 매도인에 대하여 매매계약에 기한 소유권이전등기를 청구할 수 있고, 그 소유권이전등기청구권을 보전하기 위하여 매도인을 대위하여 명의수탁자에게 무효인 그 명의 등기의 말소를 구할 수도 있으므로, 명의수탁자가 명의신탁자 앞으로 바로 경료해 준 소유권이전등기는 결국 실체관계에 부합하는 등기로서 유효하다(대법원 2004. 6. 25. 선고 2004다6764 판결).

3) 두 판례 법리를 합쳐서 정오판별을 해야 정확한 풀이가 가능합니다.

③ (×)

1) 부동산 실권리자명의 등기에 관한 법률(이하 '부동산실명법'이라고 한다) 제4조 제1항, 제2항에 의하면,

명의신탁자와 명의수탁자가 이른바 계약명의신탁 약정을 맺고 명의수탁자가 당사자가 되어 명의신탁약정이 있다는 사실을 알지 못하는 소유자와의 사이에 부동산에 관한 매매계약을 체결한 후 매매계약에 따라 당해 부동산의 소유권이전등기를 수탁자 명의로 마친 경우에는 명의신탁자와 명의수탁자 사이의 명의신탁약정의 무효에도 불구하고 명의수탁자는 당해 부동산의 완전한 소유권을 취득하게 되고, 다만 명의수탁자는 명의신탁자에 대하여 부당이득반환의무를 부담하게 될 뿐이다. 그런데 계약명의신탁약정이 부동산실명법 시행 후에 이루어진 경우에는 명의신탁자는 애초부터 당해 부동산의 소유권을 취득할 수 없었으므로 위 명의신탁약정의 무효로 명의신탁자가 입은 손해는 당해 부동산 자체가 아니라 명의수탁자에게 제공한 매수자금이고, 따라서 명의수탁자는 당해 부동산 자체가 아니라 명의신탁자로부터 제공받은 매수자금만을 부당이득한다.

그 경우 계약명의신탁의 당사자들이 명의신탁약정이 유효한 것, 즉 명의신탁자가 이른바 내부적 소유권을 가지는 것을 전제로 하여 장차 명의신탁자 앞으로 목적 부동산에 관한 소유권등기를 이전하거나 부동산의 처분대가를 명의신탁자에게 지급하는 것 등을 내용으로 하는 약정을 하였다면 이는 명의신탁약정을 무효라고 정하는 부동산실명법 제4조 제1항에 좇아 무효이다. 그러나 명의수탁자가 앞서 본 바와 같이 명의수탁자의 완전한 소유권 취득을 전제로 하여 사후적으로 명의신탁자와의 사이에 위에서 본 매수자금 반환의무의 이행에 갈음하여 명의신탁된 부동산 자체를 양도하기로 합의하고 그에 기하여 명의신탁자 앞으로 소유권이전등기를 마쳐준 경우에는 그 소유권이전등기는 새로운 소유권 이전의 원인인 대물급부의 약정에 기한 것이므로 **약정이 무효인 명의신탁약정을 명의신탁자를 위하여 사후에 보완하는 방책에 불과한 등의 다른 특별한 사정**이 없는 한 유효하고, 대물급부의 목적물이 원래의 명의신탁부동산이라는 것만으로 유효성을 부인할 것은 아니다. 한편 **명의신탁약정의 유효를 전제로 하여** 명의수탁자가 부동산의 소유명의를 명의신탁자 또는 명의신탁자가 지정하는 자에게 이전하거나 그 처분대금을 명의신탁자에게 반환하기로 하는 등의 약정은 무효로 보아야 한다(대법원 2014. 8. 20. 선고 2014다30483 판결).

2) 명의신탁자가 명의신탁약정과는 별개의 적법한 원인에 기하여 명의수탁자에 대하여 소유권이전등기청구권을 가지게 되었다 하더라도, 이를 보전하기 위하여 자신의 명의가 아닌 제3자 명의로 가등기를 마친 경우 위 가등기는 명의신탁자와 그 제3자 사이의 명의신탁약정에 기하여 마쳐진 것으로서 그 약정의 무효로 말미암아 효력이 없다고 할 것이다(대법원 2015. 2. 26. 선고 2014다63315 판결).

3) 명의신탁약정과는 별개인 반환약정이라도 명의신탁약정의 유효를 전제로 명의신탁자가 지정하는 제3자 명의로 반환 또는 반환준비를 위한 가등기는 무효라는 의미이다.

④ (×) 부동산 실권리자명의 등기에 관한 법률 제4조 제2항 단서는 부동산 거래의 상대방을 보호하기 위한 것으로 상대방이 명의신탁약정이 있다는 사실을 알지 못한 채 물권을 취득하기 위한 계약을 체결한 경우 그 계약과 그에 따른 등기를 유효라고 한 것이다. 명의신탁자와 명의수탁자가 계약명의신탁약정을 맺고 명의수탁자가 당사자가 되어 매도인과 부동산에 관한 매매계약을 체결하는 경우 그 계약과 등기의 효력은 매매계약을 체결할 당시 매도인의 인식을 기준으로 판단해야 하고, 매도인이 계약 체결 이후에 명의신탁약정 사실을 알게 되었다고 하더라도 위 계약과 등기의 효력에는 영향이 없다. 매도인이 계약 체결 이후 명의신탁약정 사실을 알게 되었다는 우연한 사정으로 인해서 위와 같이 유효하게 성립한 매매계약이 소급적으로 무효로 된다고 볼 근거가 없다. 만일 매도인이 계약 체결 이후 명의신탁약정 사실을 알게 되었다는 사정을 들어 매매계약의 효력을 다툴 수 있도록 한다면 매도인의 선택에 따라서 내배계약의 효력이 좌우되는 부당한 결과를 가져올 것이다(대법원 2018. 4. 10. 선고 2017다257715 판결).

⑤ (×) 어떤 사람이 타인을 통하여 부동산을 매수함에 있어 매수인 명의 및 소유권이전등기 명의를 타인 명의로 하기로 약정하였고 매도인도 그 사실을 알고 있어서 그 약정이 부동산실권리자명의등기에관한법률 제4조의 규정에 의하여 무효로 되고 이에 따라 매매계약도 무효로 되는 경우에, 매매계약상의 매수인의 지위가 당연히 명의신탁자에게 귀속되는 것은 아니지만, 그 무효사실이 밝혀진 후에 계약상대방인 매도인

이 계약명의자인 명의수탁자 대신 명의신탁자가 그 계약의 매수인으로 되는 것에 대하여 동의 내지 승낙을 함으로써 부동산을 명의신탁자에게 양도할 의사를 표시하였다면, 명의신탁약정이 무효로 됨으로써 매수인의 지위를 상실한 명의수탁자의 의사에 관계없이 매도인과 명의신탁자 사이에는 종전의 매매계약과 같은 내용의 양도약정이 따로 체결된 것으로 봄이 상당하고, 따라서 이 경우 명의신탁자는 당초의 매수인이 아니라고 하더라도 매도인에 대하여 별도의 양도약정을 원인으로 하는 소유권이전등기청구를 할 수 있다(대법원 2003. 9. 5. 선고 2001다32120 판결). 정답 ①

11. 甲은 乙에 대하여 1억 원의 금전채권을 가지고 있었는데, 乙은 자기의 유일한 재산인 X 부동산을 丙에게 매도하고 소유권이전등기까지 마쳐 주었다. 그 후 甲은 丙을 상대로 X 부동산 매매계약에 대한 사해행위 취소 및 원상회복을 구하는 소를 제기하였다. 이에 관한 설명 중 옳은 것(○)과 옳지 않은 것(×)을 올바르게 조합한 것은? (각 지문은 독립적이며, 다툼이 있는 경우 판례에 의함)

ㄱ. 甲의 丙에 대한 사해행위취소 및 원상회복청구 소송에서 승소판결이 확정된 후 乙에게 소유권이전등기 명의가 회복되기 전 甲의 乙에 대한 금전채권이 소멸한 경우, 丙은 청구이의의 소로써 위 확정판결의 집행력의 배제를 구할 수 없다.

ㄴ. 甲이 丙에 대하여 사해행위취소 및 원상회복으로서 소유권이전등기 말소를 구하여 승소확정판결을 받았는데, 어떠한 사유로 丙 명의의 소유권이전등기를 말소하는 것이 불가능하게 되었다면 甲은 다시 丙에 대하여 원상회복으로서 乙에게 직접 소유권이전등기 절차를 이행할 것을 청구할 수 있다.

ㄷ. 甲의 丙에 대한 사해행위취소 및 원상회복청구 소송에서 승소판결이 확정되어 乙에게 소유권이전등기 명의가 회복된 후 乙이 다시 X 부동산을 丁에게 매도하여 소유권이전등기를 마쳐 준 경우, 乙이 X 부동산을 丙에게 매도한 후 乙에 대한 금전채권을 가지게 된 戊는 丁 명의의 소유권이전등기 말소를 청구할 수 있다.

ㄹ. 丙의 일반채권자인 A가 丙 명의로 X 부동산에 관한 소유권이전등기가 마쳐진 것을 기화로 X 부동산을 압류하고 X 부동산에 관하여 진행된 경매절차에서 배당을 받았더라도, 이후 甲이 丙에 대하여 사해행위취소 및 원상회복으로서 가액배상의 확정판결을 받았다면 A는 가액배상액의 범위 내에서 甲에게 위 배당금을 부당이득으로 반환하여야 한다.

① ㄱ(○), ㄴ(×), ㄷ(×), ㄹ(×)
② ㄱ(×), ㄴ(×), ㄷ(○), ㄹ(×)
③ ㄱ(○), ㄴ(○), ㄷ(×), ㄹ(○)
④ ㄱ(×), ㄴ(×), ㄷ(×), ㄹ(×)
⑤ ㄱ(×), ㄴ(×), ㄷ(×), ㄹ(○)

해설

㉠ (×) 채권자취소권은 채무자의 사해행위를 채권자와 수익자 또는 전득자 사이에서 상대적으로 취소하고 채무자의 책임재산에서 일탈한 재산을 회복하여 채권자의 강제집행이 가능하도록 하는 것을 본질로 하는 권리이므로, 채권자취소권에 의하여 책임재산을 보전할 필요성이 없어지면 채권자취소권은 소멸한다. 따라서 채권자취소소송에서 피보전채권의 존재가 인정되어 사해행위 취소 및 원상회복을 명하는 판결이 확정되었다고 하더라도, 그에 기하여 재산이나 가액의 회복을 마치기 전에 피보전채권이 소멸하여 채권자가

더 이상 채무자의 책임재산에 대하여 강제집행을 할 수 없게 되었다면, 이는 위 판결의 집행력을 배제하는 적법한 청구이의 이유가 된다(대법원 2017. 10. 26. 선고 2015다224469 판결).

ⓛ (×) 채권자가 일단 사해행위취소 및 원상회복으로서 수익자 명의 등기의 말소를 청구하여 승소판결이 확정되었다면, 어떠한 사유로 수익자 명의 등기를 말소하는 것이 불가능하게 되었다고 하더라도 다시 수익자를 상대로 원상회복청구권을 행사하여 가액배상을 청구하거나 원물반환으로서 채무자 앞으로 직접 소유권이전등기절차를 이행할 것을 청구할 수는 없으므로, 그러한 청구는 권리보호의 이익이 없어 허용되지 않는다(대법원 2018. 12. 28. 선고 2017다265815 판결).

ⓒ (×)

1) 사해행위의 취소는 채권자와 수익자의 관계에서 상대적으로 채무자와 수익자 사이의 법률행위를 무효로 하는 데에 그치고, 채무자와 수익자 사이의 법률관계에는 영향을 미치지 아니하므로, 채무자와 수익자 사이의 부동산매매계약이 사해행위로 취소되고 그에 따른 원상회복으로 수익자 명의의 소유권 이전등기가 말소되어 채무자의 등기명의가 회복되더라도, 그 부동산은 취소채권자나 민법 제407조에 따라 사해행위의 취소와 원상회복의 효력을 받는 채권자와 수익자 사이에서 채무자의 책임재산으로 취급될 뿐, 채무자가 직접 그 부동산을 취득하여 권리자로 되는 것은 아니다. 따라서 채무자가 사해행위의 취소로 그 등기명의를 회복한 부동산을 제3자에게 처분하더라도 이는 무권리자의 처분에 불과하여 효력이 없다. 또한 사해행위 이후에 채권을 취득한 채권자는 채권의 취득 당시에 사해행위취소에 의하여 회복되는 재산을 채권자의 공동담보로 파악하지 아니한 자로서 민법 제407조가 정한 사해행위취소와 원상회복의 효력을 받는 채권자에 포함되지 아니한다(대법원 2017. 9. 21. 선고 2016다8923 판결).

2) 판례법리 추론형 선지로, 실제 사안은 배당이의 소송이었으며, 戊의 지위에 있는 자들에게 배당될 금액이 없다는 결론인데, 선지 사안에도 판례 법리는 동일하게 적용할 수 있습니다. 즉, 戊는 乙의 사해행위 이후에 乙에 대한 채권을 취득한 채권자이므로 甲의 丙에 대한 사해행위취소와 원상회복의 효력을 받는 채권자에 해당하지 않는바, 戊는 丁 명의의 소유권이전등기 말소를 청구할 수 없습니다.

ⓔ (×)

1) [1] 사해행위의 취소는 취소소송의 당사자 사이에서 상대적으로 취소의 효력이 있는 것으로 당사자 이외의 제3자는 다른 특별한 사정이 없는 이상 취소로 인하여 그 법률관계에 영향을 받지 않는다.

[2] 사해행위의 목적부동산 등을 새로운 법률관계에 의하여 취득한 전득자 등은 민법 제406조 제1항 단서에 의하여 보호되므로, 사해행위의 취소에 상대적 효력만을 인정하는 것은 사해행위 취소채권자와 수익자 그리고 제3자의 이익을 조정하기 위한 것으로 그 취소의 효력이 미치지 아니하는 제3자의 범위를 사해행위를 기초로 목적부동산에 관하여 새롭게 법률행위를 한 그 목적부동산의 전득자 등만으로 한정할 것은 아니다.

[3] 근저당권이 설정되어 있는 채무자의 부동산을 매수한 수익자의 채권을 담보하기 위하여 수익자의 채권자들이 부동산에 대해 압류 등을 하여 부동산에 관한 근저당권에 의한 경매절차에서 배당받은 후 사해행위 취소채권자가 수익자를 상대로 사해행위취소소송을 제기하여 가액배상의 확정판결을 받은 경우, 수익자의 채권자들이 수익자와 새로운 법률관계를 맺은 것이 아니라 수익자의 채권자로서 이미 가지고 있던 채권확보를 위하여 부동산을 압류 또는 가압류한 자에 불과하더라도 목적부동산의 매각대금에 대하여 사해행위 취소채권자에게 수익자의 채권자들에 우선하여 변제받을 수 있는 권리를 부여하여 사해행위취소판결의 실효성을 확보하여야 할 아무런 근거가 없으므로 수익자의 채권자들에게 사해행위취소 판결의 효력이 미친다고는 볼 수 없다고 한 사례(대법원 2005. 11. 10. 선고 2004다49532 판결).

2) 따라서, 甲에게 배당된 금액 중 위 가액배상의 범위 내의 금액이 A와의 관계에서 법률상 원인 없이 얻은 이익이 된다고 볼 수 없다.

정답 ④

12. 분묘에 관한 설명 중 옳은 것을 모두 고른 것은? (「장사 등에 관한 법률」은 고려하지 말 것. 다툼이 있는 경우 판례에 의함)

ㄱ. 분묘의 수호·관리권자가 사망하여 그 직계비속들이 공동상속인이 되었고 이들 사이에 분묘의 수호·관리권 승계에 관한 협의가 없다면, 특별한 사정이 없는 한 그 직계비속들 중 최근친의 연장자가 이를 승계한다고 보는 것이 관습법의 내용에 부합한다.
ㄴ. 토지 소유자의 승낙에 의해 분묘기지권이 성립하는 경우, 분묘기지권의 성립 당시 토지 소유자와 분묘의 수호·관리권자가 지료 지급의무의 존부나 범위 등에 관하여 약정을 하였더라도 그 약정의 효력은 그 분묘기지를 포함하는 토지에 관한 임의경매절차에서 이를 매수한 자에게는 미치지 않는다.
ㄷ. 분묘기지권은 분묘를 수호하고 봉제사하는 목적을 달성하는 데 필요한 범위 내에서 타인 소유의 토지를 사용할 수 있고 제3자는 물론 토지 소유자의 방해도 배제할 수 있는 관습상의 물권이다.
ㄹ. 분묘의 수호·관리권자가 타인의 토지에 그 토지 소유자의 승낙 없이 분묘를 무단으로 설치한 경우에도 분묘기지권을 시효로 취득할 수 있다.

① ㄱ, ㄷ　② ㄱ, ㄹ　③ ㄴ, ㄷ
④ ㄴ, ㄹ　⑤ ㄷ, ㄹ

해설

㉠ (×)

1) 분묘는 민법 제1008조의3에 따라 그 분묘에 안장된 망인의 제사를 주재하는 사람이 승계하는 것이다(대법원 2014. 5. 16. 선고 2013다28865 판결).

2) 상속인들간의 협의와 무관하게 적장자가 우선적으로 제사를 승계해야 한다는 종래의 관습은, 가족구성원인 상속인들의 자율적인 의사를 무시하는 것이고 적서간에 차별을 두는 것이어서 개인의 존엄과 평등을 기초로 한 변화된 가족제도에 원칙적으로 부합하지 않게 되었고, 이에 대한 우리 사회 구성원들의 법적 확신 역시 상당 부분 약화되었으므로, 더 이상 관습 내지 관습법으로서의 효력을 유지할 수 없게 되었으며, 그러한 관습에 터잡은 종래의 대법원판결들 역시 더 이상 판례법으로서의 효력을 유지할 수 없게 되었다고 봄이 상당하다. 누가 제사주재자가 되는지에 관하여는 법률에 아무런 규정이 없고, 제사주재자에 관한 종래의 관습 내지 판례법이 그 효력을 유지할 수 없게 된 현재의 상황에서는, 민법의 일반원리와 아울러 제사용 재산의 성격, 제사용 재산의 승계에 관한 민법 제1008조의3의 입법 목적, 제사가 가지는 역사적·사회적 의미 등을 종합적으로 고려하여 조리에 의해 제사주재자의 결정방법을 정해야 할 것이다(대법원 2008. 11. 20. 선고 2007다27670 전원합의체 판결). 아래 3)의 2023년 전원합의체 판결로 변경된 판결이지만 2008년 당시의 관습법을 폐기하고 제사주재자는 조리에 의하여 정해야한다는 판시는 여전히 유효하다.

3) 공동상속인들 사이에 협의가 이루어지지 않는 경우에는 제사주재자의 지위를 인정할 수 없는 특별한 사정이 있지 않는 한 피상속인의 직계비속 중 남녀, 적서를 불문하고 최근친의 연장자가 제사주재자로 우선한다고 보는 것이 가장 조리에 부합한다(대법원 2023. 5. 11. 선고 2018다248626 전원합의체 판결). 위 2)의 2008년 판결에서 '관습법을 폐기하고 제사주재자는 조리로 정해야한다'는 판시 부분은 변경하지

않고 계승하여 2023년 현재의 조리상'피상속인의 최근친의 연장자가 제사주재자로 우선한다고 보는 것이 가장 조리에 부합한다'는 판단을 명시하였다. 선지에서'관습법에 부합한다'부분이 틀린 부분이다. 2008년 전원합의체 판결로 부합될 관습법 자체가 폐기되어 없기 때문이다.

㉡ (×) 분묘의 기지인 토지가 분묘의 수호·관리권자 아닌 다른 사람의 소유인 경우에 그 토지 소유자가 분묘 수호·관리권자에 대하여 분묘의 설치를 승낙한 때에는 그 분묘의 기지에 관하여 분묘기지권을 설정한 것으로 보아야 한다. 이와 같이 승낙에 의하여 성립하는 분묘기지권의 경우 성립 당시 토지 소유자와 분묘의 수호·관리자가 지료 지급의무의 존부나 범위 등에 관하여 약정을 하였다면 그 약정의 효력은 분묘 기지의 승계인에 대하여도 미친다(대법원 2021. 9. 16. 선고 2017다271834 판결).

㉢ (○), ㉣ (○) 분묘기지권은 분묘를 수호하고 봉제사하는 목적을 달성하는 데 필요한 범위에서 인정되고, 봉분 등 외부에서 분묘의 존재를 인식할 수 있는 형태를 갖추고 있으면 등기 없이도 성립한다. 분묘기지권은 타인의 토지에 소유자의 승낙을 받아 분묘를 설치한 경우 성립할 수 있고, 자기의 토지에 분묘를 설치한 사람이 그 토지를 양도하면서 분묘를 이장하겠다는 특약을 하지 않은 경우에도 성립한다. 나아가 타인의 토지에 소유자의 승낙 없이 분묘를 설치한 경우에도 20년간 평온·공연하게 그 분묘의 기지를 점유하면 분묘기지권을 시효로 취득한다(대법원 2021. 4. 29. 선고 2017다228007 전원합의체 판결). 정답 ⑤

13. 계약인수에 관한 설명 중 옳은 것을 모두 고른 것은? (다툼이 있는 경우 판례에 의함)

ㄱ. 계약인수에서는 개별 채권양도에서 채무자 보호를 위하여 요구되는 대항요건은 별도로 요구되지 않고, 이러한 법리는 「상법」상 영업양도에 수반된 계약인수에 대해서도 마찬가지로 적용된다.

ㄴ. 「표시·광고의 공정화에 관한 법률」상 허위·과장광고의 불법행위를 원인으로 하는 손해배상 청구권을 가지고 있던 아파트 수분양자가 수분양자의 지위를 제3자에게 양도하면, 양수인은 특별한 사정이 없는 한 별도의 채권양도 절차 없이도 위 손해배상청구권을 행사할 수 있다.

ㄷ. 매도인의 매수인에 대한 매매대금 채권이 압류된 이후 매도인의 지위를 이전하는 계약인수가 이루어진 경우, 매도인과 매수인 사이의 계약관계는 소멸하더라도 인수인은 위 압류에 의하여 권리가 제한된 상태의 매매대금 채권을 이전받게 된다.

① ㄱ ② ㄷ ③ ㄱ, ㄴ
④ ㄱ, ㄷ ⑤ ㄴ, ㄷ

해설

㉠ (○) 계약인수는 개별 채권·채무의 이전을 목적으로 하는 것이 아니라 다수의 채권·채무를 포함한 계약당사자로서의 지위의 포괄적 이전을 목적으로 하는 것으로서 계약당사자 3인의 관여에 의해 비로소 효력을 발생하는 반면, 개별 채권의 양도는 채권양도인과 양수인 2인만의 관여로 성립하고 효력을 발생하는 등 양자가 법적인 성질과 요건을 달리하므로, 채무자 보호를 위해 개별 채권양도에서 요구되는 대항요건은 계약인수에서는 별도로 요구되지 않는다. 그리고 이러한 법리는 상법상 영업양도에 수반된 계약인수에 대해서도 마찬가지로 적용된다(대법원 2020. 12. 10. 선고 2020다245958 판결).

㉡ (×) 구 표시·광고의 공정화에 관한 법률(2011. 9. 15. 법률 제11050호로 개정되기 전의 것, 이하 '표시광고법'이라 한다)상 허위·과장광고로 인한 손해배상청구권은 불법행위에 기한 손해배상청구권의 성격을 가지는데,

계약상 지위의 양도에 의하여 계약당사자로서의 지위가 제3자에게 이전되는 경우 계약상 지위를 전제로 한 권리관계만이 이전될 뿐 불법행위에 기한 손해배상청구권은 별도의 채권양도절차 없이 제3자에게 당연히 이전되는 것이 아니므로, 표시광고법상 허위·과장광고로 인한 손해배상청구권을 가지고 있던 아파트 수분양자가 수분양자의 지위를 제3자에게 양도하였다는 사정만으로 양수인이 당연히 위 손해배상청구권을 행사할 수 있다고 볼 수는 없고, 다만 허위·과장광고를 그대로 믿고 허위·과장광고로 높아진 가격에 수분양자 지위를 양수하는 등으로 양수인이 수분양자 지위를 양도받으면서 허위·과장광고로 인한 손해를 입었다는 등의 특별한 사정이 있는 경우에만 양수인이 손해배상청구권을 행사할 수 있다(대법원 2015. 7. 23. 선고 2012다15336 판결).

㉢ (O) 채권의 압류는 제3채무자에 대하여 채무자에게 지급 금지를 명하는 것이므로 채무자는 채권을 소멸 또는 감소시키는 등의 행위를 할 수 없고 그와 같은 행위로 채권자에게 대항할 수 없는 것이지만, 채권의 발생원인인 법률관계에 대한 채무자의 처분까지도 구속하는 효력은 없다. 그런데 계약 당사자로서의 지위 승계를 목적으로 하는 계약인수의 경우에는 양도인이 계약관계에서 탈퇴하는 까닭에 양도인과 상대방 당사자 사이의 계약관계가 소멸하지만, 양도인이 계약관계에 기하여 가지던 권리의무가 동일성을 유지한 채 양수인에게 그대로 승계된다. 따라서 양도인의 제3채무자에 대한 채권이 압류된 후 채권의 발생원인인 계약의 당사자 지위를 이전하는 계약인수가 이루어진 경우 양수인은 압류에 의하여 권리가 제한된 상태의 채권을 이전받게 되므로, 제3채무자는 계약인수에 의하여 그와 양도인 사이의 계약관계가 소멸하였음을 내세워 압류채권자에 대항할 수 없다(대법원 2015. 5. 14. 선고 2012다41359 판결). 정답 ④

14. 甲은 乙과 乙 소유 X 주택에 대한 공사도급계약을 체결하고 공사대금은 완공과 동시에 일괄 지급받기로 했다. 甲이 공사를 완성했는데도 乙은 공사대금을 지급하지 않은 채 X 주택의 인도를 청구하였고, 甲은 적법한 유치권을 행사하면서 X 주택에 거주하고 있다. X 주택의 부지인 Y 토지는 丁의 소유이다. 이에 관한 설명 중 옳은 것을 모두 고른 것은? (각 지문은 독립적이며, 다툼이 있는 경우 판례에 의함)

ㄱ. 甲이 X 주택에 관하여 유익비를 지출한 경우, 甲은 X 주택의 가액 증가가 현존한 경우에 한해 乙의 선택에 따라 그 지출한 금액이나 증가액의 상환을 乙에게 청구할 수 있다.
ㄴ. 甲은 丁에 대해 X 주택에 거주한 기간 동안 Y 토지의 사용·수익으로 인해 발생한 차임 상당 부당이득반환의무를 부담하지 않는다.
ㄷ. 甲의 유치권에 의한 X 주택 경매절차에서 매각이 이루어진 경우, 乙의 채권자 B가 신청한 X 주택 경매절차에서 매각이 이루어진 경우와 마찬가지로 甲의 유치권은 소멸하지 않는다.
ㄹ. 乙의 채권자 B가 신청한 경매절차에서 丙이 X 주택을 매수한 경우, 甲의 채권자 A가 '甲이 X 주택을 丙에게 인도해 줌과 동시에 丙으로부터 지급받을 채권'에 대하여 압류 및 추심명령을 신청하는 것은 허용된다.

① ㄱ ② ㄱ, ㄴ ③ ㄷ, ㄹ
④ ㄱ, ㄴ, ㄷ ⑤ ㄱ, ㄴ, ㄹ

해설

㉠ (O) 유치권자가 유치물에 관하여 유익비를 지출한 때에는 그 가액의 증가가 현존한 경우에 한하여 소유자의 선택에 좇아 그 지출한 금액이나 증가액의 상환을 청구할 수 있다. 그러나 법원은 소유자의 청구에 의하여 상당한 상환기간을 허여할 수 있다(민법 제325조 제2항).

㉡ (O) 사회통념상 건물은 그 부지를 떠나서는 존재할 수 없으므로 건물의 부지가 된 토지는 건물의 소유자가 점유하는 것이고, 이 경우 건물의 소유자가 현실적으로 건물이나 그 부지를 점거하고 있지 않더라도 건물의 소유를 위하여 그 부지를 점유한다고 보아야 한다. 한편 미등기건물을 양수하여 건물에 관한 사실상의 처분권을 보유하게 됨으로써 건물부지 역시 아울러 점유하고 있다고 볼 수 있는 등의 특별한 사정이 없는 한 건물의 소유명의자가 아닌 자는 실제 건물을 점유하고 있다 하더라도 그 부지를 점유하는 자로 볼 수 없다. 건물의 유치권자가 건물을 사용하였을 경우에는 특별한 사정이 없는 한 그 차임 상당액을 건물소유자에게 부당이득으로 반환할 의무가 있다(대법원 2009. 9. 10. 선고 2009다28462 판결). 건물의 유치권자는 건물의 소유자가 아니므로 그 건물의 부지 부분을 점유·사용하였다고 볼 수 없다고 한 사례이다.

㉢ (×)

1) 민법 제322조 제1항에 의하여 실시되는 유치권에 의한 경매도 강제경매나 담보권 실행을 위한 경매와 마찬가지로 목적부동산 위의 부담을 소멸시키는 것을 법정매각조건으로 하여 실시되고 우선채권자뿐만 아니라 일반채권자의 배당요구도 허용되며, 유치권자는 일반채권자와 동일한 순위로 배당을 받을 수 있다고 봄이 상당하다. 다만 집행법원은 부동산 위의 이해관계를 살펴 위와 같은 법정매각조건과는 달리 매각조건 변경결정을 통하여 목적부동산 위의 부담을 소멸시키지 않고 매수인으로 하여금 인수하도록 정할 수 있다.

그런데 부동산에 관한 강제경매 또는 담보권 실행을 위한 경매절차에서의 매수인은 유치권자에게 그 유치권으로 담보하는 채권을 변제할 책임이 있고(민사집행법 제91조 제5항, 제268조), 유치권에 의한 경매절차는 목적물에 대하여 강제경매 또는 담보권 실행을 위한 경매절차가 개시된 경우에는 정지되도록 되어 있으므로(민사집행법 제274조 제2항), 유치권에 의한 경매절차가 정지된 상태에서 그 목적물에 대한 강제경매 또는 담보권 실행을 위한 경매절차가 진행되어 매각이 이루어졌다면, 유치권에 의한 경매절차가 소멸주의를 원칙으로 하여 진행된 경우와는 달리 그 유치권은 소멸하지 않는다고 봄이 상당하다(대법원 2011. 8. 18. 선고 2011다35593 판결).

2) 즉, 유치권에 의한 경매는 소제주의가 원칙이고, 부동산에 관한 강제경매 또는 임의경매는 인수주의가 원칙인바, 유치권에 의한 경매에서 유치권이 소멸하지 않는다는 부분이 틀린 설시에 해당한다.

㉣ (×)

1) 재산적 가치가 있는 것이라도 독립성이 없어 그 자체로 처분하여 현금화할 수 없는 권리는 집행의 목적으로 할 수 없다. 한편 민사집행법 제268조에 의하여 담보권의 실행을 위한 경매절차에 준용되는 같은 법 제91조 제5항은 매수인은 유치권자에게 그 유치권으로 담보하는 채권을 변제할 책임이 있다고 규정하고 있다. 여기에서 '변제할 책임이 있다'는 의미는 부동산상의 부담을 승계한다는 취지로서 인적채무까지 인수한다는 취지는 아니므로, 유치권자는 경락인에 대하여 그 피담보채권의 변제가 있을 때까지 유치목적물인 부동산의 인도를 거절할 수 있을 뿐이고 그 피담보채권의 변제를 청구할 수는 없다(대법원 2014. 12. 30.자 2014마1407 결정).

2) 대법원 2014. 12. 30.자 2014마1407 결정은 甲 주식회사 소유의 부동산에 대한 임의경매절차에서 乙 법인이 위 부동산을 매수하였고, 丙 주식회사가 甲 회사로부터 지급받을 공사대금이 남아있다고 주장하면서 위 부동산에 대하여 유치권을 행사하였는데, 丙 회사의 채권자인 丁이 '丙 회사가 위 부동산을 乙 법인에 인도해줌과 동시에 乙 법인으로부터 지급받을 채권'에 대하여 채권압류 및 추심명령을 신청한 사안에서, 丙 회사의 위 권리가 피압류적격이 있다고 본 원심결정에 법리오해의 위법이 있다고 한 사례이다.

3) 즉, 甲은 乙에게 공사대금을 청구할 채권을 갖는 것이지, 매수인 丙에게 공사대금을 청구할 권리는 갖고 있지는 않는바, '甲이 丙으로부터 지급받을 채권'에 대한 압류 및 추심명령은 허용될 수 없다. **정답** ②

15. 보증채무에 관한 설명 중 옳지 않은 것은? (다툼이 있는 경우 판례에 의함)

① 주채무자에 대한 확정판결에 의하여 「민법」 제163조 각 호의 단기소멸시효에 해당하는 주채무의 소멸시효기간이 10년으로 연장된 상태에서 주채무를 보증하였더라도, 특별한 사정이 없는 한 보증채무의 소멸시효기간은 이와 별개로 보증채무의 성질에 따라 결정된다.

② 다른 사람이 발행하는 약속어음에 명시적으로 어음보증을 하는 사람은 그 어음보증으로 인한 어음상의 채무만을 부담하는 것이 원칙이다.

③ 여러 공동불법행위자 중 1인의 신원보증인이 피보증인의 손해배상채무를 변제한 경우, 피보증인이 아닌 다른 공동불법행위자에 대하여는 그 부담부분에 한하여 구상권을 행사할 수 있다.

④ 계속적 채권관계에서 발생하는 주계약상의 불확정채무에 대하여 보증한 경우, 보증채무는 보증계약의 종료 시점과 관계 없이 주계약상의 채무가 확정된 때에 이와 함께 확정된다.

⑤ 주채권과 분리하여 보증채권만 양도하기로 하는 약정은 효력이 없다.

해 설

① (O) 보증채무는 주채무와는 별개의 독립한 채무이므로 보증채무와 주채무의 소멸시효기간은 채무의 성질에 따라 각각 별개로 정해진다. 그리고 주채무자에 대한 확정판결에 의하여 민법 제163조 각 호의 단기소멸시효에 해당하는 주채무의 소멸시효기간이 10년으로 연장된 상태에서 주채무를 보증한 경우, 특별한 사정이 없는 한 보증채무에 대하여는 민법 제163조 각 호의 단기소멸시효가 적용될 여지가 없고, 성질에 따라 보증인에 대한 채권이 민사채권인 경우에는 10년, 상사채권인 경우에는 5년의 소멸시효기간이 적용된다(대법원 2014. 6. 12. 선고 2011다76105 판결).

② (O) 다른 사람이 발행하는 약속어음에 명시적으로 어음보증을 하는 사람은 그 어음보증으로 인한 어음상의 채무만을 부담하는 것이 원칙이고, 특별히 채권자에 대하여 자기가 그 약속어음 발행의 원인이 된 채무까지 보증하겠다는 뜻으로 어음보증을 한 경우에 한하여 그 원인채무에 대한 보증책임을 부담하게 되므로, 타인이 물품공급계약을 맺은 공급자에게 물품대금 채무의 담보를 위하여 발행·교부하는 약속어음에 어음보증을 한 경우에도 달리 민사상의 원인채무까지 보증하는 의미로 어음보증을 하였다고 볼 특별한 사정이 없는 한, 단지 어음보증인으로서 어음상의 채무를 부담하는 것에 의하여 신용을 부여하려는 데에 지나지 아니하는 것이고, 어음보증 당시 그 어음이 물품대금 채무의 담보를 위하여 발행·교부되는 것을 알고 있었다 하여 이와 달리 볼 수는 없다(대법원 2005. 10. 13. 선고 2005다33176 판결).

③ (O) 어느 공동불법행위자를 위하여 보증인이 된 자가 피보증인의 손해배상채무를 변제한 경우, 그 보증인은 피보증인이 아닌 다른 공동불법행위자에 대하여는 그 부담부분에 한하여 구상권 내지 부당이득반환청구권을 행사할 수 있는바, 따라서 보증인이 보증한 공동불법행위자의 부담부분이 전부이고 다른 공동불법행위자의 부담부분이 없는 경우에는 보증인은 그 다른 공동불법행위자에 대하여 구상 내지 부당이득반환 청구를 할 수 없고, 이는 신원보증의 경우라 하여 다르지 않다(대법원 1996. 2. 9. 선고 95다47176 판결).

④ (×) 계속적 채권관계에서 발생하는 주계약상의 불확정 채무에 대하여 보증한 경우의 보증채무는 통상적으로는 주계약상의 채무가 확정된 때에 이와 함께 확정되는 것이지만, 채권자와 주채무자와 사이에서는 주계약상의 거래기간이 연장되었으나 보증인과 사이에서 보증기간이 연장되지 아니함으로써 보증계약 관계가 종료된 때에는, 보증계약 종료시에 보증채무가 확정되므로 보증인은 그 당시의 주계약상의 채무에 대하여는 보증책임을 지나, 그 후의 채무에 대하여는 보증계약 종료 후의 채무이므로 보증책임을 지지 않는다고 보아야 한다(대법원 1999. 8. 24. 선고 99다26481 판결).

⑤ (O) 주채권과 보증인에 대한 채권의 귀속주체를 달리하는 것은, 주채무자의 항변권으로 채권자에게 대항할 수 있는 보증인의 권리가 침해되는 등 보증채무의 부종성에 반하고, 주채권을 가지지 않는 자에게 보증채권만을 인정할 실익도 없기 때문에 주채권과 분리하여 보증채권만을 양도하기로 하는 약정은 그 효력이 없다(대법원 2002. 9. 10. 선고 2002다21509 판결). 정답 ④

16. 부동산의 합유에 관한 설명 중 옳은 것은? (다툼이 있는 경우 판례에 의함)

① 합유등기가 마쳐진 부동산에 관하여 합유자 중 1인이 명의신탁 해지를 원인으로 한 소유권이전등기절차의 이행을 구하는 소송은 고유필수적 공동소송에 해당하지 않는다.

② 조합체가 매수한 부동산에 대해 조합원 중 특정인의 단독 명의로 소유권이전등기가 마쳐졌더라도 조합체가 해산되는 경우에는 그 부동산이 조합재산임을 전제로 청산이 이루어져야 한다.

③ 법원은 이혼하는 부부 중 일방이 제3자와 합유하고 있는 재산에 대해 직접 그 재산의 분할을 명할 수는 없으나, 그 재산에 대한 합유지분의 가액을 산정하여 재산분할의 대상으로 삼을 수 있다.

④ 조합체가 매수한 부동산에 대해 합유등기 대신 각 조합원 명의로 각 지분에 관한 공유등기가 마쳐진 경우, 그 부동산의 매수인이 조합체라는 사실을 매도인이 알지 못했더라도 그 부동산은 합유재산이 된다.

⑤ 조합원 중 자신이 소유한 부동산을 출자하기로 약정하고 그 부동산을 인도한 자는 그 부동산에 대한 합유등기가 마쳐지기 전까지는 조합체는 물론 제3자에 대해서도 그 부동산에 대한 소유물 반환청구권을 행사할 수 있다.

해설

① (×) 합유로 소유권이전등기가 된 부동산에 관하여 명의신탁 해지를 원인으로 한 소유권이전등기절차의 이행을 구하는 소송은 조합재산인 합유물의 처분에 관한 소송으로서 합유자 전원을 피고로 하여야 할 뿐 아니라 합유자 전원에 대하여 합일적으로 확정되어야 하는 고유필수적 공동소송에 해당하며, 그 명의신탁 해지를 구하는 당사자가 합유자 중의 1인이라는 사유만으로 달리 볼 것은 아니다(대법원 2015. 9. 10. 선고 2014다73794 판결).

② (×) 조합원들이 공동사업을 위하여 매수한 부동산에 관하여 합유등기를 하지 않고 조합원 중 1인 명의로 소유권이전등기를 한 경우 조합체가 조합원에게 명의신탁한 것으로 보아야 한다. 조합체가 조합원에게 명의신탁한 부동산의 소유권은 물권변동이 무효인 경우 매도인에게, 유효인 경우 명의수탁자에게 귀속된다. 이 경우 조합재산은 소유권이전등기청구권 또는 부당이득반환채권이고, 신탁부동산 자체는 조합재산이 될 수 없다(대법원 2019. 6. 13. 선고 2017다246180 판결).

③ (O)

[1] 제3자 명의의 재산이라도 그것이 부부 중 일방에 의하여 명의신탁된 재산 또는 부부의 일방이 실질적으로 지배하고 있는 재산으로서 부부 쌍방의 협력에 의하여 형성된 것, 부부 쌍방의 협력에 의하여 형성된 유형·무형의 자원에 기한 것 또는 그 유지를 위하여 상대방의 가사노동 등이 직·간접으로 기여한 것이라면 그와 같은 사정도 참작하여야 한다는 의미에서 재산분할의 대상이 된다.

[2] 합유재산이라는 이유만으로 이를 재산분할의 대상에서 제외할 수는 없고, 다만 부부의 일방이 제3자와 합유하고 있는 재산 또는 그 지분은 이를 임의로 처분하지 못하므로, 직접 당해 재산의 분할을 명할 수는 없으나 그 지분의 가액을 산정하여 이를 분할의 대상으로 삼거나 다른 재산의 분할에 참작하는 방법으로 재산분할의 대상에 포함하여야 한다(대법원 2009. 11. 12. 선고 2009므2840 판결).

④ **(×)**

1) [3] 민법 제271조 제1항은 "법률의 규정 또는 계약에 의하여 수인이 조합체로서 물건을 소유하는 때에는 합유로 한다. 합유자의 권리는 합유물 전부에 미친다."고 규정하고(이는 물권법상의 규정으로서 강행규정이고, 따라서 조합체의 구성원인 조합원들이 공유하는 경우에는 조합체로서 물건을 소유하는 것으로 볼 수 없다.), 민법 제704조는 "조합원의 출자 기타 조합재산은 조합원의 합유로 한다."고 규정하고 있으므로, 동업을 목적으로 한 조합이 조합체로서 또는 조합재산으로서 부동산의 소유권을 취득하였다면, 민법 제271조 제1항의 규정에 의하여 당연히 그 조합체의 합유물이 되고(이는 민법 제187조에 규정된 '법률의 규정에 의한 물권의 취득'과는 아무 관계가 없다. 따라서 조합체가 부동산을 법률행위에 의하여 취득한 경우에는 물론 소유권이전등기를 요한다.), 다만, 그 조합체가 합유등기를 하지 아니하고 그 대신 조합원들 명의로 각 지분에 관하여 공유등기를 하였다면, 이는 그 **조합체가 조합원들에게 각 지분에 관하여 명의신탁한 것**으로 보아야 한다.

[4] 동업 목적의 조합체가 부동산을 조합재산으로 취득하였으나 합유등기가 아닌 조합원들 명의로 공유등기를 하였다면 그 공유등기는 **조합체가 조합원들에게 각 지분에 관하여 명의신탁한 것에 불과**하므로 부동산실권리자명의등기에관한법률 제4조 제2항 본문이 적용되어 명의수탁자인 조합원들 명의의 소유권이전등기는 무효이어서 **그 부동산 지분은 조합원들의 소유가 아니기 때문에** 이를 일반채권자들의 공동담보에 공하여지는 책임재산이라고 볼 수 없고, 따라서 조합원들 중 1인이 조합에서 탈퇴하면서 나머지 조합원들에게 그 지분에 관한 소유권이전등기를 경료하여 주었다 하더라도 그로써 채무자인 그 해당 조합원의 책임재산에 감소를 초래한 것이라고 할 수 없으므로, 이를 들어 일반채권자를 해하는 사해행위라고 볼 수는 없으며, 그에게 사해의 의사가 있다고 볼 수도 없다고 한 사례(대법원 2002. 6. 14. 선고 2000다30622 판결).

2) 위 판결의 판결이유에 따르면, 조합체가 매수한 부동산에 대해 합유등기 대신 각 조합원 명의로 각 지분에 관한 공유등기가 마쳐진 경우 **조합체가 조합원들에게 각 지분에 관하여 명의신탁한 것**으로 보아야 하고, ⓐ **각 조합원들이 계약당사자가 되어** 부동산을 매수한 경우로서 매도인 선의의 계약명의신탁인 경우라면, 부동산실명법 제4조 제2항 단서에 따라 **각 조합원들의 지분소유권은 유효**하다. 이와 달리 ⓑ **조합체의 이름**으로 계약이 성립하여 계약명의신탁이 아니거나, 계약명의신탁에 해당하더라도 매도인이 악의여서 부동산실명법 제4조 제2항 본문이 적용되는 경우라면 각 조합원들의 지분소유권이전등기는 무효이고, 부동산은 매도인 소유이다. 따라서 선지의 상황에서 그 어느 경우에도 **부동산이 조합체의 합유재산이 되는 경우는 없다**.

3) 다시 말해, 조합체가 매수한 부동산에 대하여 계약당사자가 조합원인 경우라면 계약명의신탁에 해당되어, 매도인이 선의인 경우에는 그 지분만큼 조합원 각자가 유효한 소유권자가 되고, 악의인 경우에는 여전히 매도인 소유가 된다. 이와 달리 조합체가 매수한 부동산에 대하여 계약당사자가 조합체라면 3자간 명의신탁에 해당하고, 조합원 명의의 각 지분에 관한 공유등기는 원인무효의 등기로서 여전히 매도인의 소유이다. 결국, 그 부동산이 조합체의 합유재산이 될 수 없다.

⑤ **(×)** 부동산의 소유자가 동업계약(조합계약)에 의하여 부동산의 소유권을 투자하기로 하였으나 아직 그의 소유로 등기가 되어 있고 조합원의 합유로 등기되어 있지 않다면, 그와 조합 사이에 채권적인 권리의무가 발생하여 그로 하여금 조합에 대하여 그 소유권을 이전할 의무 내지 그 사용을 인용할 의무가 있다고 할 수는 있지만, 그 동업계약을 이유로 조합계약 당사자 아닌 사람에 대한 관계에서 그 부동산이 조합원의 합유에 속한다고 할 근거는 없으므로, 조합원이 아닌 제3자에 대하여는 여전히 소유자로서 그 소유권을 행사할 수 있다(대법원 2002. 6. 14. 선고 2000다30622 판결).

정답 ③

17. 甲은 乙에 대한 대출금 채권의 담보를 위하여 乙 소유 X 토지에 저당권과 아울러 지료 없는 지상권을 취득하면서 乙로 하여금 그 토지를 계속하여 점유·사용하게 하였다. 이에 관한 설명 중 옳지 않은 것은? (각 지문은 독립적이며, 다툼이 있는 경우 판례에 의함)

① 乙이 건물 신축이 가능한 나대지였던 X 토지에 옹벽을 설치하고 도로를 개설한 경우, 甲은 乙에게 X 토지에 대한 임료 상당 부당이득반환을 청구할 수 없다.

② 乙이 건물 신축이 가능한 나대지였던 X 토지에 옹벽을 설치하고 도로를 개설하여 이로 인해 X 토지의 교환가치가 하락한 경우, 甲은 乙에게 불법행위로 인한 손해배상을 청구할 수 있다.

③ 乙이 丙에게 X 토지에 대한 무상 사용을 승낙하고 이에 따라 丙이 X 토지에 단풍나무를 심은 경우, 이 단풍나무는 X 토지에 부합되지 않는다.

④ X 토지에 대한 甲 명의 저당권의 피담보채무가 소멸시효 완성으로 인해 소멸한 경우, X 토지에 대한 甲 명의 지상권도 이에 부종하여 소멸하므로 乙에게는 甲 명의 지상권의 피담보채무의 부존재에 대한 확인을 구할 이익이 인정된다.

⑤ X 토지에 甲 명의의 저당권과 지상권이 설정될 당시 X 토지에 乙 소유 Y 건물이 신축되어 있었던 경우, 甲의 위 저당권에 기한 임의경매 신청에 따라 X 토지가 경매되어 丁이 매각 대금을 완납하면 Y 건물을 위한 법정지상권이 성립한다.

해설

① (O), ② (O)

1) 불법점유를 당한 부동산의 소유자 또는 용익권자로서는 불법점유자에 대하여 그로 인한 임료 상당 손해의 배상이나 부당이득의 반환을 구할 수 있을 것이나, 불법점유라는 사실이 발생한 바 없었다고 하더라도 부동산의 소유자 또는 용익권자에게 임료 상당 이익이나 기타 소득이 발생할 여지가 없는 특별한 사정이 있는 때에는 손해배상이나 부당이득반환을 청구할 수 없다. 금융기관이 대출금 채무의 담보를 위하여 채무자 또는 물상보증인 소유의 토지에 저당권을 취득함과 아울러 그 토지에 지료를 지급하지 아니하는 지상권을 취득하면서 채무자 등으로 하여금 그 토지를 계속하여 점유, 사용토록 하는 경우, 특별한 사정이 없는 한 당해 지상권은 저당권이 실행될 때까지 제3자가 용익권을 취득하거나 목적 토지의 담보가치를 하락시키는 침해행위를 하는 것을 배제함으로써 저당 부동산의 담보가치를 확보하는 데에 그 목적이 있다고 할 것이고, 그 경우 지상권의 목적 토지를 점유, 사용함으로써 임료 상당의 이익이나 기타 소득을 얻을 수 있었다고 보기 어려우므로, 그 목적 토지의 소유자 또는 제3자가 저당권 및 지상권의 목적 토지를 점유, 사용한다는 사정만으로는 금융기관에게 어떠한 손해가 발생하였다고 볼 수 없다(대법원 2008. 1. 17. 선고 2006다586 판결).

2) 금융기관이 대출금 채권의 담보를 위하여 토지에 저당권과 함께 지료 없는 지상권을 설정하면서 채무자 등의 사용·수익권을 배제하지 않은 경우, 위 지상권은 근저당목적물의 담보가치를 확보하는 데 목적이 있으므로, 그 위에 도로개설·옹벽축조 등의 행위를 한 무단점유자에 대하여 지상권 자체의 침해를 이유로 한 임료 상당 손해배상을 구할 수 없다고 한 사례이다. 동시에 담보가치 감소로 인한 손해배상은 구할 수 있다고 본 원심판단을 대법원도 판결이유에서 긍정한 사례이다.

③ (O) [1] 민법 제256조는 "부동산의 소유자는 그 부동산에 부합한 물건의 소유권을 취득한다. 그러나 타인의 권원에 의하여 부속된 것은 그러하지 아니하다."라고 규정하고 있다. 위 조항 단서에서 말하는

'권원'이라 함은 지상권, 전세권, 임차권 등과 같이 타인의 부동산에 자기의 동산을 부속시켜서 부동산을 이용할 수 있는 권리를 뜻하므로, 그와 같은 권원이 없는 자가 타인의 토지 위에 나무를 심었다면 특별한 사정이 없는 한 토지소유자에 대하여 나무의 소유권을 주장할 수 없다. 지상권자는 타인의 토지에 건물 기타 공작물이나 수목을 소유하기 위하여 그 토지를 사용하는 권리가 있으므로(민법 제279조), 지상권 설정등기가 경료되면 토지의 사용·수익권은 지상권자에게 있고, 지상권을 설정한 토지소유자는 지상권이 존속하는 한 토지를 사용·수익할 수 없다. 따라서 지상권을 설정한 토지소유자로부터 토지를 이용할 수 있는 권리를 취득하였다고 하더라도 지상권이 존속하는 한 이와 같은 권리는 원칙적으로 민법 제256조 단서가 정한 '권원'에 해당하지 아니한다.

[2] 금융기관이 대출금 채권의 담보를 위하여 토지에 저당권과 함께 지료 없는 지상권을 설정하면서 채무자 등의 사용·수익권을 배제하지 않은 경우, 지상권은 저당권이 실행될 때까지 제3자가 용익권을 취득하거나 목적 토지의 담보가치를 하락시키는 침해행위를 하는 것을 배제함으로써 저당 부동산의 담보가치를 확보하는 데에 목적이 있으므로, 토지소유자는 저당 부동산의 담보가치를 하락시킬 우려가 있는 등의 특별한 사정이 없는 한 토지를 사용·수익할 수 있다고 보아야 한다. 따라서 그러한 토지소유자로부터 토지를 사용·수익할 수 있는 권리를 취득하였다면 이러한 권리는 민법 제256조 단서가 정한 '권원'에 해당한다고 볼 수 있다(대법원 2018. 3. 15. 선고 2015다69907 판결).

④ (×)

1) 근저당권 등 담보권 설정의 당사자들이 그 목적이 된 토지 위에 차후 용익권이 설정되거나 건물 또는 공작물이 축조·설치되는 등으로써 그 목적물의 담보가치가 저감하는 것을 막는 것을 주요한 목적으로 하여 채권자 앞으로 아울러 지상권을 설정하였다면, 그 피담보채권이 변제 등으로 만족을 얻어 소멸한 경우는 물론이고 시효소멸한 경우에도 그 지상권은 피담보채권에 부종하여 소멸한다(대법원 2011. 4. 14. 선고 2011다6342 판결).

2) 확인의 소에는 권리보호요건으로서 확인의 이익이 있어야 하고, 확인의 이익은 원고의 권리 또는 법률상의 지위에 현존하는 불안·위험이 있고 확인판결을 받는 것이 불안·위험을 제거하는 가장 유효·적절한 수단일 때에 인정된다. 지상권은 용익물권으로서 담보물권이 아니므로 피담보채무라는 것이 존재할 수 없다. 근저당권 등 담보권 설정의 당사자들이 담보로 제공된 토지에 추후 용익권이 설정되거나 건물 또는 공작물이 축조·설치되는 등으로 토지의 담보가치가 줄어드는 것을 막기 위하여 담보권과 아울러 설정하는 지상권을 이른바 담보지상권이라고 하는데, 이는 당사자의 약정에 따라 담보권의 존속과 지상권의 존속이 서로 연계되어 있을 뿐이고, 이러한 경우에도 지상권의 피담보채무가 존재하는 것은 아니다. 따라서 지상권설정등기에 관한 피담보채무의 범위 확인을 구하는 청구는 원고의 권리 또는 법률상의 지위에 관한 청구라고 보기 어려우므로, 확인의 이익이 없어 부적법하다(대법원 2017. 10. 31. 선고 2015다65042 판결).

⑤ (○)

1) 토지에 관하여 담보권이 설정될 당시 담보권자를 위하여 동시에 지상권이 설정되었다고 하더라도, 담보권 설정 당시 이미 토지소유자가 그 토지상에 건물을 소유하고 있고 그 건물을 철거하기로 하는 등 특별한 사유가 없으며 담보권의 실행으로 그 지상권도 소멸하였다면 건물을 위한 법정지상권이 발생하지 않는다고 할 수 없다(대법원 1991. 10. 11. 선고 91다23462 판결).

2) 즉, 甲 명의 저당권과 담보지상권이 설정될 당시 乙 소유 X 토지 위에 乙 소유 Y 건물이 신축되어 있었으므로, 저당권설정당시에 토지와 건물의 동일 소유 요건을 충족하였고, 이후 임의경매 실행으로 인하여 X토지의 소유권자가 丁이 되었는바, Y 건물을 위한 법정지상권이 성립한다. 담보지상권은 저당권의 피담보채권에 부종하여 소멸하므로 법정지상권 성부에 장애가 되지 않는다.

정답 ④

18. 주위토지통행권에 관한 설명 중 옳은 것을 모두 고른 것은? (다툼이 있는 경우 판례에 의함)

ㄱ. 포위된 토지의 소유자에게 공로에 통할 수 있는 자기의 공유토지가 있더라도 이 공유토지가 구분소유적 공유관계에 있고 공로에 접하는 공유 부분을 다른 공유자가 배타적으로 사용·수익하고 있으면, 포위된 토지의 소유자는 이 공유토지 이외의 인접 토지로서 제3자가 소유한 토지에 대한 통행권을 행사할 수 있다.
ㄴ. 甲이 소유한 토지의 일부가 乙에게 양도되었는데 乙이 양수한 부분이 공로에 통하지 못하는 포위된 토지인 경우, 乙이 甲의 통행 방해로 인해 부득이 인접한 Y 토지의 소유자 丙에게 사용료를 지급하고 Y 토지를 공로로 통하는 통로로 사용하였다면, 乙의 甲에 대한 무상의 주위토지통행권은 소멸한다.
ㄷ. 무상의 주위토지통행권이 발생하는 토지의 일부 양도라 함은 1필의 토지의 일부가 양도된 경우뿐만 아니라 일단(一團)으로 되어 있던 동일인이 소유한 여러 필지의 토지 중 일부가 양도된 경우도 포함된다.
ㄹ. 무상의 주위토지통행권에 관한 「민법」 제220조는 토지의 직접 분할자 또는 일부 양도의 당사자들 사이에서만 적용되고, 포위된 토지 또는 피통행지의 특정승계인에게는 적용되지 않는다.

① ㄱ, ㄴ ② ㄱ, ㄷ ③ ㄷ, ㄹ
④ ㄱ, ㄴ, ㄷ ⑤ ㄱ, ㄷ, ㄹ

해설

㉠ (×)

1) 어느 토지와 공로사이에 그 토지의 용도에 필요한 통로가 없는 경우에 그 토지소유자는 주위의 토지를 통행 또는 통로로 하지 아니하면 공로에 출입할 수 없거나 과다한 비용을 요하는 때에는 그 주위의 토지를 통행할 수 있고 필요한 경우에는 통로를 개설할 수 있다. 그러나 이로 인한 손해가 가장 적은 장소와 방법을 선택하여야 한다(민법 제219조 제1항). 분할로 인하여 공로에 통하지 못하는 토지가 있는 때에는 그 토지소유자는 공로에 출입하기 위하여 다른 분할자의 토지를 통행할 수 있다. 이 경우에는 보상의 의무가 없다(민법 제220조 제1항).

2) 공로에 통할 수 있는 자기의 공유토지를 두고 공로에의 통로라 하여 남의 토지를 통행한다는 것은 민법 제219조, 제220조에 비추어 허용될 수 없다. 설령 위 공유토지가 구분소유적 공유관계에 있고 공로에 접하는 공유 부분을 다른 공유자가 배타적으로 사용, 수익하고 있다고 하더라도 마찬가지이다(대법원 2021. 9. 30. 선고 2021다245443 판결).

㉡ (×), ㉢ (O)

1) 분할로 인하여 공로에 통하지 못하는 토지가 있는 때에는 그 토지소유자는 공로에 출입하기 위하여 다른 분할자의 토지를 통행할 수 있다. 이 경우에는 보상의 의무가 없다(민법 제220조 제1항). 전항의 규정은 토지소유자가 그 토지의 일부를 양도한 경우에 준용한다(민법 제220조 제2항).

2) [가] 동일인 소유 토지의 일부가 양도되어 공로에 통하지 못하는 토지가 생긴 경우에 포위된 토지를 위한 주위토지통행권은 일부 양도 전의 양도인 소유의 종전 토지에 대하여만 생기고 다른 사람 소유의 토지에 대하여는 인정되지 아니하며, 또 무상의 주위토지통행권이 발생하는 토지의 일부 양도라 함은 1필

의 토지의 일부가 양도된 경우뿐만 아니라 일단으로 되어 있던 동일인 소유의 수필지의 토지 중의 일부가 양도된 경우도 포함된다.

[나] 양도인이 포위된 토지의 소유자에 대하여 '가'항과 같은 무상의 주위토지통행을 허용하지 아니함으로써 포위된 토지의 소유자가 할 수 없이 주위의 다른 토지의 소유자와 일정 기간 동안 사용료를 지급하기로 하고 그 다른 토지의 일부를 공로로 통하는 통로로 사용하였다고 하더라도 포위된 토지의 소유자가 민법 제220조 소정의 무상의 주위토지통행권을 취득할 수 없게 된다고 할 수 없다(대법원 1995. 2. 10. 선고 94다45869 판결).

㉣ (O) 분할 또는 토지의 일부 양도로 인하여 공로에 통하지 못하는 토지가 생긴 경우의 무상주위통행권에 관한 민법 제220조의 규정은 직접 분할자 또는 일부 양도의 당사자 사이에만 적용되고 포위된 토지 또는 피통행지의 특정승계인에게는 적용되지 않는다(대법원 1990. 8. 28. 선고 90다카10091 판결). 정답 ③

19. 불가분채권·채무관계에 관한 설명 중 옳은 것을 모두 고른 것은? (다툼이 있는 경우 판례에 의함)

ㄱ. 건물 공유자들의 그 건물 무단 점유자에 대한 차임 상당 부당이득반환청구권은 특별한 사정이 없는 한 성질상 불가분채권이다.

ㄴ. 금전채권의 불가분채권자들 중 1인을 집행채무자로 한 압류 및 전부명령이 이루어진 경우, 그 집행채무자인 불가분채권자의 채권은 전부채권자에게 이전되더라도 다른 불가분채권자는 그 불가분채권의 채무자에게 불가분채권 전부의 이행을 청구할 수 있다.

ㄷ. 타인 소유 대지 위에 권원 없이 세워진 건물의 소유자를 상속한 공동상속인들의 건물철거의무는 다른 공동상속인의 지분에 관하여도 철거의무를 부담하는 불가분채무이므로, 이 경우 공동상속인들을 상대로 한 건물철거소송은 필수적 공동소송이다.

① ㄴ ② ㄱ, ㄴ ③ ㄱ, ㄷ
④ ㄴ, ㄷ ⑤ ㄱ, ㄴ, ㄷ

해 설

㉠ (×) 불가분채권이 되려면 그 성질이나 당사자의 의사표시에 의해 급부를 나눌 수 없어야 한다(민법 제409조). 공유물 무단 점유자에 대한 차임 상당 부당이득반환청구권은 특별한 사정이 없는 한 각 공유자에게 지분비율만큼 귀속(민법 제265조)된다(대법원 2021. 12. 16. 선고 2021다257255 판결).

㉡ (O) 수인의 채권자에게 금전채권이 불가분적으로 귀속되는 경우에, 불가분채권자들 중 1인을 집행채무자로 한 압류 및 전부명령이 이루어지면 그 불가분채권자의 채권은 전부채권자에게 이전되지만, 그 압류 및 전부명령은 집행채무자가 아닌 다른 불가분채권자에게 효력이 없으므로, 다른 불가분채권자의 채권의 귀속에 변경이 생기는 것은 아니다. 따라서 다른 불가분채권자는 모든 채권자를 위하여 채무자에게 불가분채권 전부의 이행을 청구할 수 있고, 채무자는 모든 채권자를 위하여 다른 불가분채권자에게 전부를 이행할 수 있다. 이러한 법리는 불가분채권의 목적이 금전채권인 경우 그 일부에 대하여만 압류 및 전부명령이 이루어진 경우에도 마찬가지이다(대법원 2023. 3. 30. 선고 2021다264253 판결).

㉢ (×)

1) 공동상속인들의 건물철거의무는 그 성질상 불가분채무라고 할 것이고 각자 그 지분의 한도 내에서 건물 전체에 대한 철거의무를 지는 것이다(대법원 1980. 6. 24. 선고 80다756 판결).

2) 공동점유물의 인도청구나 공유건물의 철거청구도 공동점유자나 공유자 전원을 공동피고로 하여야 하는 필수적 공동소송이라 할 수 없고, 각자에 대하여 그 지분권의 한도 내에서 인도 또는 철거를 구할 수 있다(대법원 1969. 7. 22. 선고 69다609 판결). 정답 ①

20. X 부동산의 소유자인 甲은 2010. 2. 1. 乙에게 X 부동산에 관하여 2010. 1. 20.자 매매예약을 원인으로 하는 소유권이전청구권 가등기를 마쳐 주었는데, 甲과 乙은 예약완결권의 행사기간에 대해서는 별도로 약정하지 않았다. 甲의 채권자 丙은 2011. 2. 1. X 부동산에 대하여 적법한 가압류등기를 마쳤다. 이에 관한 설명 중 옳지 않은 것은? (각 지문은 독립적이며, 다툼이 있는 경우 판례에 의함)

① 甲이 2024. 1. 10. 乙에게 X 부동산을 매도하고 甲, 乙 간 가등기 유용의 합의에 따라 2024. 2. 1. X 부동산에 대한 乙 명의 본등기를 마쳐 준 경우, 乙은 X 부동산의 소유권을 취득한다.
② 甲이 2024. 1. 10. 乙에게 X 부동산을 매도하고 甲, 乙 간 가등기 유용의 합의에 따라 2024. 2. 1. X 부동산에 대한 乙 명의 본등기를 마쳐 주어 丙 명의 가압류등기가 말소된 경우, 乙은 丙의 가압류등기의 회복등기 절차에 대해 승낙의 의사표시를 할 의무를 진다.
③ 甲이 2024. 2. 1. 丁과 X 부동산에 관한 매매예약을 체결하고 甲, 丁 간 가등기 유용의 합의에 따라 丁 명의로 가등기 이전의 부기등기를 마쳐 준 경우, 丁은 甲의 가등기 말소 청구에 대항할 수 있다.
④ 甲이 2024. 2. 1. 丁과 X 부동산에 관한 매매예약을 체결하고 甲, 丁 간 가등기 유용의 합의에 따라 丁 명의로 가등기 이전의 부기등기를 마쳐 준 경우, 丁은 丙에 대해 가등기의 유효를 주장할 수 없다.
⑤ 甲이 2024. 2. 1. 丁과 X 부동산에 관한 매매예약을 체결하고 甲, 丁 간 가등기 유용의 합의에 따라 丁 명의로 가등기 이전의 부기등기를 마쳐 준 경우, 丙이 甲을 대위하여 가등기의 말소를 청구하면 丁은 甲, 丁 간 가등기 유용의 합의로써 丙에게 대항할 수 없다.

해설

① (O), ② (O)

1) 이 사건 가등기는 매매예약 완결권이 10년의 제척기간 경과로 소멸하여 실효되었으나, 이후 甲, 乙이 가등기 유용 합의를 하고 이에 따라 乙 명의로 본등기를 마친 것이므로 이에 기초한 乙 명의 소유권이전등기는 유효하다. 다만 이 사건 가등기로 인한 이 사건 丙 명의 가압류등기의 직권말소는 법률상 원인 없이 이루어져 무효이며, 이 사건 부동산의 소유자인 乙 등기상 이해관계 있는 제3자로서 이 사건 가압류등기의 회복등기절차에 대한 승낙의 의사표시를 할 의무가 있다(대법원 2022. 7. 28. 선고 2017다204629 판결이유 중 설시).

2) 소유권이전등기청구권 가등기의 유용합의와 그에 기하여 乙 앞으로 본등기가 마쳐졌다면 乙은 소유권을 취득한다. 다만, 丙 명의 가압류의 존속에 대해서는 丙에게 상대적으로만 대항할 수 없으므로 丙 명의 가압류가 존재하는 부담을 안은 채로 소유권이 취득되어야 한다. 따라서 丙 명의 가압류등기의 직권말소는 법률상 원인 없이 이루어져 무효이며, 이 사건 부동산의 소유자인 乙은 등기상 이해관계 있는 제3자로서 이 사건 가압류등기의 회복등기절차에 대한 승낙의 의사표시를 할 의무가 있다는 것이 판례의 의미이다.

3) 다시 말해 乙은 丙 명의 가압류의 존속을 수인해야 한다는 범위 내에서 丙에게만 위 가등기 유용의 합의로써 대항할 수 없다는 의미이지 가등기 및 그에 기한 본등기 전체가 대세적으로 무효라고 오해하면 안된다. 그러므로 甲이 2024. 1. 10. 乙에게 X 부동산을 매도하고 甲, 乙 간 가등기 유용의 합의에 따라 2024. 2. 1. X 부동산에 대한 乙 명의 본등기를 마쳐 준 경우, 乙은 X 부동산의 소유권을 취득한다는 선지는 옳은 지문이다.

③ (O) 등기상 이해관계 있는 제3자가 존재한다 하더라도 등기유용의 합의 당사자 사이에서는 여전히 당사자 사이의 유용합의로 대항할 수 있다(대법원 1989. 10. 27. 선고 87다카425 판결).

④ (O)

1) 부동산의 매매예약에 기하여 소유권이전등기청구권의 보전을 위한 가등기가 마쳐진 경우에 그 매매예약완결권이 소멸하였다면 그 가등기 또한 효력을 상실하여 말소되어야 할 것이나, 그 부동산의 소유자가 제3자와 사이에 새로운 매매예약을 체결하고 그에 기한 소유권이전등기청구권의 보전을 위하여 이미 효력이 상실된 가등기를 유용하기로 합의하고 실제로 그 가등기 이전의 부기등기를 마쳤다면, 그 가등기 이전의 부기등기를 마친 제3자로서는 언제든지 부동산의 소유자에 대하여 위 가등기 유용의 합의를 주장하여 가등기의 말소청구에 대항할 수 있고, 다만 그 가등기 이전의 부기등기 전에 등기부상 이해관계를 가지게 된 자에 대하여는 위 가등기 유용의 합의 사실을 들어 그 가등기의 유효를 주장할 수는 없다(대법원 2009. 5. 28. 선고 2009다4787 판결).

2) 甲, 丁 사이에 가등기 유용의 합의에 따른 가등기이전의 부기등기가 경료되기 전에 이 사건 부동산에 대한 丙의 가압류가 있었으므로 丁은 그 가압류의 존속을 수인해야 한다는 범위 내에서 丙에게 위 가등기 유용의 합의로써 대항할 수 없다는 의미이다. 가등기 이전의 부기등기 전체가 대세적으로 무효라는 의미가 아니다.

⑤ (×) 채권자대위권은 채무자의 제3채무자에 대한 권리를 행사하는 것이므로, 제3채무자는 채무자에 대해 가지는 모든 항변사유로 채권자에게 대항할 수 있으나, 채권자는 채무자 자신이 주장할 수 있는 사유의 범위 내에서 주장할 수 있을 뿐 자기와 제3채무자 사이의 독자적인 사정에 기한 사유를 주장할 수는 없다. 채권자가 무효인 소유권이전등기청구권의 보전을 위한 가등기의 유용 합의에 따라 부동산 소유자인 채무자로부터 그 가등기 이전의 부기등기를 마친 제3채무자를 상대로 채무자를 대위하여 가등기의 말소를 구한 사안에서, 채권자가 그 부기등기 전에 부동산을 가압류한 사실을 주장하는 것은 채무자가 아닌 채권자 자신이 제3채무자에 대하여 가지는 사유에 관한 것이어서 허용되지 않는다(대법원 2009. 5. 28. 선고 2009다4787 판결).

정답 ⑤

21. 도급인 甲과 수급인 乙은 2023. 2. 1. 건물신축공사에 관한 도급계약을 체결하면서 완공 즉시 공사대금을 지급하기로 하였고, 乙은 2023. 9. 1. 공사를 완료하였다. 이에 관한 설명 중 옳지 않은 것은? (각 지문은 독립적이며, 다툼이 있는 경우 판례에 의함)

① 도급계약에 따른 乙의 공사대금 채권과 甲의 하자보수보증금 채권이 동시이행의 관계에 있는 경우, 乙이 2023. 5. 1. 丙에게 乙의 甲에 대한 공사대금 채권을 양도하고 그 다음 날 甲에게 확정일자 있는 증서에 의한 양도통지가 도달한 이후 甲의 하자보수보증금 채권이 발생하였더라도 甲은 이를 자동채권으로 하여 丙의 양수금 채권과 상계할 수 있다.

② 丙이 甲과 乙 사이에 공사대금 채권을 양도하지 않기로 약정한 사실을 알면서 乙의 甲에 대한 공사대금 채권에 대하여 압류 및 전부명령을 받아 그 명령이 확정된 경우, 그 압류 및 전부명령은 유효하다.

③ 丙이 乙의 甲에 대한 공사대금 채권에 대하여 2023. 4. 1. 압류 및 전부명령을 받고 그 다음 날 甲, 乙에게 위 압류 및 전부명령이 모두 송달되어 확정된 경우, 甲이 위 압류 및 전부명령을 송달받기 전에 乙에 대한 대여금 채권을 가지고 있었고 그 대여금 채권의 변제기가 2023. 8. 1.이라면 甲은 乙에 대한 대여금 채권을 자동채권으로 하여 丙의 전부금 채권과 상계할 수 있다.

④ 乙이 2023. 10. 1. 丙에게 甲에 대한 공사대금 채권을 양도하고 2023. 11. 1. 甲에게 확정일자 있는 증서에 의한 양도통지가 도달한 경우, 丙이 양수금 채권으로 甲의 丙에 대한 2023. 9. 1.이 변제기인 대여금 채권과 상계한다면 그 상계적상일은 2023. 11. 1.이다.

⑤ 乙이 2023. 4. 1. 丙에게 甲에 대한 공사대금 채권을 양도하고 그 다음 날 甲에게 확정일자 있는 증서에 의한 양도통지가 도달한 다음, 乙의 채권자 丁이 2023. 5. 1. 乙의 甲에 대한 공사대금 채권에 대하여 압류명령을 받은 경우, 그 후 乙의 다른 채권자인 戊가 제기한 사해행위취소소송에 의하여 위 채권양도가 취소되었다면 위 압류명령은 장래에 乙에게 원상회복될 공사대금 채권에 대한 것으로서 유효하다.

해설

① (O)

1) 수급인(원사업자)이 공사대금을 지급받을 때까지 도급인(발주자)에게 하자보수보증금을 현금 또는 보증서 등으로 납부 또는 제출하기로 약정하였다면, 특별한 사정이 없는 한 수급인(원사업자)의 하자보수보증금채무는 도급인(발주자)의 공사대금채무와 동시이행관계에 있다고 보아야 한다(대법원 2004. 12. 9. 선고 2003다59051 판결 등 참조).

2) 채권양도에 의하여 채권은 그 동일성을 유지하면서 양수인에게 이전되고, 채무자는 양도통지를 받은 때까지 양도인에 대하여 생긴 사유로써 양수인에게 대항할 수 있다(민법 제451조 제2항). 따라서 채무자의 채권양도인에 대한 자동채권이 발생하는 기초가 되는 원인이 양도 전에 이미 성립하여 존재하고 자동채권이 수동채권인 양도채권과 동시이행의 관계에 있는 경우에는, 양도통지가 채무자에게 도달하여 채권양도의 대항요건이 갖추어진 후에 자동채권이 발생하였다고 하더라도 채무자는 동시이행의 항변권을 주장할 수 있고, 따라서 그 채권에 의한 상계로 양수인에게 대항할 수 있다(대법원 2015. 4. 9. 선고 2014다80945 판결).

② (O) 당사자 사이에 양도금지의 특약이 있는 채권이라도 압류 및 전부명령에 따라 이전될 수 있고, 양도금지의 특약이 있는 사실에 관하여 압류채권자가 선의인가 악의인가는 전부명령의 효력에 영향이 없다(대법원 2002. 8. 27. 선고 2001다71699 판결).

③ (O)

1) 민법 제498조는 "지급을 금지하는 명령을 받은 제3채무자는 그 후에 취득한 채권에 의한 상계로 그 명령을 신청한 채권자에게 대항하지 못한다"라고 규정하고 있다. 위 규정의 취지, 상계제도의 목적 및 기능, 채무자의 채권이 압류된 경우 관련 당사자들의 이익상황 등에 비추어 보면, 채권압류명령 또는 채권가압류명령을 받은 제3채무자가 압류채무자에 대한 반대채권을 가지고 있는 경우에 상계로써 압류채권자에게 대항하기 위하여는, 압류의 효력 발생 당시에 대립하는 양 채권이 상계적상에 있거나, 그 당시 반대채권(자동채권)의 변제기가 도래하지 아니한 경우에는 그것이 피압류채권(수동채권)의 변제기와 동시에 또는 그보다 먼저 도래하여야 한다(대법원 2012. 2. 16. 선고 2011다45521 전원합의체 판결).

2) 압류 및 전부명령을 송달받기 전에 제3채무자 甲은 압류채무자 乙에 대한 대여금 채권을 가지고 있었고 그 대여금 채권의 변제기는 2023. 8. 1.로서, 피압류채권인 乙의 甲에 대한 공사대금채권의 변제기 2023. 9. 1.(공사완료일)보다 먼저 도래한다. 따라서 제3채무자 甲은 상계로써 압류·전부채권자 丙에게 대항할 수 있다.

④ (O) 민법 제493조 제2항은 "상계의 의사표시는 각 채무가 상계할 수 있는 때에 대등액에 관하여 소멸한 것으로 본다."라고 정하고 있으므로 상계의 효력은 상계적상 시로 소급하여 발생한다. 상계적상은 자동채권과 수동채권이 상호 대립하는 때에 비로소 생긴다. 채권양수인이 양수채권을 자동채권으로 하여 그 채무자가 채권양수인에 대해 가지고 있던 기존 채권과 상계한 경우, 채권양수인은 채권양도의 대항요건이 갖추어진 때 비로소 자동채권을 행사할 수 있으므로 채권양도 전에 이미 양 채권의 변제기가 도래하였다고 하더라도 상계의 효력은 변제기로 소급하는 것이 아니라 채권양도의 대항요건이 갖추어진 시점으로 소급한다(대법원 2022. 6. 30. 선고 2022다200089 판결).

⑤ (×) [1] 채무자가 압류 또는 가압류의 대상인 채권을 양도하고 확정일자 있는 통지 등에 의한 채권양도의 대항요건을 갖추었다면, 그 후 채무자의 다른 채권자가 그 양도된 채권에 대하여 압류 또는 가압류를 하더라도 그 압류 또는 가압류 당시에 피압류채권은 이미 존재하지 않는 것과 같아 압류 또는 가압류로서의 효력이 없고, 그에 기한 추심명령 또한 무효이므로, 그 다른 채권자는 압류 등에 따른 집행절차에 참여할 수 없다. 또한 압류된 금전채권에 대한 전부명령이 절차상 적법하게 발부되어 확정되었다고 하더라도 전부명령이 제3채무자에게 송달될 때에 피압류채권이 존재하지 않으면 전부명령도 무효이므로, 피압류채권이 전부채권자에게 이전되거나 집행채권이 변제되어 소멸하는 효과는 발생할 수 없다.

[2] 채권자가 사해행위의 취소와 함께 수익자 또는 전득자로부터 책임재산의 회복을 명하는 사해행위 취소의 판결을 받은 경우 그 취소의 효과는 채권자와 수익자 또는 전득자 사이에만 미치므로, 수익자 또는 전득자가 채권자에 대하여 사해행위의 취소로 인한 원상회복 의무를 부담하게 될 뿐, 채무자와 사이에서 그 취소로 인한 법률관계가 형성되거나 취소의 효력이 소급하여 채무자의 책임재산으로 회복되는 것은 아니다. 따라서 채권압류명령 등 당시 피압류채권이 이미 제3자에 대한 대항요건을 갖추어 양도되어 그 명령이 효력이 없는 것이 되었다면, 그 후의 사해행위취소소송에서 위 채권양도계약이 취소되어 채권이 원채권자에게 복귀하였다고 하더라도 이미 무효로 된 채권압류명령 등이 다시 유효로 되는 것은 아니다(대법원 2022. 12. 1. 선고 2022다247521 판결).

정답 ⑤

22. 손해배상액의 예정에 관한 설명 중 옳은 것(○)과 옳지 않은 것(×)을 올바르게 조합한 것은? (다툼이 있는 경우 판례에 의함)

ㄱ. 금전채무의 불이행에 대하여 손해배상액을 예정한 경우, 감액 요건인 '부당성'은 계약의 목적과 내용, 손해배상액을 예정한 동기, 채무액에 대한 예정액의 비율, 예상 손해액의 크기, 당시의 거래관행 등뿐만 아니라, 통상적인 연체금리도 고려하여 판단하여야 한다.

ㄴ. 손해배상 예정액의 감액 사유에 대한 사실인정이나 그 비율을 정하는 것은 원칙적으로 사실심의 전권에 속하는 사항이지만, 손해배상액의 예정이 없더라도 채무자가 당연히 지급의무를 부담하여 채권자가 받을 수 있던 금액보다 적은 금액으로 감액하는 것은 감액의 한계를 벗어나는 것이다.

ㄷ. 도급계약에서 손해배상액의 예정으로서 지체상금을 계약 총액에 지체상금률을 곱하여 산출하기로 정한 경우, 지체상금의 과다 여부는 지체상금률 그 자체가 과다한지를 기준으로 판단한다.

ㄹ. 수급인의 하자보수의무 불이행 시 도급인에게 귀속하는 것으로 약정된 하자보수보증금은 특별한 사정이 없는 한 손해배상액의 예정으로 볼 것이므로, 도급인은 수급인의 하자보수의무 불이행을 이유로 하자보수보증금의 몰취 외에 그 실손해액을 증명하여 수급인으로부터 그 초과액 상당의 손해배상을 받을 수는 없다.

① ㄱ(○), ㄴ(○), ㄷ(×), ㄹ(×)
② ㄱ(×), ㄴ(○), ㄷ(×), ㄹ(○)
③ ㄱ(○), ㄴ(×), ㄷ(○), ㄹ(○)
④ ㄱ(×), ㄴ(○), ㄷ(○), ㄹ(×)
⑤ ㄱ(○), ㄴ(○), ㄷ(×), ㄹ(○)

해설

㉠ **(O)** 손해배상 예정액을 감액하기 위한 요건인 '부당성'은 채권자와 채무자의 지위, 계약의 목적과 내용, 손해배상액을 예정한 동기, 채무액에 대한 예정액의 비율, 예상 손해액의 크기, 당시의 거래관행 등 모든 사정을 참작하여 일반 사회관념에 비추어 예정액의 지급이 경제적 약자의 지위에 있는 채무자에게 부당한 압박을 가하여 공정성을 잃는 결과를 초래하는 경우에 인정된다. 특히 금전채무의 불이행에 대하여 손해배상액을 예정한 경우에는 위에서 든 고려요소 이외에 통상적인 연체금리도 고려하여야 한다. 이와 같이 손해배상의 예정액이 부당한지 여부나 그에 대한 적당한 감액의 범위를 판단하는 기준 시점은 법원이 구체적으로 판단을 하는 때, 즉 사실심의 변론종결 당시이다. 이때 감액사유에 대한 사실인정이나 비율을 정하는 것은 형평의 원칙에 비추어 현저히 불합리하다고 인정되지 않는 한 사실심의 전권에 속하는 사항이다(대법원 2017. 7. 11. 선고 2016다52265 판결).

㉡ **(O)** 민법 제398조 제2항에 의한 손해배상 예정액의 감액은 국가가 당사자 사이의 실질적 불평등을 제거하고 공정성을 보장하기 위하여 계약의 체결 또는 그 내용에 간섭하는 사적 자치의 원칙에 대한 제한의 한 가지 형태이다. 여기에서 '부당히 과다한 경우'는 손해가 없다거나 손해액이 예정액보다 적다는 것만으로는 부족하고, 계약자의 경제적 지위, 계약의 목적, 손해배상액 예정의 경위 및 거래관행 기타 제반 사정을 고려하여 그와 같은 예정액의 지급이 경제적 약자의 지위에 있는 채무자에게 부당한 압박을 가하여 공정성을 잃는 결과를 초래한다고 인정되는 경우를 뜻한다. 기록상 실제의 손해액 또는 예상 손해액을 알 수 있는 경우에는 이를 그 예정액과 대비하여 볼 필요가 있고, 단지 예정액 자체가 크다든가 계약 체결 시부터 계약해제 시까지의 시간적 간격이 짧다든가 하는 사유만으로는 손해배상 예정액을 부당히 과다하다고 하여 감액하기에 부족하다. 손해배상액 예정이 없더라도 채무자가 당연히 지급의무를 부담하여 채권자가 받을 수 있던 금액보다 적은 금액으로 감액하는 것은 손해배상액 예정에 관한 약정 자체를 전면 부인하는 것과 같은 결과가 되기 때문에 감액의 한계를 벗어나는 것이다(대법원 2023. 8. 18. 선고 2022다227619 판결).

㉢ **(×)** 지체상금을 계약 총액에서 지체상금률을 곱하여 산출하기로 정한 경우, 민법 제398조 제2항에 의하면 손해배상액의 예정액이 부당히 과다한 경우에는 법원은 적당히 감액할 수 있다고 규정되어 있고 여기의 손해배상의 예정액이란 문언상 그 예정한 손해배상액의 총액을 의미한다고 해석되므로, 손해배상의 예정에 해당하는 지체상금의 과다 여부는 **지체상금 총액을 기준**으로 하여 판단하여야 한다(대법원 1996. 4. 26. 선고 95다11436 판결).

㉣ **(×)**

1) 공사도급계약서 또는 그 계약내용에 편입된 약관에 수급인이 하자담보책임 기간 중 도급인으로부터 하자보수요구를 받고 이에 불응한 경우 하자보수보증금은 도급인에게 귀속한다는 조항이 있을 때 이 하자보수보증금은 특별한 사정이 없는 한 손해배상액의 예정으로 볼 것이고, 다만 하자보수보증금의 특성

상 실손해가 하자보수보증금을 초과하는 경우에는 그 초과액의 손해배상을 구할 수 있다는 명시 규정이 없다고 하더라도 도급인은 수급인의 하자보수의무 불이행을 이유로 하자보수보증금의 몰취 외에 그 실손해액을 입증하여 수급인으로부터 그 초과액 상당의 손해배상을 받을 수도 있는 특수한 손해배상액의 예정으로 봄이 상당하다(대법원 2002. 7. 12. 선고 2000다17810 판결).

2) **참고** : 손해배상액의 예정과 관련하여, 실제 발생한 손해액이 예정액보다 크다는 것을 입증하더라도 증액을 요구하지 못하고, 적다는 것을 입증해도 감액을 요구하지 못하는 것이 원칙이다(대법원 2008. 11. 13. 선고 2008다46906 판결). 예외적으로, 판례는 하자보수보증금은 특수한 손해배상액의 예정으로서 실제 발생한 손해액이 예정액보다 크다면 초과손해의 배상이 항상 가능하다고 1)과 같이 판시하였다. 이와 같은 '특수성' 법리에 대해서 비판적인 평석이 다수 존재한다. 정답 ①

23. 다음 각 사례에서 빈칸을 알맞게 채운 것은? (X, Y 토지의 시가 변동은 없고, 공동저당권 설정 시 책임분담에 관한 특별한 사정은 없음. 이자와 지연손해금, 집행비용은 고려하지 말 것. 각 지문은 독립적이며, 다툼이 있는 경우 판례에 의함)

ㄱ. 채무자 甲 소유의 X 토지(시가 2,000만 원)와 Y 토지(시가 4,000만 원)에 관하여 丙 앞으로 피담보채권액 3,000만 원의 공동저당권이 설정되어 있는 상태에서, 甲이 Y 토지를 A에게 매도하여 A 명의의 소유권이전등기가 마쳐졌다. 甲의 일반채권자 乙(피보전채권액 1억 원)에 의해 Y 토지에 관한 매매계약이 사해행위로 취소되어 가액배상을 하는 경우, 가액배상액은 (가)이다.

ㄴ. 채무자 甲 소유의 X 토지(시가 3,000만 원)와 Y 토지(시가 6,000만 원)에 관하여 丙 앞으로 피담보채권액 6,000만 원의 공동저당권이 설정되어 있는 상태에서, 甲이 X, Y 토지를 A에게 일괄매도하여 A 명의의 소유권이전등기가 마쳐졌다. 甲의 일반채권자 乙(피보전채권액 1억 원)에 의해 X, Y 토지에 관한 매매계약이 사해행위로 취소되어 가액배상을 하는 경우, 가액배상액은 (나)이다.

ㄷ. 채무자 甲 소유의 X 토지(시가 5억 원)에는 丙의 피담보채권액 2억 원의 1순위 저당권과 丁의 피담보채권액 1억 원의 2순위 저당권이 각 설정되어 있고, 물상보증인 戊 소유의 Y 토지(시가 5억 원)에는 丁의 X 토지에 관한 피담보채권액 전부에 관하여 공동저당권이 설정되어 있는 상태에서, 甲이 X 토지를 A에게 매도하여 A 명의의 소유권이전등기가 마쳐졌다. 甲의 일반채권자 乙(피보전채권액 3억 원)에 의해 X 토지에 관한 매매계약이 사해행위로 취소되어 가액배상을 하는 경우, 가액배상액은 (다)이다.

	가	나	다
①	2,000만 원	3,000만 원	2억 원
②	2,000만 원	3,000만 원	2억 5,000만 원
③	2,000만 원	6,000만 원	2억 원
④	4,000만 원	6,000만 원	2억 5,000만 원
⑤	4,000만 원	6,000만 원	2억 원

해설

㉠ 2,000**만 원**

1) 채무자가 양도한 목적물에 담보권이 설정되어 있는 경우라면 그 목적물 중에서 일반채권자들의 공동담보에 제공되는 책임재산은 피담보채권액을 공제한 나머지 부분만이라 할 것이고 그 피담보채권액이 목적물의 가격을 초과하고 있는 때에는 당해 목적물의 양도는 사해행위에 해당한다고 할 수 없는데, 여기서 공동저당권이 설정되어 있는 수 개의 부동산 중 일부가 양도된 경우에 있어서의 그 피담보채권액은 특별한 사정이 없는 한 민법 제368조의 규정 취지에 비추어 공동저당권의 목적으로 된 각 부동산의 가액에 비례하여 공동저당권의 피담보채권액을 안분한 금액이라고 보아야 한다(대법원 2003. 11. 13. 선고 2003다39989 판결).

2) 민법 제368조 제1항에 따라 각 부동산이 부담하는 피담보채권액은 전체 피담보채권액인 3,000만 원을 X : Y = 1 : 2의 비율로 안분한 금액이다. 따라서 Y 토지의 책임재산은 시가 4,000만 원에서 안분된 피담보채권액 2,000만 원을 제한 2,000만 원이다. 이 범위에서 가액배상액이 정해진다.

㉡ 3,000**만 원**

1) ⓐ 공동저당권이 설정된 수개의 부동산 전부의 매매계약이 사해행위에 해당하고 사해행위의 목적 부동산 전부가 하나의 계약으로 동일인에게 일괄 양도된 경우에는 사해행위로 되는 매매계약이 공동저당 부동산의 일부를 목적으로 할 때처럼 부동산 가액에서 공제하여야 할 피담보채권액의 산정이 문제 되지 아니하므로 특별한 사정이 없는 한 취소에 따른 배상액의 산정은 목적 부동산 전체의 가액에서 공동저당권의 피담보채권 총액을 공제하는 방식으로 함이 취소채권자의 의사에도 부합하는 상당한 방법이고, ⓑ 사해행위인 매매계약의 목적물 중 일부 목적물만을 사해행위로 취소하는 경우에는 일부 목적물의 사실심 변론종결 당시 가액에서 공제되어야 할 피담보채권액은 공동저당권의 피담보채권총액을 사실심 변론종결 당시를 기준으로 한 공동저당 목적물의 가액에 비례하여 안분한 금액이라고 보아야 한다(대법원 2014. 6. 26. 선고 2012다77891 판결).

2) 사해행위 취소에 따른 가액배상액의 산정은 목적 부동산 전체의 가액 9,000만 원(= 3,000만 원 + 6,000만 원)에서 공동저당권의 피담보채권 총액 6,000만 원을 공제한 3,000만 원이다.

㉢ 2**억 원**

1) 수 개의 부동산에 공동근저당권이 설정되어 있는 경우 책임재산을 산정할 때 각 부동산이 부담하는 피담보채권액은 특별한 사정이 없는 한 민법 제368조의 규정 취지에 비추어 공동근저당권의 목적으로 된 각 부동산의 가액에 비례하여 최고액의 한도에서 피담보채권액을 안분한 금액으로 봄이 타당하다. 그러나 수 개의 부동산 중 일부는 채무자 소유이고 다른 일부는 물상보증인 소유인 경우에는, 물상보증인이 민법 제481조, 제482조의 규정에 따른 변제자대위에 의하여 채무자 소유의 부동산에 대하여 근저당권을 행사할 수 있는 지위에 있는 사정 등을 고려할 때, 그 물상보증인이 채무자에 대하여 구상권을 행사할 수 없는 특별한 사정이 없는 한 채무자 소유의 부동산에 관한 피담보채권액은 최고액의 한도에서 피담보채권액 전액으로 보아야 한다. 이러한 법리는 하나의 공유부동산 중 일부 지분이 채무자 소유이고, 다른 일부 지분이 물상보증인 소유인 경우에도 마찬가지로 적용된다(대법원 2023. 9. 21. 선고 2023다249739 판결).

2) ⓐ X 토지의 가액 5억 원에서 丙 명의 1순위 저당권 피담보채권액 2억 원이 공제되어야 한다. ⓑ X, Y 토지 중 X 토지는 채무자 소유이고, Y 토지는 물상보증인 소유이므로 채무자 소유 X 토지가 부담하는 丁 명의 2순위 공동저당권의 피담보채권액은 1억 원 전액이다. 따라서 이 1억 원도 공제되어야 한다. ⓒ X 토지의 책임재산가액은 가액 5억 원에서 2억 원 및 1억 원을 모두 공제한 2억 원이고, 이 범위에서 가액배상액이 정해진다.

정답 ①

24. 채권의 목적에 관한 설명 중 옳지 않은 것은? (다툼이 있는 경우 판례에 의함)

① 의사가 환자에게 부담하는 진료채무는 특별한 사정이 없는 한 수단채무이다.
② 우리나라 통화를 외화채권에 변제충당할 때에는 특별한 사정이 없는 한 현실로 변제충당할 당시의 외국환시세에 의하여 환산하여야 한다.
③ 선택채권은 선택에 의하여 채권의 목적이 확정되므로 선택채권의 소멸시효는 선택권을 행사한 때부터 진행한다.
④ 금전채무에 관하여 이자 약정이 없는 경우에도 채무자의 이행지체로 인한 지연이자는 특별한 사정이 없는 한 법정이율에 의하여 청구할 수 있다.
⑤ 채권액이 외국통화로 지정된 금전채권인 외화채권을 채권자가 대용급부의 권리를 행사해 우리나라 통화로 환산하여 청구하는 경우, 법원이 채무자에게 이행을 명할 때에는 사실심 변론 종결 당시의 외국환시세에 의하여 환산하여야 한다.

해 설

① (O) 의사가 환자에 대하여 부담하는 진료채무는 환자의 치유라는 결과를 반드시 달성해야 하는 결과채무가 아니라, 치유를 위하여 선량한 관리자의 주의를 다하여 현재의 의학수준에 비추어 필요하고도 적절한 진료를 할 채무 즉 수단채무이므로, 진료의 결과가 만족스럽지 못하다고 하여 바로 진료채무의 불이행으로 추정할 수는 없다. 그리고 의료행위의 결과 후유장해가 발생한 경우, 그 후유장해가 당시 의료수준에서 최선의 조치를 다하더라도 당해 의료행위 과정의 합병증으로 나타날 수 있는 것이거나 또는 그 합병증으로 인하여 2차적으로 발생할 수 있는 것이라면, 의료행위의 내용이나 시술 과정, 합병증의 발생 부위와 정도, 당시의 의료수준과 담당 의료진의 숙련도 등을 종합하여 볼 때 그 증상이 일반적으로 인정되는 합병증의 범위를 벗어났다고 볼 수 있는 사정이 없는 한, 그 후유장해가 발생하였다는 사실만으로 의료행위 과정에 과실이 있었다고 추정할 수 없다(대법원 2015. 10. 15. 선고 2015다21295 판결).

② (O) 채권액이 외국통화로 정해진 금전채권인 외화채권을 채무자가 우리나라 통화로 변제하는 경우에 그 환산시기는 이행기가 아니라 현실로 이행하는 때, 즉 현실이행시의 외국환시세에 의하여 환산한 우리나라 통화로 변제하여야 하고, 우리나라 통화를 외화채권에 변제충당할 때도 특별한 사정이 없는 한 현실로 변제충당할 당시의 외국환시세에 의하여 환산하여야 한다(대법원 2000. 6. 9. 선고 99다56512 판결).

③ (×) 무권대리인이 대리권을 증명하지 못하고 본인의 추인도 얻지 못한 경우 상대방의 계약이행청구권이나 손해배상청구권의(즉, 선택채권의) 소멸시효는 그 선택권을 행사할 수 있을 때부터 진행한다(대법원 1963. 8. 22. 선고 63다323 판결).

④ (O) 금전채무불이행의 손해배상액은 법정이율에 의한다. 그러나 법령의 제한에 위반하지 아니한 약정이율이 있으면 그 이율에 의한다(민법 제397조 제1항).

⑤ (O) 채권액이 외국통화로 지정된 금전채권인 외화채권을 채무자가 우리나라 통화로 변제함에 있어서는 민법 제378조가 그 환산시기에 관하여 외화채권에 관한 같은 법 제376조, 제377조 제2항의 "변제기"라는 표현과는 다르게 "지급할 때"라고 규정한 취지에서 새겨 볼 때 그 환산시기는 이행기가 아니라 현실로 이행하는 때 즉 현실이행시의 외국환시세에 의하여 환산한 우리나라 통화로 변제하여야 한다고 풀이함이 상당하므로 채권자가 위와 같은 외화채권을 대용급부의 권리를 행사하여 우리나라 통화로 환산하여 청구하는 경우에도 법원이 채무자에게 그 이행을 명함에 있어서는 채무자가 현실로 이행할 때에 가장 가까운 사실심 변론종결 당시의 외국환 시세를 우리나라 통화로 환산하는 기준시로 삼아야 한다(대법원 1991. 3. 12. 선고 90다2147 전원합의체판결).

정답 ③

25. 乙이 甲으로부터 A 소유 X 건물을 매수하기 위하여 매매계약을 체결하였다. X 건물이 甲의 소유가 아니라는 점을 알지 못한 乙은 타인 권리의 매매를 이유로 甲에게 담보책임에 따른 손해배상을 청구하였다. 이에 관한 설명 중 옳은 것(○)과 옳지 않은 것(×)을 올바르게 조합한 것은? (각 지문은 독립적이며, 다툼이 있는 경우 판례에 의함)

ㄱ. 乙이 X 건물의 소유권이 甲에게 속하지 아니함을 알지 못한 것이 乙의 과실에 의한 경우, 법원은 甲이 배상할 손해액을 산정할 때 이를 참작하여야 한다.
ㄴ. 甲 또한 X 건물이 자기 소유가 아니고 A 소유임을 알지 못한 상태에서 위 매매계약을 체결하고, 甲이 계약을 위반하면 계약금의 배액을 乙에게 배상하고 乙이 위약할 때에는 계약금의 반환을 구할 수 없다는 내용의 약정을 하였다면, 그 위약금 약정은 타인 권리의 매매로 인한 담보책임까지 예상하여 손해배상액을 예정한 것이라고 볼 수 없다.
ㄷ. 甲이 X 건물의 소유권을 취득하여 乙에게 이전해야 할 의무가 甲의 귀책사유로 이행불능이 된 경우, 乙은 甲에 대하여 타인 권리의 매매로 인한 담보책임으로 손해배상을 청구할 수 있을 뿐만 아니라 일반적인 채무불이행으로서 계약을 해제하고 손해배상을 청구할 수 있다. 이때 위 담보책임으로 인한 손해배상의 범위는 이행불능 당시를 기준으로 한 이행이익 상당이다.
ㄹ. 甲이 乙에게 X 건물의 소유권을 이전할 수 없게 된 것이 오직 乙의 귀책사유에 의한 경우에도 甲은 타인 권리의 매매로 인한 담보책임을 부담한다.

① ㄱ(○), ㄴ(○), ㄷ(○), ㄹ(○)
② ㄱ(○), ㄴ(×), ㄷ(○), ㄹ(○)
③ ㄱ(○), ㄴ(×), ㄷ(○), ㄹ(×)
④ ㄱ(×), ㄴ(×), ㄷ(×), ㄹ(○)
⑤ ㄱ(○), ㄴ(○), ㄷ(○), ㄹ(×)

해설

㉠ (O)

1) 타인의 물건 매매에 있어서, 매수인이 그 물건의 소유권이 매도인에게 속하지 아니함을 알지 못한 것이 매수인의 과실에 기인한 경우에는 매도인의 배상액을 산정함에 있어서 이를 참작하여야 한다(대법원 1971. 12. 21. 선고 71다218 판결).

2) 다만, 판례는 제396조 과실상계 규정을 직접 적용하지 않고 형평의 원칙을 근거로 이를 인정하고 있다는 점에 주의해야 한다.

㉡ (O) 매매 당사자가 모두 매매목적물이 타인의 소유인 사실을 모르고 계약을 체결한 경우 위약금의 약정은 타인의 권리매매에 있어서의 담보책임까지 예상하여 그 배상액을 예정한 것이라고 볼 수 없다(대법원 1977. 9. 13. 선고 76다1699 판결).

㉢ (O)

1) 타인의 권리를 매매의 목적으로 한 경우에 있어서 그 권리를 취득하여 매수인에게 이전하여야 할 매도인의 의무가 매도인의 귀책사유로 인하여 이행불능이 되었다면 매수인이 매도인의 담보책임에 관한 민법 제570조 단서의 규정에 의해 손해배상을 청구할 수 없는 경우라 하더라도 채무불이행 일반의 규정(민법 제546조, 제390조)에 좇아서 계약을 해제하고 손해배상을 청구할 수 있다고 할 것이다(대법원 1993. 11. 23. 선고 93다37328 판결).

2) 타인의 권리를 매매한 자가 권리이전을 할 수 없게 된 때에는 매도인은 선의의 매수인에게 이행불능 당시를 표준으로 한 이행이익 상당을 배상하여야 한다(대법원 1979. 4. 24. 선고 77다2290 판결).

㉣ (×) 타인의 권리매매에 있어 매도인의 목적물을 매수인에게 이전할 수 없게 된 것이 오직 매수인의 귀책사유에 기인한 경우에는 매도인은 민법 제569조 하자담보책임을 지지 않는다(대법원 1979. 6. 26. 선고 79다564 판결).

정답 ⑤

26. 채권자대위권에 관한 설명 중 옳은 것을 모두 고른 것은? (각 지문은 독립적이며, 다툼이 있는 경우 판례에 의함)

ㄱ. 甲이 미등기 건물을 매수하였으나 소유권이전등기를 하지 못한 경우, 甲은 위 건물의 소유권을 원시취득한 매도인 乙을 대위하여 불법점유자 丙을 상대로 직접 자신에게 위 건물을 인도할 것을 청구할 수 있다.

ㄴ. 甲이 乙에 대한 금전채권을 보전하기 위하여 乙의 丙에 대한 금전채권을 대위행사하면서 직접 자신에게 이행하도록 청구하여 승소판결이 확정된 경우, 乙의 丙에 대한 금전채권이 변제 등으로 소멸하기 전이라면 乙의 일반채권자인 丁은 乙의 丙에 대한 금전채권을 압류할 수 있다.

ㄷ. 乙이 丙에게 채권의 양도를 구할 수 있는 권리를 가지고 있고 甲이 乙의 丙에 대한 위 권리를 대위행사하는 경우, 甲은 丙에 대하여 직접 자신에게 채권양도 절차를 이행하도록 청구할 수 있다.

ㄹ. X 부동산의 최종 매수인 甲이 중간 매수인 乙에 대한 소유권이전등기청구권을 보전하기 위해 乙을 대위하여 매도인 丙을 상대로 X 부동산에 대한 처분금지가처분을 받았고 乙이 위 대위 사실을 알게 된 경우, 이후 甲이 乙을 대위하여 丙을 상대로 소유권이전등기절차의 이행을 구하더라도, 丙은 乙에게 X 부동산에 관하여 소유권이전등기를 마쳐 준 사실로 甲에 대하여 대항할 수 없다.

① ㄱ, ㄴ　② ㄱ, ㄹ　③ ㄴ, ㄷ
④ ㄱ, ㄴ, ㄹ　⑤ ㄱ, ㄷ, ㄹ

해설

㉠ (O) 원고가 미등기 건물을 매수하였으나 소유권이전등기를 하지 못한 경우에는 위 건물의 소유권을 원시취득한 매도인을 대위하여 불법점유자에 대하여 명도청구를 할 수 있고 이때 원고는 불법점유자에 대하여 직접 자기에게 명도할 것을 청구할 수도 있다(대법원 1980. 7. 8. 선고 79다1928 판결).

㉡ (O) 채권자가 자기의 금전채권을 보전하기 위하여 채무자의 금전채권을 대위행사하는 경우 제3채무자로 하여금 채무자에게 지급의무를 이행하도록 청구할 수도 있지만, 직접 대위채권자 자신에게 이행하도록 청구할 수도 있다. 그런데 채권자대위소송에서 제3채무자로 하여금 직접 대위채권자에게 금전의 지급을 명하는 판결이 확정되더라도, 대위의 목적인 권리, 즉 채무자의 제3채무자에 대한 피대위채권이 판결의 집행채권으로서 존재하고 대위채권자는 채무자를 대위하여 피대위채권에 대한 변제를 수령하게 될 뿐 자신의 채권에 대한 변제로서 수령하게 되는 것이 아니므로, 피대위채권이 변제 등으로 소멸하기 전이라면 채무자의 다른 채권자는 이를 압류·가압류할 수 있다(대법원 2016. 8. 29. 선고 2015다236547 판결).

㉢ (×) 채권자대위권은 채권자의 고유권리이기는 하지만 채무자가 제3채무자에 대하여 가지고 있는 권리를 대위행사하는 것이므로, 채권자가 대위권을 행사한 경우에 제3채무자에 대하여 채무자에게 일정한 급부행위를 하라고 청구하는 것이 원칙이다. 다만 금전의 지급이나 물건의 인도 등과 같이 급부의 수령이 필요한 경우나 말소등기절차의 이행을 구하는 경우 등에는 채권자에게도 급부의 수령권한이 있을 뿐만 아니라, 채권자에게 행한 급부행위의 효과가 채무자에게 귀속되므로 예외적으로 채권자가 제3채무자에 대하여 직접 자신에게 급부행위를 하도록 청구할 수 있는 것이다. 그러나 채무자가 제3채무자에게 채권의 양도를 구할 수 있는 권리를 가지고 있고, 채권자가 채무자의 위 권리를 대위행사하는 경우에는 채권자의 직접 청구를 인정할 예외적인 사유가 없으므로, 원칙으로 돌아가 채권자는 제3채무자에 대하여 채무자에게 채권양도절차를 이행하도록 청구하여야 하고, 직접 자신에게 채권양도절차를 이행하도록 청구할 수 없다. 제3채무자에 대하여 채무자에게 채권을 양도하는 절차를 이행하도록 하면 그 채권이 바로 채무자에게 귀속하게 되어 별도로 급부의 수령이 필요하지 않을 뿐만 아니라, 만약 제3채무자가 직접 채권자에게 채권을 양도하는 절차를 이행하도록 하면 그 채권은 채권자에게 이전된다고 볼 수밖에 없어 대위행사의 효과가 채무자가 아닌 채권자에게 귀속하게 되기 때문이다(대법원 2024. 3. 12. 선고 2023다301682 판결).

㉣ (×) [가] 채권자가 채무자를 대위하여 채무자의 제3채무자에 대한 권리를 행사하고 채무자에게 통지를 하거나 채무자가 채권자의 대위권 행사사실을 안 후에는 채무자는 그 권리에 대한 처분권을 상실하여 그 권리의 양도나 포기등 처분행위를 할 수 없고 채무자의 처분행위에 기하여 취득한 권리로서는 채권자에게 대항할 수 없으나, 채무자의 변제수령은 처분행위라 할 수 없고 같은 이치에서 채무자가 그 명의로 소유권이전등기를 경료하는 것 역시 처분행위라고 할 수 없으므로 소유권이전등기청구권의 대위행사 후에도 채무자는 그 명의로 소유권이전등기를 경료하는 데 아무런 지장이 없다.

[나] 부동산의 전득자(채권자)가 양수인 겸 전매인(채무자)에 대한 소유권이전등기청구권을 보전하기 위하여 양수인을 대위하여 양도인(제3채무자)을 상대로 처분금지가처분을 한 경우 그 피보전권리는 양수인의 양도인에 대한 소유권이전등기청구권일 뿐, 전득자의 양수인에 대한 소유권이전등기청구권까지 포함되는 것은 아니고, 그 가처분결정에서 제3자에 대한 처분을 금지하였다 하여도 그 제3자 중에는 양수인은 포함되지 아니하므로 그가 처분 후에 양수인이 양도인으로부터 넘겨받은 소유권이전등기는 위 가처분의 효력에 위배되지 아니하여 유효하다. 정답 ①

27. 甲은 자기 소유의 X 토지에 Y 건물을 신축하기 위하여 乙과 공사대금을 2억 원으로 하는 Y 건물 공사도급계약을 체결하였다. 이에 관한 설명 중 옳지 않은 것은? (각 지문은 독립적이며, 다툼이 있는 경우 판례에 의함)

① 乙이 공사를 중단하여 약정된 공사 기한 내에 공사를 완공하는 것이 불가능하다는 것이 명백해진 경우, 甲은 공사 기한이 도래하기 전이라도 계약을 해제할 수 있지만, 그에 앞서 원칙적으로 乙에 대하여 공사 기한으로부터 상당한 기간 내에 완공할 것을 최고하여야 한다.

② 甲과 乙 사이의 도급계약이 乙의 채무불이행을 이유로 해제된 경우, 해제 당시 공사가 상당한 정도로 진척되어 이를 원상회복하는 것이 중대한 사회적·경제적 손실을 초래하고 완성된 부분이 甲에게 이익이 된다면 도급계약은 미완성 부분에 대하여만 실효된다.

③ 甲과 乙 사이의 도급계약에 지체상금 약정이 포함되어 있는 경우, 甲의 지체상금 채권과 乙의 공사대금 채권은 특별한 사정이 없는 한 동시이행관계에 있다.

④ 乙이 완성한 Y 건물에 하자가 있어 甲이 하자보수에 갈음하여 1억 원 상당의 손해배상청구권을 행사한 경우, 특별한 사정이 없는 한 甲의 공사대금 지급채무는 이행지체에 빠지지 않고, 甲이 하자보수에 갈음한 손해배상채권을 자동채권으로 하고 乙의 공사대금 채권 2억 원을 수동채권으로 하여 상계의 의사표시를 한 다음 날 공사대금 지급채무가 이행지체에 빠진다.

⑤ 乙이 완성한 Y 건물에 중대한 하자가 있고, 이로 인하여 Y 건물이 무너질 위험성이 있어 보수가 불가능하고 다시 건축할 수밖에 없다면, 특별한 사정이 없는 한 甲은 Y 건물을 철거하고 다시 건축하는 데 드는 비용 상당액을 하자로 인한 손해배상으로 청구할 수 있다.

해설

① **(O)** 공사도급계약에 있어서 수급인의 공사중단이나 공사지연으로 인하여 약정된 공사기한 내의 공사완공이 불가능하다는 것이 명백하여진 경우에는 도급인은 그 공사기한이 도래하기 전이라도 계약을 해제할 수 있지만, 그에 앞서 수급인에 대하여 위 공사기한으로부터 상당한 기간 내에 완공할 것을 최고하여야 하고, 다만 예외적으로 수급인이 미리 이행하지 아니할 의사를 표시한 때에는 위와 같은 최고 없이도 계약을 해제할 수 있다(대법원 1996. 10. 25. 선고 96다21393 판결).

② **(O)** 건축도급계약에 있어서 미완성부분이 있는 경우라도 공사가 상당한 정도로 진척되어 그 원상회복이 중대한 사회적, 경제적 손실을 초래하게 되고 완성된 부분이 도급인에게 이익이 되는 경우에, 수급인의 채무불이행을 이유로 도급인이 그 도급계약을 해제한 때는 그 미완성부분에 대하여서만 도급계약이 실효된다고 보아야 할 것이고, 따라서 이 경우 수급인은 해제한 때의 상태 그대로 그 건물을 도급인에게 인도하고 도급인은 그 건물의 완성도등을 참작하여 인도받은 건물에 상당한 보수를 지급하여야 할 의무가 있다(대법원 1986. 9. 9. 선고 85다카1751 판결).

③ **(×)** 공사도급계약상 도급인의 지체상금채권과 수급인의 공사대금채권은 특별한 사정이 없는 한 동시이행의 관계에 있다고 할 수 없다(대법원 2015. 8. 27. 선고 2013다81224 판결).

④ **(O)** [가] 도급계약에 있어서 완성된 목적물 또는 완성전의 성취된 부분에 하자가 있는 경우에는 도급인은 수급인에게 하자의 보수를 청구할 수 있고 하자보수에 갈음하거나 하자보수와 함께 손해배상을 청구할 수 있으며 이들 청구권은 특별한 사정이 없는 한 수급인의 공사대금채권과 동시이행의 관계에 있는 것이므로 이와 같은 하자가 있어 도급인이 하자보수나 손해배상청구권을 보유하고 이를 행사하는 한에 있어서는 도급인의 공사비지급채무는 이행지체에 빠지지 아니하고, **도급인이 하자보수나 손해배상채권을 자동채권으로 하고 수급인의 공사잔대금 채권을 수동채권으로 하여 상계의 의사표시를 한 다음날 비로소 지체에 빠진다**고 보아야 할 것이다.

[나] 수급인이 이 사건 원고의 공사비 채권의 변제기는 이 사건 건물의 준공, 인도일이라 할 것이나 도급인인 피고의 하자보수채권의 변제기는 피고가 그 권리를 행사한 때라고 보아야 할 것이다(대법원 1989. 12. 12. 선고 88다카18788 판결).

⑤ **(O)** 도급계약에서 완성된 목적물에 하자가 있는 경우에 도급인은 수급인에게 하자의 보수나 하자의 보수에 갈음한 손해배상을 청구할 수 있다. 이때 하자가 중요한 경우에는 비록 보수에 과다한 비용이 필요하더라도 보수에 갈음하는 비용, 즉 실제로 보수에 필요한 비용이 모두 손해배상에 포함된다. 나아가 완성된 건물 기타 토지의 공작물(이하 '건물 등'이라 한다)에 중대한 하자가 있고 이로 인하여 건물 등이 무너질 위험성이 있어서 보수가 불가능하고 다시 건축할 수밖에 없는 경우에는, 특별한 사정이 없는 한 건물 등을 철거하고 다시 건축하는 데 드는 비용 상당액을 하자로 인한 손해배상으로 청구할 수 있다(대법원 2016. 8. 18. 선고 2014다31691 판결).

정답 ③

28. 甲은 乙에게 자기 소유의 X 부동산을 매도하는 매매계약을 乙과 체결하였다. 이에 관한 설명 중 옳은 것은? (각 지문은 독립적이며, 다툼이 있는 경우 판례에 의함)

① 甲과 乙이 합의하여 계약을 해제한 경우라도 甲은 특별한 사정이 없는 한 乙의 채무불이행을 이유로 손해배상을 청구할 수 있다.

② 甲이 乙에게 X 부동산을 인도하고 소유권이전등기를 마쳐 주었지만 乙이 甲에게 잔금을 지급하지 못하던 중, 甲과 乙은 합의하여 계약을 해제하였다. 합의해제 후 乙이 丙에게 X 부동산을 매도하고 소유권이전등기까지 마쳐 주었다면, 丙은 합의해제 사실을 알았더라도 「민법」 제548조 제1항 단서의 제3자에 해당한다.

③ 乙의 채권자 丁이 乙의 甲에 대한 X 부동산의 소유권이전등기청구권을 가압류한 이후에도 甲은 乙의 채무불이행을 이유로 매매계약을 해제할 수 있지만, 계약이 해제되기 전에 丁이 가압류에 이어 위 소유권이전등기청구권을 압류한 경우에는 압류채권자로서 「민법」 제548조 제1항 단서의 제3자에 해당한다.

④ 甲이 X 부동산을 丙에게 매도하고 소유권이전등기를 마쳐 주자 乙은 甲의 소유권이전등기의무가 이행불능되었다는 이유로 甲에 대하여 계약의 해제와 함께 원상회복을 청구하였다. 만약 乙이 해제의 의사표시를 할 당시 이미 乙의 甲에 대한 소유권이전등기청구권의 소멸시효가 완성된 상태라면 위 이행불능 시점이 소유권이전등기청구권의 시효완성 전이라고 하더라도 乙의 해제권과 원상회복청구권은 원칙적으로 인정될 수 없다.

⑤ 乙이 매매대금을 지급한 후 甲의 귀책사유로 소유권이전등기의무가 이행불능되었고, 乙이 1주일 후 甲의 채무불이행을 이유로 계약을 해제한 경우, 그 계약의 해제로 인한 원상회복청구권의 소멸시효는 해제권 발생 시부터 진행한다.

해 설

① (×) 계약이 합의에 따라 해제되거나 해지된 경우에는 상대방에게 손해배상을 하기로 특약하거나 손해배상청구를 유보하는 의사표시를 하는 등 다른 사정이 없는 한 채무불이행으로 인한 손해배상을 청구할 수 없다. 그와 같은 손해배상의 특약이 있었다거나 손해배상청구를 유보하였다는 점은 이를 주장하는 당사자가 증명할 책임이 있다(대법원 2021. 5. 7. 선고 2017다220416 판결).

② (×) [1] 계약의 합의해제에 있어서도 민법 제548조의 계약해제의 경우와 같이 이로써 제3자의 권리를 해할 수 없다.

[2] 계약해제시 계약은 소급하여 소멸하게 되어 해약당사자는 각 원상회복의 의무를 부담하게 되나 이 경우 계약해제로 인한 원상회복등기 등이 이루어지기 이전에 해약당사자와 양립되지 아니하는 법률관계를 가지게 되었고 계약해제 사실을 몰랐던 제3자에 대하여는 계약해제를 주장할 수 없고, 이 경우 제3자가 악의라는 사실의 주장·입증책임은 계약해제를 주장하는 자에게 있다(대법원 2005. 6. 9. 선고 2005다6341 판결).

③ (×) [2] 소유권이전등기청구권의 가압류나 압류가 행하여지면 제3채무자로서는 채무자에게 등기이전행위를 하여서는 아니되고, 그와 같은 행위로 채권자에게 대항할 수 없다 할 것이나, 가압류나 압류에 의하여 그 채권의 발생원인인 법률관계에 대한 채무자와 제3채무자의 처분까지도 구속되는 것은 아니므로 기본적 계약관계인 매매계약 자체를 해제할 수 있다.

[3] 민법 제548조 제1항 단서에서 말하는 제3자란 일반적으로 그 해제된 계약으로부터 생긴 법률효과를 기초로 하여 해제 전에 새로운 이해관계를 가졌을 뿐 아니라 등기, 인도 등으로 완전한 권리를 취득한 자를 말하므로 계약상의 채권을 양수한 자나 그 채권 자체를 압류 또는 전부한 채권자는 여기서 말하는 제3자에 해당하지 아니한다.

[4] 제3채무자가 소유권이전등기청구권에 대한 압류명령에 위반하여 채무자에게 소유권이전등기를 경료한 후 채무자의 대금지급의무의 불이행을 이유로 매매계약을 해제한 경우, 해제의 소급효로 인하여 채무자의 제3채무자에 대한 소유권이전등기청구권이 소급적으로 소멸함에 따라 이에 터잡은 압류명령의 효력도 실효되는 이상 압류채권자는 처음부터 아무런 권리를 갖지 아니한 것과 마찬가지 상태가 되므로 제3채무자가 압류명령에 위반되는 행위를 한 후에 매매계약이 해제되었다 하여도 불법행위는 성립하지 아니한다(대법원 2000. 4. 11. 선고 99다51685 판결).

④ (O) 이행불능 또는 이행지체를 이유로 한 법정해제권은 채무자의 채무불이행에 대한 구제수단으로 인정되는 권리이다. 따라서 채무자가 이행해야 할 본래 채무가 이행불능이라는 이유로 계약을 해제하려면 그 이행불능의 대상이 되는 채무자의 본래 채무가 유효하게 존속하고 있어야 한다. 민법 제167조는 "소멸시효는 그 기산일에 소급하여 효력이 생긴다."라고 정한다. 본래 채권이 시효로 인하여 소멸하였다면 그 채권은 그 기산일에 소급하여 더는 존재하지 않는 것이 되어 채권자는 그 권리의 이행을 구할 수 없는 것이고, 이와 같이 본래 채권이 유효하게 존속하지 않는 이상 본래 채무의 불이행을 이유로 계약을 해제할 수 없다고 보아야 한다. 결국 채무불이행에 따른 해제의 의사표시 당시에 이미 채무불이행의 대상이 되는 본래 채권이 시효가 완성되어 소멸하였다면, 채무자가 소멸시효의 완성을 주장하는 것이 신의성실의 원칙에 반하여 허용될 수 없다는 등의 특별한 사정이 없는 한, 채권자는 채무불이행 시점이 본래 채권의 시효 완성 전인지 후인지를 불문하고 그 채무불이행을 이유로 한 해제권 및 이에 기한 원상회복청구권을 행사할 수 없다(대법원 2022. 9. 29. 선고 2019다204593 판결).

⑤ (×) 계약의 해제로 인한 원상회복청구권의 소멸시효는 해제권 발생시가 아니라 해제시, 즉 원상회복청구권이 발생한 때부터 진행한다(대법원 1993. 9. 14. 선고 93다21569 판결). **정답** ④

29. 甲은 乙에 대한 3억 원의 대여금 채권을 담보하기 위하여, 乙 소유의 X 토지, 丙 소유의 Y 토지, 丁 소유의 Z 토지에 각각 저당권을 취득하였고 戊와는 보증계약을 체결하였다. 이에 관한 설명 중 옳은 것을 모두 고른 것은? (이자와 지연손해금, 집행비용은 고려하지 말 것. 각 지문은 독립적이며, 다툼이 있는 경우 판례에 의함)

ㄱ. 丙이 乙의 채무를 면책적으로 인수한 경우, 丙은 특별한 사정이 없는 한 乙에 대하여 구상권을 가진다.

ㄴ. A가 乙로부터 X 토지를 취득한 후에 戊가 甲에게 3억 원을 변제한 경우, 戊는 X 토지에 설정된 위 저당권에 관하여 대위의 부기등기를 하지 않더라도 A에 대하여 甲을 대위할 수 있다.

ㄷ. 乙로부터 X 토지를 취득한 A가 X 토지에 설정된 위 저당권의 실행으로 소유권을 잃은 경우, A는 丙, 丁에 대하여 甲을 대위할 수 없다.

ㄹ. 丙이 甲에게 3억 원을 변제한 후 Z 토지에 설정된 위 저당권에 관하여 대위의 부기등기를 하지 않고 있는 동안에 A가 丁으로부터 Z 토지를 취득한 경우, 丙은 Z 토지에 설정된 위 저당권에 관하여 대위의 부기등기를 하지 않더라도 A에 대하여 甲을 대위할 수 있다.

① ㄱ, ㄷ ② ㄴ, ㄷ ③ ㄴ, ㄹ
④ ㄱ, ㄴ, ㄹ ⑤ ㄴ, ㄷ, ㄹ

해설

㉠ (×) 타인의 채무를 담보하기 위하여 그 소유의 부동산에 저당권을 설정한 물상보증인이 타인의 채무를 변제하거나 저당권의 실행으로 저당물의 소유권을 잃은 때에는 채무자에 대하여 구상권을 취득한다(민법 제370조, 제341조). 그런데 구상권 취득의 요건인 '채무의 변제'라 함은 채무의 내용인 급부가 실현되고 이로써 채권이 그 목적을 달성하여 소멸하는 것을 의미하므로, 기존 채무가 동일성을 유지하면서 인수 당시의 상태로 종래의 채무자로부터 인수인에게 이전할 뿐 기존 채무를 소멸시키는 효력이 없는 면책적 채무인수는 설령 이로 인하여 기존 채무자가 채무를 면한다고 하더라도 이를 가리켜 채무가 변제된 경우에 해당한다고 할 수 없다. 따라서 채무인수의 대가로 기존 채무자가 물상보증인에게 어떤 급부를 하기로 약정하였다는 등의 사정이 없는 한 물상보증인이 기존 채무자의 채무를 면책적으로 인수하였다는 것만으로 물상보증인이 기존 채무자에 대하여 구상권 등의 권리를 가진다고 할 수 없다(대법원 2019. 2. 14. 선고 2017다274703 판결).

㉡ (O) 민법 제480조, 제481조에 따라 채권자를 대위한 자는 자기의 권리에 의하여 구상할 수 있는 범위에서 채권과 그 담보에 관한 권리를 행사할 수 있다(민법 제482조 제1항). 보증인과 제3취득자 사이의 변제자대위에 관하여 민법 제482조 제2항 제1호는 "보증인은 미리 전세권이나 저당권의 등기에 그 대위를 부기하지 아니하면 전세물이나 저당물에 권리를 취득한 제3자에 대하여 채권자를 대위하지 못한다."라고 정하고 있다. 이 규정은 보증인의 변제로 저당권 등이 소멸한 것으로 믿고 목적부동산에 대하여 권리를 취득한 제3취득자를 예측하지 못한 손해로부터 보호하기 위한 것이다. 따라서 보증인이 채무를 변제한 후 저당권 등의 등기에 관하여 대위의 부기등기를 하지 않고 있는 동안 제3취득자가 목적부동산에 대하여 권리를 취득한 경우 보증인은 제3취득자에 대하여 채권자를 대위할 수 없다. 그러나 **제3취득자가 목적부동산에 대하여 권리를 취득한 후 채무를 변제한 보증인은 대위의 부기등기를 하지 않고도 대위할 수 있다고 보아야 한다. 보증인이 변제하기 전 목적부동산에 대하여 권리를 취득한 제3자는 등기부상 저당권 등의 존재를 알고 권리를 취득하였으므로 나중에 보증인이 대위하더라도 예측하지 못한 손해를 입을 염려가 없다**(대법원 2020. 10. 15. 선고 2019다222041 판결).

㉢ (O) 물상보증인이 채무를 변제하거나 담보권의 실행으로 소유권을 잃은 때에는 보증채무를 이행한 보증인과 마찬가지로 채무자로부터 담보부동산을 취득한 제3자에 대하여 구상권의 범위 내에서 출재한 전액에 관하여 채권자를 대위할 수 있는 반면, 채무자로부터 담보부동산을 취득한 제3자는 채무를 변제하거나 담보권의 실행으로 소유권을 잃더라도 물상보증인에 대하여 채권자를 대위할 수 없다고 보아야 한다(대법원 2014. 12. 18. 선고 2011다50233 전원합의체 판결).

㉣ (×) 타인의 채무를 변제하고 채권자를 대위하는 대위자 상호간의 관계를 규정한 민법 제482조 제2항 제5호 단서에서 대위의 부기등기에 관한 제1호의 규정을 준용하도록 규정한 취지는 자기의 재산을 타인의 채무의 담보로 제공한 물상보증인이 수인일 때 그중 일부의 물상보증인이 채무의 변제로 다른 물상보증인에 대하여 채권자를 대위하게 될 경우에 미리 대위의 부기등기를 하여 두지 아니하면 채무를 변제한 뒤에 그 저당물을 취득한 제3취득자에 대하여 채권자를 대위할 수 없도록 하려는 것이라고 해석되므로 자신들 소유의 부동산을 채무자의 채무의 담보로 제공한 물상보증인들이 채무를 변제한 뒤 다른 물상보증인 소유부동산에 설정된 근저당권설정등기에 관하여 대위의 부기등기를 하여 두지 아니하고 있는 동안에 제3취득자가 위 부동산을 취득하였다면, 대위변제한 물상보증인들은 제3취득자에 대하여 채권자를 대위할 수 없다(대법원 1990. 11. 9. 선고 90다카10305 판결).

정답 ②

30. 조합에 관한 설명 중 옳은 것은? (다툼이 있는 경우 판례에 의함)

① 조합계약의 체결 당사자는 「민법」이 정한 조합의 해산 사유와는 다른 사유를 추가할 수 있으나 청산에 관한 규정과 그 내용을 달리하는 특약은 효력이 없다.

② 「민법」상 조합의 성질을 가지는 공동수급체의 구성원 지위는 원칙적으로 회사의 분할합병으로 인한 포괄승계의 대상이 되지 않는다.

③ 조합 당사자 간 불화, 대립으로 신뢰관계가 파괴되어 조합업무의 원만한 운영을 기대할 수 없다는 사정만으로는 「민법」 제720조가 규정한 조합의 해산청구 사유인 '부득이한 사유'에 해당하지 않는다.

④ 조합이 존속기간을 정하고 있는 때에는 부득이한 사유가 있더라도 조합원은 조합의 불리한 시기에 탈퇴할 수 없다.

⑤ 조합에서 조합원이 탈퇴하는 경우, 탈퇴자와 잔존자 사이의 탈퇴로 인한 지분계산에 있어서는 조합 내부의 손익분배비율이 아니라 실제 출자한 자산가액비율에 의하여야 하는 것이 원칙이다.

해설

① (×) 민법의 조합의 해산사유와 청산에 관한 규정은 그와 내용을 달리하는 당사자의 특약까지 배제하는 강행규정이 아니므로 당사자가 민법의 조합의 해산사유와 청산에 관한 규정과 다른 내용의 특약을 한 경우, 그 특약은 유효하다(대법원 1985. 2. 26. 선고 84다카1921 판결).

② (○) 상법 제530조의10은 분할 또는 분할합병으로 인하여 설립되는 회사 또는 존속하는 회사는 분할하는 회사의 권리와 의무를 분할계획서 또는 분할합병계약서가 정하는 바에 따라서 승계한다고 규정하고 있다. 즉 회사의 분할합병이 있는 경우에는 분할합병계약서에 따라 피분할회사의 권리의무는 사법상 관계나 공법상 관계를 불문하고 성질상 이전을 허용하지 않는 것을 제외하고는 분할합병으로 인하여 존속하는 회사에게 포괄승계된다. 한편 공동수급체는 기본적으로 민법상의 조합의 성질을 가지고, 공동수급체의 구성원 사이에서 구성원 지위를 제3자에게 양도할 수 있기로 약정하지 아니한 이상, 공동수급체의 구성원 지위는 상속이 되지 않고 다른 구성원들의 동의가 없으면 이전이 허용되지 않는 귀속상의 일신전속적인 권리의무에 해당하므로, 공동수급체의 구성원 지위는 원칙적으로 회사의 분할합병으로 인한 포괄승계의 대상이 되지 아니한다(대법원 2011. 8. 25. 선고 2010다44002 판결).

③ (×) 민법 제720조에 규정된 조합의 해산사유인 부득이한 사유에는 경제계의 사정변경이나 조합의 재산 상태의 악화 또는 영업부진 등으로 조합의 목적달성이 현저히 곤란하게 된 경우 외에 조합원 사이의 반목·불화로 인한 대립으로 신뢰관계가 파괴되어 조합의 원만한 공동운영을 기대할 수 없게 된 경우도 포함되며, 위와 같이 공동사업의 계속이 현저히 곤란하게 된 이상 신뢰관계의 파괴에 책임이 있는 당사자도 조합의 해산청구권이 있다(대법원 1993. 2. 9. 선고 92다21098 판결).

④ (×) 조합계약으로 조합의 존속기간을 정하지 아니하거나 조합원의 종신까지 존속할 것을 정한 때에는 각 조합원은 언제든지 탈퇴할 수 있다. 그러나 부득이한 사유 없이 조합의 불리한 시기에 탈퇴하지 못한다(민법 제716조 제1항). 조합의 존속기간을 정한 때에도 조합원은 부득이한 사유가 있으면 탈퇴할 수 있다(민법 제716조 제2항).

⑤ (×) 조합에서 조합원이 탈퇴하는 경우, 탈퇴자와 잔존자 사이의 탈퇴로 인한 계산은 특별한 사정이 없는 한 민법 제719조 제1항, 제2항에 따라 '탈퇴 당시의 조합재산상태'를 기준으로 평가한 조합재산 중 탈퇴

자의 지분에 해당하는 금액을 금전으로 반환하여야 하고, 조합원의 지분비율은 '조합 내부의 손익분배 비율'을 기준으로 계산하여야 하나, 당사자가 손익분배의 비율을 정하지 아니한 때에는 민법 제711조에 따라 각 조합원의 출자가액에 비례하여 이를 정하여야 한다(대법원 2008. 9. 25. 선고 2008다41529 판결).

정답 ②

31. 甲은 건물을 소유할 목적으로 乙 소유 X 토지에 관하여 乙과 임대차계약을 체결한 후, X 토지에 Y 건물을 신축하였다. 임대차계약이 종료된 후 Y 건물에 대한 매수청구권의 행사에 관한 설명 중 옳지 않은 것을 모두 고른 것은? (각 지문은 독립적이며, 다툼이 있는 경우 판례에 의함)

ㄱ. X 토지에 관한 임대차계약이 종료되기 전에 甲이 Y 건물을 미등기 무허가 상태로 A에게 매도하였다면, A가 乙의 동의를 얻어 X 토지의 임차인이 되었다고 하더라도 특별한 사정이 없는 한 A는 乙을 상대로 Y 건물에 대한 매수청구권을 행사할 수 없다.

ㄴ. 설문과 달리 乙이 아닌, 乙로부터 X 토지의 관리를 위탁받은 B가 계약 당사자로서 甲과 임대차계약을 체결한 경우라고 하더라도, X 토지에 관한 임대차계약이 종료되기 전에 乙이 B로부터 임대인의 지위를 승계하였다면, 甲은 乙을 상대로 Y 건물에 대한 매수청구권을 행사할 수 있다.

ㄷ. 甲이 乙을 상대로 제1심에서 Y 건물에 대한 매수청구권을 행사하였다가 乙의 동의를 얻어 철회한 후 항소심에서 다시 이를 행사하더라도 이는 허용된다.

ㄹ. 甲의 乙을 상대로 한 매수청구 대상인 Y 건물의 매수 가격에 관하여 甲과 乙 사이에 의사 합치가 이루어지지 않았다면, 법원은 매수청구권 행사 당시 Y 건물 시가를 매매대금으로 하는 매매계약이 성립하였음을 인정할 수 있을 뿐, 인정된 시가를 임의로 증감하여 직권으로 매매대금을 정할 수 없다.

① ㄱ　② ㄱ, ㄷ　③ ㄱ, ㄹ
④ ㄴ, ㄷ　⑤ ㄴ, ㄷ, ㄹ

해설

㉠ (×) 민법 제643조가 정하는 건물 소유를 목적으로 하는 토지 임대차에서 임차인이 가지는 지상물매수청구권은 건물의 소유를 목적으로 하는 토지 임대차계약이 종료되었음에도 그 지상 건물이 현존하는 경우에 임대차계약을 성실하게 지켜온 임차인이 임대인에게 상당한 가액으로 그 지상 건물의 매수를 청구할 수 있는 권리로서 국민경제적 관점에서 지상 건물의 잔존 가치를 보존하고, 토지 소유자의 배타적 소유권 행사로 인하여 희생당하기 쉬운 임차인을 보호하기 위한 제도이므로, 특별한 사정이 없는 한 행정관청의 허가를 받은 적법한 건물이 아니더라도 임차인의 지상물매수청구권의 대상이 될 수 있다. 그리고 건물을 매수하여 점유하고 있는 사람은 소유자로서의 등기명의가 없다 하더라도 그 권리의 범위 내에서는 그 점유 중인 건물에 대하여 법률상 또는 사실상의 처분권을 가지고 있다. 위와 같은 지상물매수청구청구권 제도의 목적, 미등기 매수인의 법적 지위 등에 비추어 볼 때, 종전 임차인으로부터 미등기 무허가건물을 매수하여 점유하고 있는 임차인은 특별한 사정이 없는 한 비록 소유자로서의 등기명의가 없어 소유권을 취득하지 못하였다 하더라도 임대인에 대하여 지상물매수청구권을 행사할 수 있는 지위에 있다(대법원 2013. 11. 28. 선고 2013다48364 판결).

㉡ (O) 건물의 소유를 목적으로 하는 토지 임차인의 지상물매수청구권 행사의 상대방은 원칙적으로 임차권 소멸 당시의 토지 소유자인 임대인이다. 토지 소유자가 아닌 제3자가 토지를 임대한 경우에 임대인은 특별한 사정이 없는 한 지상물매수청구권의 상대방이 될 수 없다(대법원 2022. 4. 14. 선고 2020다254228 판결).

㉢ (O) 건물의 소유를 목적으로 한 토지 임대차가 종료한 경우에 임차인이 그 지상의 현존하는 건물에 대하여 가지는 매수청구권은 그 행사에 특정의 방식을 요하지 않는 것으로서 재판상으로 뿐만 아니라 재판 외에서도 행사할 수 있는 것이고 그 행사의 시기에 대하여도 제한이 없는 것이므로 임차인이 자신의 건물매수청구권을 제1심에서 행사하였다가 철회한 후 항소심에서 다시 행사하였다고 하여 그 매수청구권의 행사가 허용되지 아니할 이유는 없다(대법원 2002. 5. 31. 선고 2001다42080 판결).

㉣ (O) 건물 소유를 목적으로 한 토지임대차계약의 기간이 만료함에 따라 지상건물 소유자가 임대인에 대하여 민법 제643조에 따른 지상물매수청구권을 행사한 경우에 그 건물의 매수가격은 건물 자체의 가격 외에 건물의 위치, 주변 토지의 여러 사정 등을 종합적으로 고려하여 매수청구권의 행사 당시 건물이 현재하는 대로의 상태에서 평가된 시가를 말한다. 그런데 민법 제643조에서 정한 지상물매수청구권은 이른바 형성권이므로, 그 행사로써 곧바로 임대인과 임차인 사이에 임차 토지 지상의 건물에 관하여 매수청구권 행사 당시의 건물 시가를 대금으로 하는 매매계약이 체결된 것과 같은 효과가 발생한다. 따라서 지상물매수청구의 대상이 된 건물의 매수가격에 관하여 당사자 사이에 의사합치가 이루어지지 않았다면, 법원은 위와 같은 여러 사정을 종합적으로 고려하여 인정된 매수청구권 행사 당시의 건물 시가를 매매대금으로 하는 매매계약이 성립하였음을 인정할 수 있을 뿐, 그와 같이 인정된 시가를 임의로 증감하여 직권으로 매매대금을 정할 수는 없다(대법원 2024. 4. 12. 선고 2023다309020 판결).

정답 ①

32. 甲과 乙은 2021. 3. 5. 가정법원에서 협의이혼의사확인을 받아 같은 날 협의이혼신고를 하였다. 甲의 재산분할청구권에 관한 설명 중 옳은 것은? (각 지문은 독립적이며, 다툼이 있는 경우 판례에 의함)

① 甲과 乙이 각자 보유한 적극재산에서 소극재산을 공제하여 재산 상태를 따져 본 결과 乙이 그에게 귀속되어야 할 몫보다 더 적은 소극재산을 부담하는 경우, 甲이 2023. 1. 5. 乙을 상대로 제기한 소극재산의 분담에 관한 재산분할청구는 허용되지 않는다.

② 甲이 2023. 1. 5. 乙을 상대로 재판 외에서 재산분할청구를 하였더라도 이는 재산분할청구권의 제척기간을 준수한 것이다.

③ 甲이 협의이혼 시 재산분할청구권을 행사하지 않은 경우 甲의 채권자 丙은 甲의 협의이혼 신고일부터 2년 내에 甲의 재산분할청구권을 대위행사할 수 있다.

④ 甲이 2023. 1. 5. 乙을 상대로 가정법원에 재산분할심판을 청구한 후, 그 심판청구를 취하하기 위해서는 乙의 동의가 필요하다.

⑤ 甲이 2023. 1. 5. 乙을 상대로 가정법원에 재산분할심판을 청구하면서 분할 대상 재산을 특정하지 않았다가 같은 해 5. 15.에서야 분할 대상 재산을 특정하였더라도 이는 재산분할청구권의 제척기간을 준수한 것이다.

해설

① (×) 이혼 당사자 각자가 보유한 적극재산에서 소극재산을 공제하는 등으로 재산상태를 따져 본 결과 재산분할 청구의 상대방이 그에게 귀속되어야 할 몫보다 더 많은 적극재산을 보유하고 있거나 소극재산의

부담이 더 적은 경우에는 적극재산을 분배하거나 소극재산을 분담하도록 하는 재산분할은 어느 것이나 가능하다고 보아야 하고, 후자의 경우라고 하여 당연히 재산분할 청구가 배척되어야 한다고 할 것은 아니다. 그러므로 소극재산의 총액이 적극재산의 총액을 초과하여 재산분할을 한 결과가 결국 채무의 분담을 정하는 것이 되는 경우에도 법원은 채무의 성질, 채권자와의 관계, 물적 담보의 존부 등 일체의 사정을 참작하여 이를 분담하게 하는 것이 적합하다고 인정되면 구체적인 분담의 방법 등을 정하여 재산분할 청구를 받아들일 수 있다 할 것이다(대법원 2013. 6. 20. 선고 2010므4071 전원합의체 판결).

② (×), ⑤ (○)

1) 협의상 이혼한 자 일방은 다른 일방에 대하여 재산분할을 청구할 수 있고(민법 제839조의2 제1항), 재산분할청구권은 이혼한 날부터 2년을 경과한 때에는 소멸하는데(민법 제839조의2 제3항), 재판상 이혼에 따른 재산분할청구권에도 위 민법 제839조의2가 준용된다(민법 제843조). 협의상 또는 재판상 이혼을 하였으나 재산분할을 하지 않아 이혼 후 2년 이내에 최초로 법원에 민법 제839조의2에 따라 재산분할청구를 함에 있어 제척기간 내 이루어진 청구에 대하여 제척기간 준수의 효력이 인정된다.

ⓐ 재산분할 제도는 혼인관계 해소 시 부부가 혼인 중 공동으로 형성한 재산을 청산·분배하는 것을 주된 목적으로 한다. 재산분할사건은 가사비송사건에 해당하고[가사소송법 제2조 제1항 제2호 (나)목 4)], 가사비송절차에 관하여는 가사소송법에 특별한 규정이 없는 한 비송사건절차법 제1편의 규정을 준용하며(가사소송법 제34조 본문), 비송사건절차에 있어서는 민사소송의 경우와 달리 당사자의 변론에만 의존하는 것이 아니고, 법원이 자기의 권능과 책임으로 재판의 기초가 되는 자료를 수집하는, 이른바 직권탐지주의에 의하고 있으므로(비송사건절차법 제11조), 청구인이 재산분할 대상을 특정하여 주장하더라도 법원으로서는 당사자의 주장에 구애되지 아니하고 재산분할의 대상이 무엇인지 직권으로 사실조사를 하여 포함시키거나 제외시킬 수 있다.

ⓑ 민법 제839조의2 제3항이 정하는 제척기간은 재판 외에서 권리를 행사하는 것으로 족한 기간이 아니라 그 기간 내에 재산분할심판 청구를 하여야 하는 출소기간이다. 따라서 이혼한 날부터 2년 내에 재산분할심판 청구를 하였음에도 그 재판에서 특정한 증거신청을 하였는지에 따라 제척기간 준수 여부를 판단할 것은 아니다.

2) 원심은 그 판시와 같은 이유로 원고가 피고와 협의이혼 한 2018. 10. 23.로부터 2년 이내에 피고를 상대로 위자료와 함께 재산분할을 청구하는 이 사건 소를 제기하였으나 소 제기 당시 분할대상 재산을 특정하지 않았고 2년이 경과하고 나서야 피고의 재산을 확인하기 위한 사실조회 및 금융거래정보제출명령 신청 등을 하며 분할대상 재산을 특정하였으므로 재산분할청구는 제척기간을 준수하지 못하였다고 판단하였는데, 이러한 원심의 판단은 수긍하기 어렵고 제척기간은 준수된 것이라고 본 대법원 판시 (판결이유 중).

③ (×) 이혼으로 인한 재산분할청구권은 이혼을 한 당사자의 일방이 다른 일방에 대하여 재산분할을 청구할 수 있는 권리로서 청구인의 재산에 영향을 미치지만, 순전한 재산법적 행위와 같이 볼 수는 없다. 오히려 이혼을 한 경우 당사자는 배우자, 자녀 등과의 관계 등을 종합적으로 고려하여 재산분할청구권 행사 여부를 결정하게 되고, 법원은 청산적 요소뿐만 아니라 이혼 후의 부양적 요소, 정신적 손해(위자료)를 배상하기 위한 급부로서의 성질 등도 고려하여 재산을 분할하게 된다. 또한 재산분할청구권은 협의 또는 심판에 의하여 구체적 내용이 형성되기까지는 그 범위 및 내용이 불명확·불확정하기 때문에 구체적으로 권리가 발생하였다고 할 수 없어 채무자의 책임재산에 해당한다고 보기 어렵고, 채권자의 입장에서는 채무자의 재산분할청구권 불행사가 그의 기대를 저버리는 측면이 있다고 하더라도 채무자의 재산을 현재의 상태보다 악화시키지 아니한다. 이러한 사정을 종합하면, 이혼으로 인한 재산분할청구권은 그 행사 여부가 청구인의 인격적 이익을 위하여 그의 자유로운 의사결정에 전적으로 맡겨진 권리로서 행사상의 일신전속성을 가지므로, 채권자대위권의 목적이 될 수 없고 파산재단에도 속하지 않는다고 보아야 한다(대법원 2023. 9. 21. 선고 2023므10861 판결).

④ (×) 재산분할심판 사건은 마류 가사비송사건에 해당하고[가사소송법 제2조 제1항 제2호 (나)목 4)], 당사자의 심판청구에 의하여 절차가 개시되며 당사자가 청구를 취하하여 절차를 종료시킬 수 있다. 가사비송절차에 관하여 가사소송법에 특별한 규정이 없는 한 비송사건절차법 제1편의 규정을 준용하는데(가사소송법 제34조 본문), 가사소송법에 가사비송사건의 심판청구 취하에 있어서 상대방의 동의 필요 여부에 관하여 특별한 규정을 두고 있지 아니하고, 비송사건절차법은 '소취하에 대한 동의'에 관한 민사소송법 제266조 제2항을 준용하지 않는다. 따라서 상대방이 있는 마류 가사비송사건인 재산분할심판 사건의 경우 심판청구 취하에 상대방의 동의를 필요로 하지 않고, 상대방이 취하에 부동의하였더라도 취하의 효력이 발생한다(대법원 2023. 11. 2. 선고 2023므12218 판결). 정답 ⑤

33. A의 단독상속인 甲은 적법하게 한정승인 신고를 하여 수리심판을 받았다. 그 후 甲은 상속재산 X 부동산에 대하여 자신의 채권자인 乙에게 근저당권설정등기를 마쳐 주었다. 또한 위 근저당권설정등기가 경료된 이후 甲에 대한 대여금 채권을 가지고 있는 일반채권자 丙은 X 부동산에 대하여 가압류를 신청하여 가압류등기를 경료하였다. 한편 A의 일반채권자로는 丁이 있다. 이에 관한 설명 중 옳은 것을 모두 고른 것은? (각 지문은 독립적이며, 다툼이 있는 경우 판례에 의함)

ㄱ. X 부동산에 대한 경매절차에서 배당이 이루어질 경우, 丁은 乙보다 선순위로 채권만족을 받을 수 있다.
ㄴ. X 부동산에 대하여 「민법」 제1034조 제1항에 따른 배당변제가 이루어질 경우, 丁은 丙보다 선순위로 채권만족을 받을 수 있다.
ㄷ. 甲의 근저당권 설정 행위는 「민법」 제1026조 제1호의 "상속인이 상속재산에 대한 처분행위를 한 때"에 해당하여 甲이 단순승인한 것으로 간주된다.

① ㄱ ② ㄴ ③ ㄷ
④ ㄱ, ㄴ ⑤ ㄴ, ㄷ

해설

㉠ (×), ㉡ (○)

1) [1] 민법 제1028조는 "상속인은 상속으로 인하여 취득할 재산의 한도에서 피상속인의 채무와 유증을 변제할 것을 조건으로 상속을 승인할 수 있다."라고 규정하고 있다. 상속인이 위 규정에 따라 한정승인의 신고를 하게 되면 피상속인의 채무에 대한 한정승인자의 책임은 상속재산으로 한정되고, 그 결과 상속채권자는 특별한 사정이 없는 한 상속인의 고유재산에 대하여 강제집행을 할 수 없으며 상속재산으로부터만 채권의 만족을 받을 수 있다.

[2] 상속채권자가 아닌 한정승인자의 고유채권자가 상속재산에 관하여 저당권 등의 담보권을 취득한 경우, 담보권을 취득한 채권자와 상속채권자 사이의 우열관계는 민법상 일반원칙에 따라야 하고 상속채권자가 우선적 지위를 주장할 수 없다. 그러나 상속재산에 관하여 담보권을 취득하였다는 등 사정이 없는 이상, 한정승인자의 고유채권자는 상속채권자가 상속재산으로부터 채권의 만족을 받지 못한 상태에서 상속재산을 고유채권에 대한 책임재산으로 삼아 이에 대하여 강제집행을 할 수 없다고 보는 것이 형평의 원칙이나 한정승인제도의 취지에 부합하며, 이는 한정승인자의 고유채무가 조세채무인 경우에도 그것이 상속재산 자체에 대하여 부과된 조세나 가산금, 즉 당해세에 관한 것이 아니라면 마찬가지이다(대법원 2016. 5. 24. 선고 2015다250574 판결).

2) 즉, 乙은 근저당권자로서 1순위로 배당받고, 丁은 상속채권자로서 상속재산에 대하여 丙보다 우선하여 배당받는다. 결국, 乙 > 丁 > 丙 순서로 배당받는다.

ⓒ (×) 민법 제1028조는 "상속인은 상속으로 인하여 취득할 재산의 한도에서 피상속인의 채무와 유증을 변제할 것을 조건으로 상속을 승인할 수 있다."고 규정하고 있다. 이에 따라 법원이 한정승인신고를 수리하게 되면 피상속인의 채무에 대한 상속인의 책임은 상속재산으로 한정되고, 그 결과 상속채권자는 특별한 사정이 없는 한 상속인의 고유재산에 대하여 강제집행을 할 수 없다. 그런데 민법은 한정승인을 한 상속인(이하 '한정승인자'라 한다)에 관하여 그가 상속재산을 은닉하거나 부정소비한 경우 단순승인을 한 것으로 간주하는 것(제1026조 제3호) 외에는 상속재산의 처분행위 자체를 직접적으로 제한하는 규정을 두고 있지 않기 때문에, 한정승인으로 발생하는 위와 같은 책임제한 효과로 인하여 한정승인자의 상속재산 처분행위가 당연히 제한된다고 할 수는 없다(대법원 2010. 3. 18. 선고 2007다77781 전원합의체 판결). 즉, 상속재산에 관하여 저당권 등의 담보권을 설정하는 경우는 부정소비에 해당하지 않는다. **정답** ②

34. 甲은 유일한 재산으로 X 부동산을 남기고 사망하였는데, 그에게는 사별한 처와의 사이에 출생한 혼인 중의 자녀 乙이 있다. 乙은 X 부동산을 단독상속한 후, 이를 제3자인 丙에게 매도하고 소유권이전등기를 마쳐 주었다. 그 후 甲의 혼인 외의 출생자 A가 인지청구소송을 제기하여 승소확정판결을 받았다. 이에 관한 설명 중 옳지 않은 것을 모두 고른 것은? (각 지문은 독립적이며, 다툼이 있는 경우 판례에 의함)

ㄱ. A는 甲의 사망 사실을 안 날로부터 2년 내에 검사를 상대로 인지청구의 소를 제기하여야 하는데, 그 제소기간의 기산점이 되는 '사망을 안 날'은 甲의 사망이라는 객관적 사실을 아는 것 외에도 甲과 A가 친생자 관계에 있다는 사실까지 알아야 하는 것을 의미한다.

ㄴ. 丙은 X 부동산의 소유권을 확정적으로 취득하므로, A는 인지판결이 확정된 날로부터 3년 내에 乙을 상대로 X 부동산에 관한 자신의 상속분에 상당한 가액지급청구를 할 수 있을 뿐이다.

ㄷ. 乙이 이미 처분한 X 부동산으로부터 발생한 과실(果實)을 취득한 것이 있다면 그 과실은 피인지자 A에 대한 관계에서 부당이득이 된다.

① ㄱ ② ㄴ ③ ㄱ, ㄷ
④ ㄴ, ㄷ ⑤ ㄱ, ㄴ, ㄷ

해설

ⓐ (×) 인지청구의 소와 친생자관계부존재확인의 소(이하 '인지청구 등의 소'라고 한다)에서 제소기간을 둔 것은 친생자관계를 진실에 부합시키고자 하는 사람의 이익과 친생자관계의 신속한 확정을 통하여 법적 안정을 찾고자 하는 사람의 이익을 조화시킨다는 의미가 있는데, 인지청구 등의 소에서 제소기간의 기산점이 되는 '사망을 안 날'은 사망이라는 객관적 사실을 아는 것을 의미하고, 사망자와 친생자관계에 있다는 사실까지 알아야 하는 것은 아니라고 해석함이 타당하다(대법원 2015. 2. 12. 선고 2014므4871 판결).

ⓑ (○)

1) 상속개시후의 인지 또는 재판의 확정에 의하여 공동상속인이 된 자가 상속재산의 분할을 청구할 경우에 다른 공동상속인이 이미 분할 기타 처분을 한 때에는 그 상속분에 상당한 가액의 지급을 청구할 권리가 있다(민법 제1014조).

2) [가] 민법 제1014조에 의하여, 상속개시 후의 인지 또는 재판의 확정에 의하여 공동상속인이 된 자가 분할을 청구할 경우에 다른 공동상속인이 이미 분할 기타 처분을 한 때에는 그 상속분에 상당한 가액의 지급을 청구할 권리가 있는바, 이 가액청구권은 상속회복청구권의 일종이다.

[나] 민법 제1014조의 가액은 다른 공동상속인들이 상속재산을 실제처분한 가액 또는 처분한 때의 시가가 아니라 사실심 변론종결시의 시가를 의미한다.

[다] 상속개시 후에 인지되거나 재판이 확정되어 공동상속인이 된 자도 그 상속재산이 아직 분할되거나 처분되지 아니한 경우에는 당연히 다른 공동상속인들과 함께 분할에 참여할 수 있을 것인바, 민법 제1014조는 그와 같은 인지 이전에 다른 공동상속인이 이미 상속재산을 분할 기타의 방법으로 처분한 경우에는 사후의 피인지자는 다른 공동상속인들의 분할 기타 처분의 효력을 부인하지 못하게 하는 대신, 이들에게 그 상속분에 상당한 가액의 지급을 청구할 수 있도록 하여 상속재산의 새로운 분할에 갈음하는 권리를 인정함으로써 피인지자의 이익과 기존의 권리관계를 합리적으로 조정하는 데 그 목적이 있다 할 것이고, 따라서 그 가액의 범위에 관하여는 부당이득반환의 범위에 관한 민법규정을 유추적용할 수 없고, 다른 공동상속인들이 분할 기타의 처분시에 피인지자의 존재를 알았는지의 여부에 의하여 그 지급할 가액의 범위가 달라지는 것도 아니다(대법원 1993. 8. 24. 선고 93다12 판결).

㉢ (×) 상속개시 후에 인지되거나 재판이 확정되어 공동상속인이 된 자도 그 상속재산이 아직 분할되거나 처분되지 아니한 경우에는 당연히 다른 공동상속인들과 함께 분할에 참여할 수 있을 것이나, 인지 이전에 다른 공동상속인이 이미 상속재산을 분할 내지 처분한 경우에는 인지의 소급효를 제한하는 민법 제860조 단서가 적용되어 사후의 피인지자는 다른 공동상속인들의 분할 기타 처분의 효력을 부인하지 못하게 되는바, 민법 제1014조는 그와 같은 경우에 피인지자가 다른 공동상속인들에 대하여 그의 상속분에 상당한 가액의 지급을 청구할 수 있도록 하여 상속재산의 새로운 분할에 갈음하는 권리를 인정함으로써 피인지자의 이익과 기존의 권리관계를 합리적으로 조정하는 데 그 목적이 있는 것이다. 따라서 인지 이전에 공동상속인들에 의해 이미 분할되거나 처분된 상속재산은 민법 제860조 단서가 규정한 인지의 소급효 제한에 따라 이를 분할받은 공동상속인이나 공동상속인들의 처분행위에 의해 이를 양수한 자에게 그 소유권이 확정적으로 귀속되는 것이며, 상속재산의 소유권을 취득한 자는 민법 제102조에 따라 그 과실을 수취할 권능도 보유한다고 할 것이므로, 피인지자에 대한 인지 이전에 상속재산을 분할한 공동상속인이 그 분할받은 상속재산으로부터 발생한 과실을 취득하는 것은 피인지자에 대한 관계에서 부당이득이 된다고 할 수 없다(대법원 2007. 7. 26. 선고 2006다83796 판결).

정답 ③

35. 甲은 교통사고로 사망하였고, 상속인으로는 자녀 乙과 丙이 있다. 甲은 사망 당시 유일한 재산으로 X 부동산을 소유하고 있었다. 이에 관한 설명 중 옳은 것을 모두 고른 것은? (각 지문은 독립적이며, 다툼이 있는 경우 판례에 의함)

ㄱ. 乙이 X 부동산 전부에 관하여 丙과의 상속재산분할 협의 없이 임의로 상속을 원인으로 한 자기의 단독 명의 소유권이전등기를 마친 경우, 丙은 乙을 상대로 행사기간 내에 상속회복청구를 할 수 있다.

ㄴ. X 부동산에 관하여 乙과 丙의 공동상속등기가 적법하게 마쳐졌으나 乙이 임의로 자기의 단독 명의로 소유권이전등기를 경료하자, 丙이 그 이전등기가 원인 없이 마쳐진 것이라는 이유로 乙을 상대로 등기말소를 청구하는 경우, 이러한 청구는 상속회복의 소에 해당한다.

ㄷ. 乙이 丙의 X 부동산에 관한 상속권을 침해하자 丙이 乙을 상대로 제척기간 내에 상속회복의 소를 제기하여 소송계속 중, 乙이 X 부동산을 丁에게 양도하고 소유권이전등기를 마쳐 준 경우, 丙은 乙이 상속권을 침해한 날로부터 10년이 지난 후에도 丁을 상대로 상속회복청구를 할 수 있다.

① ㄱ ② ㄴ ③ ㄷ
④ ㄱ, ㄴ ⑤ ㄱ, ㄷ

해 설

㉠ (○)

1) 상속권이 참칭상속권자로 인하여 침해된 때에는 상속권자 또는 그 법정대리인은 상속회복의 소를 제기할 수 있다(민법 제999조 제1항). 제1항의 상속회복청구권은 그 침해를 안 날부터 3년, 상속이 개시된 날부터 10년을 경과하면 소멸된다(민법 제999조 제2항).

2) 상속회복청구의 상대방이 되는 참칭상속인이라 함은 정당한 상속권이 없음에도 재산상속인임을 신뢰케 하는 외관을 갖추고 있는 자나 상속인이라고 참칭하여 상속재산의 전부 또는 일부를 점유하고 있는 자를 가리키는 것으로서, 상속재산인 부동산에 관하여 공동상속인 중 1인 명의로 소유권이전등기가 경료된 경우 그 등기가 상속을 원인으로 경료된 것이라면 등기명의인의 의사와 무관하게 경료된 것이라는 등의 특별한 사정이 없는 한 그 등기명의인은 재산상속인임을 신뢰케 하는 외관을 갖추고 있는 자로서 참칭상속인에 해당된다(대법원 1997. 1. 21. 선고 96다4688 판결).

㉡ (×) 상속회복청구의 소는 상속을 원인으로 소유권을 취득하였다고 주장하는 사람이 참칭상속인을 상대로 침해된 상속권의 회복을 구하는 것으로서, 참칭상속인이란 정당한 상속권이 없음에도 재산상속인임을 신뢰케 하는 외관을 갖추고 있는 사람이나 상속인이라고 참칭하여 상속재산의 전부 또는 일부를 점유하고 있는 사람을 말하는바, 소유권이전등기에 의하여 재산상속인임을 신뢰케 하는 외관을 갖추었는지 여부는 권리관계를 외부에 공시하는 등기부의 기재에 의하여 판단하여야 하므로, 등기원인이 상속이 아닌 매매, 증여 등 다른 원인으로 되어 있다면 소유권이전등기를 한 등기명의인이 공동상속인 중의 1인이라고 하더라도 참칭상속인이라고 할 수 없고, 일단 적법하게 공동상속등기가 마쳐진 부동산에 관하여 상속인 중 1인이 자기 단독명의로 소유권이전등기를 한 경우 다른 상속인들이 그 이전등기가 원인 없이 마쳐진 것이라 하여 말소를 구하는 소는 상속회복청구의 소에 해당하지 아니하여 민법 제999조 제2항이 정하는 소의 제기에 관한 제척기간이 적용되지 아니한다. 이는 상속권이 침해되었음을 이유로 그 회복을 구하는 것이 아니라 상속으로 일단 취득한 소유권이 그 후 위법하게 침해되었다는 이유로 소유권의 회복을 구하는 것이기 때문이며, 공동상속등기와 그에 이은 이전등기 사이의 시간적 간격이 짧다거나 공동상속등기와 이전등기가 상속인 중 1인에 의하여 동일한 기회에 이루어졌다고 하여 달리 볼 것이 아니다(대법원 2011. 9. 29. 선고 2009다78801 판결).

㉢ (×)

[가] 진정상속인이 참칭상속인을 상대로 상속재산인 부동산에 관한 등기의 말소등을 구하는 경우에 그 소유권 또는 지분권 등의 귀속원인을 상속으로 주장하고 있는 이상 청구원인 여하에 불구하고 이는 민법 제999조 소정의 상속회복청구의 소라고 해석하여야 할 것이므로 동법 제982조 제2항 소정의 제척기간의 적용이 있다.

[나] 진정상속인이 참칭상속인으로 부터 상속재산을 양수한 제3자를 상대로 등기말소청구를 하는 경우에도 상속회복청구권의 단기의 제척기간이 적용된다(대법원 1981. 1. 27. 선고 79다854 전원합의체 판결). **정답** ①

36. 甲은 乙로부터 주택을 매수한 후 잔금 5,000만 원을 지급하지 않은 상태에서 乙을 상대로 매매를 원인으로 한 소유권이전등기청구의 소를 제기하였다. 위 소송의 변론 종결 전 乙의 채권자 丙은 위 매매잔금채권에 대한 압류 및 추심명령을 받았고, 위 명령은 적법하게 甲에게 송달되었다. 그 후 위 소송에서 乙은 "잔금 5,000만 원을 지급받음과 동시에 소유권이전등기절차를 이행하겠다."라고 항변하는 한편 甲을 상대로 위 매매잔금의 지급을 구하는 반소를 제기하였다. 이에 관한 설명 중 옳지 않은 것을 모두 고른 것은? (각 지문은 독립적이며, 다툼이 있는 경우 판례에 의함)

ㄱ. 위 채권압류 및 추심명령의 효력에 따라 乙은 甲에 대한 위 동시이행의 항변권을 상실한다.
ㄴ. 위 소송계속 중 丙이 위 채권압류 및 추심명령 신청을 취하하고 다른 소송요건의 흠이 없더라도, 법원은 乙의 반소를 각하하여야 한다.
ㄷ. 甲이 본소를 취하한 때에는 乙은 甲의 동의 없이 반소를 취하할 수 있다.
ㄹ. 위 사안에서 乙의 반소가 본소 청구 인용을 조건으로 하는 예비적 반소라면, 본소청구와 반소청구를 모두 배척한 제1심판결에 대하여 甲만이 항소한 경우, 항소심법원이 심리한 결과 본소 청구를 인용할 때는 예비적 반소에 대하여도 판단하여야 한다.

① ㄱ, ㄴ　　② ㄱ, ㄷ　　③ ㄴ, ㄹ
④ ㄱ, ㄴ, ㄹ　　⑤ ㄴ, ㄷ, ㄹ

해설

㉠ (×) 금전채권에 대한 압류 및 추심명령이 있는 경우, 이는 강제집행절차에서 추심채권자에게 채무자의 제3채무자에 대한 채권을 추심할 권능만을 부여하는 것이므로, 이로 인하여 채무자가 제3채무자에 대하여 가지는 채권이 추심채권자에게 이전되거나 귀속되는 것은 아니므로, 추심채무자로서는 제3채무자에 대하여 피압류채권에 기하여 그 동시이행을 구하는 항변권을 상실하지 않는다(대법원 2001. 3. 9. 선고 2000다73490 판결).

㉡ (×) 채권에 대한 압류 및 추심명령이 있으면 제3채무자에 대한 이행의 소는 추심채권자만이 제기할 수 있고 채무자는 피압류채권에 대한 이행소송을 제기할 당사자적격을 상실하나, 채무자의 이행소송 계속 중에 추심채권자가 압류 및 추심명령 신청의 취하 등에 따라 추심권능을 상실하게 되면 채무자는 당사자적격을 회복한다. 이러한 사정은 직권조사사항으로서 당사자가 주장하지 않더라도 법원이 직권으로 조사하여 판단하여야 하고, 사실심 변론종결 이후에 당사자적격 등 소송요건이 흠결되거나 그 흠결이 치유된 경우 상고심에서도 이를 참작하여야 한다(대법원 2010. 11. 25. 선고 2010다64877 판결).

㉢ (O) 본소가 취하된 때에는 피고는 원고의 동의 없이 반소를 취하할 수 있다(민사소송법 제271조).

㉣ (O) 피고의 예비적 반소는 본소청구가 인용될 것을 조건으로 심판을 구하는 것으로서 제1심이 원고의 본소청구를 배척한 이상 피고의 예비적 반소는 제1심의 심판대상이 될 수 없는 것이고, 이와 같이 심판대상이 될 수 없는 소에 대하여 제1심이 판단하였다고 하더라도 그 효력이 없다고 할 것이므로, 피고가 제1심에서 각하된 반소에 대하여 항소를 하지 아니하였다는 사유만으로 이 사건 예비적 반소가 원심의 심판대상으로 될 수 없는 것은 아니라고 할 것이고, 따라서 원심으로서는 원고의 항소를 받아들여 원고의 본소청구를 인용한 이상 피고의 예비적 반소청구를 심판대상으로 삼아 이를 판단하였어야 한다(대법원 2006. 6. 29. 선고 2006다19061 판결).

정답 ①

37. 집합건물인 A 아파트의 구분소유자인 甲이 A 아파트의 공용 부분을 정당한 권원 없이 배타적으로 점유·사용하자, 다른 구분소유자인 乙이 甲을 상대로 해당 부분에 관하여 乙의 지분에 상응하는 차임 상당 부당이득반환청구의 소를 제기하였다. A 아파트에는 관리단 丙이 있다. 이에 관한 설명 중 옳지 않은 것은? (각 지문은 독립적이며, 다툼이 있는 경우 판례에 의함)

① 위 부당이득반환청구의 소를 乙이 단독으로 제기한 것은 적법하다.
② 乙이 위 소송에서 판결을 받고 그 판결이 확정되었다면, 특별한 사정이 없는 한 그 판결의 효력은 丙에 미친다.
③ 위 소송에 앞서 丙이 먼저 甲을 상대로 차임 상당 부당이득반환청구의 소를 제기하여 판결이 확정되었다면, 그 판결의 효력은 乙에게 미친다.
④ 위 소송 제1심에서 乙이 청구기각 판결을 받은 후 항소심에 이르러 소를 취하하였다면, 그 후 丙이 甲을 상대로 별소로 부당이득반환청구를 하는 것은 특별한 사정이 없는 한 재소금지 규정에 위반된다.
⑤ 丙으로부터 관리업무를 포괄적으로 위임받은 위탁관리회사는 특별한 사정이 없는 한 구분소유자 등을 상대로 관리비를 청구할 당사자적격이 있다.

해설

① (O), ② (O), ③ (O), ④ (×)

정당한 권원 없는 사람이 집합건물의 공용부분이나 대지를 점유·사용함으로써 이익을 얻고, 구분소유자들이 해당 부분을 사용할 수 없게 됨에 따라 부당이득의 반환을 구하는 법률관계는 구분소유자의 공유지분권에 기초한 것이어서 ① 그에 대한 소송은 1차적으로 구분소유자가 각각 또는 전원의 이름으로 할 수 있다. 한편 관리단은 집합건물에 대하여 구분소유 관계가 성립되면 건물과 그 대지 및 부속시설의 관리에 관한 사업의 시행을 목적으로 당연히 설립된다. 관리단은 건물의 관리 및 사용에 관한 공동이익을 위하여 필요한 구분소유자의 권리와 의무를 선량한 관리자의 주의의무로 행사하거나 이행하여야 하고, 관리인을 대표자로 하여 관리단집회의 결의 또는 규약에서 정하는 바에 따라 공용부분의 관리에 관한 사항에 관련된 재판상 또는 재판 외의 행위를 할 수 있다(집합건물의 소유 및 관리에 관한 법률 제16조, 제23조, 제23조의2, 제25조 참조). 따라서 관리단은 관리단집회의 결의나 규약에서 정한 바에 따라 집합건물의 공용부분이나 대지를 정당한 권원 없이 점유하는 사람에 대하여 부당이득의 반환에 관한 소송을 할 수 있다. 관리단이 집합건물의 공용부분이나 대지를 정당한 권원 없이 점유·사용하는 사람에 대하여 부당이득반환청구 소송을 하는 것은 구분소유자의 공유지분권을 구분소유자 공동이익을 위하여 행사하는 것으로 구분소유자가 각각 부당이득반환청구 소송을 하는 것과 다른 내용의 소송이라 할 수 없다. 관리단이 부당이득반환 소송을 제기하여 판결이 확정되었다면 그 효력은 구분소유자에게도 미치고(민사소송법 제218조 제3항), 특별한 사정이 없는 한 구분소유자가 부당이득반환 소송을 제기하여 판결이 확정되었다면 그 부분에 관한 효력도 관리단에게 미친다고 보아야 한다. 다만 관리단의 이러한 소송은 구분소유자 공동이익을 위한 것으로 구분소유자가 자신의 공유지분권에 관한 사용수익 실현을 목적으로 하는 소송과 목적이 다르다. 구분소유자가 부당이득반환청구 소송을 제기하였다가 본안에 대한 종국판결이 있은 뒤에 소를 취하하였더라도 관리단이 부당이득반환청구의 소를 제기한 것은 특별한 사정이 없는 한 새로운 권리보호이익이 발생한 것으로 민사소송법 제267조 제2항의 재소금지 규정에 반하지 않는다고 볼 수 있다(대법원 2022. 6. 30. 선고 2021다239301 판결).

⑤ (O) 집합건물의 관리업무를 담당할 권한과 의무는 관리단과 관리인에게 있고(집합건물의 소유 및 관리에 관한 법률 제23조의2, 제25조), 관리단이나 관리인은 집합건물을 공평하고 효율적으로 관리하기 위하여 전문적인 위탁관리업자와 관리위탁계약을 체결하고 건물 관리업무를 수행하게 할 수 있다. 이 경우 위탁관리업자의 관리업무의 권한과 범위는 관리위탁계약에서 정한 바에 따르나 관리비의 부과·징수를 포함한 포괄적인 관리업무를 위탁관리업자에게 위탁하는 것이 통상적이므로, 여기에는 관리비에 관한 재판상 청구 권한을 수여하는 것도 포함되었다고 봄이 타당하다. 이러한 관리업무를 위탁받은 위탁관리업자가 관리업무를 수행하면서 구분소유자 등의 체납 관리비를 추심하기 위하여 직접 자기 이름으로 관리비에 관한 재판상 청구를 하는 것은 임의적 소송신탁에 해당하지만, 집합건물 관리업무의 성격과 거래현실 등을 고려하면 이는 특별한 사정이 없는 한 허용되어야 하고, 이때 위탁관리업자는 관리비를 청구할 당사자적격이 있다고 보아야 한다(대법원 2022. 5. 13. 선고 2019다229516 판결). 정답 ④

38. 공동소송에 관한 설명 중 옳지 않은 것은? (각 지문은 독립적이며, 다툼이 있는 경우 판례에 의함)

① 甲 소유의 토지에 관하여 乙이 위법한 방법으로 소유권보존등기를 마쳤고 이에 터 잡아 丙이 소유권이전등기를 마친 경우, 甲이 乙과 丙을 상대로 소유권보존등기 및 소유권이전등기의 각 말소를 청구하는 소송은 통상공동소송에 해당한다.

② 공동상속인이 다른 공동상속인을 상대로 어떤 재산이 상속재산이라는 확인을 구하는 소송은 고유필수적 공동소송에 해당한다.

③ A 주식회사의 주주인 甲과 乙이 A 주식회사를 상대로 주주총회결의 부존재 또는 무효 확인을 구하는 소송은 필수적 공동소송에 해당한다.

④ 甲과 乙을 조합원으로 하는 동업체에서 토지를 매수한 경우, 그 매매계약에 기하여 소유권이전등기절차의 이행을 구하는 소송은 고유필수적 공동소송에 해당한다.

⑤ 주채무자 甲과 연대보증인 乙이 공동원고가 되어 채권자 丙을 상대로 각 차용금 채무 및 연대보증채무의 부존재 확인을 구하는 소를 제기하였는데 丙이 甲의 청구를 인낙하고 이를 조서에 기재한 경우, 법원은 위 청구인낙을 이유로 乙의 청구를 인용하여야 한다.

해설

① (O)

1) 통상의 공동소송에 있어 공동당사자 일부만이 상고를 제기한 때에는 피상고인은 상고인인 공동소송인 이외의 다른 공동소송인을 상대방으로 하거나 상대방으로 보태어 부대상고를 제기할 수는 없다(대법원 1994. 12. 23. 선고 94다40734 판결). 즉, 소유권보존등기 및 순차 경료된 각 소유권이전등기에 대하여 각 말소를 청구한 사안에서 위 소송은 통상공동소송에 해당한다는 점을 전제로 한 판시이다.

2) **참고**

ⓐ 순차 경료된 소유권이전등기의 각 말소 청구소송은 보통공동소송이므로 그 중의 어느 한 등기명의자만을 상대로 말소를 구할 수 있고, 최종 등기명의자에 대하여 등기말소를 구할 수 있는지에 관계없이 중간의 등기명의자에 대하여 등기말소를 구할 소의 이익이 있다(대법원 1998. 9. 22. 선고 98다23393 판결).

ⓑ 순차적으로 소유권이전등기가 경료된 경우 후순위등기의 말소등기절차 이행청구가 패소확정됨으로써 직접적으로는 그 전순위등기의 말소등기의 실행이 불가능하게 되었다 하더라도 그 전순위등기의 말소를 구할 소의 이익이 없다 할 수 없다(대법원 1993. 7. 13. 선고 93다20955 판결).

② (O) 공동상속인이 다른 공동상속인을 상대로 어떤 재산이 상속재산임의 확인을 구하는 소는 이른바 고유필수적 공동소송이라고 할 것이고, 고유필수적 공동소송에서는 원고들 일부의 소 취하 또는 피고들 일부에 대한 소 취하는 특별한 사정이 없는 한 그 효력이 생기지 않는다(대법원 2007. 8. 24. 선고 2006다40980 판결).

③ (O) 주주총회결의의 부존재 또는 무효 확인을 구하는 소의 경우, 상법 제380조에 의해 준용되는 상법 제190조 본문에 따라 청구를 인용하는 판결은 제3자에 대하여도 효력이 있다. 이러한 소를 여러 사람이 공동으로 제기한 경우 당사자 1인이 받은 승소판결의 효력이 다른 공동소송인에게 미치므로 공동소송인 사이에 소송법상 합일확정의 필요성이 인정되고, 상법상 회사관계소송에 관한 전속관할이나 병합심리 규정(상법 제186조, 제188조)도 당사자 간 합일확정을 전제로 하는 점 및 당사자의 의사와 소송경제 등을 함께 고려하면, 이는 민사소송법 제67조가 적용되는 필수적 공동소송에 해당한다(대법원 2021. 7. 22. 선고 2020다284977 전원합의체 판결). (**유사**) 필수적 공동소송이라는 판시이다.

④ (O)

1) 동업약정에 따라 동업자 공동으로 토지를 매수하였다면 그 토지는 동업자들을 조합원으로 하는 동업체에서 토지를 매수한 것이므로 그 동업자들은 토지에 대한 소유권이전등기청구권을 준합유하는 관계에 있고, 합유재산에 관한 소는 이른바 고유필요적공동소송이라 할 것이므로 그 매매계약에 기하여 소유권이전등기의 이행을 구하는 소를 제기하려면 동업자들이 공동으로 하지 않으면 안된다(대법원 1994. 10. 25. 선고 93다54064 판결).

2) **비교 판례** :

[2] 민법상 조합계약은 2인 이상이 상호 출자하여 공동으로 사업을 경영할 것을 약정하는 계약으로서, 특정한 사업을 공동경영하는 약정에 한하여 이를 조합계약이라 할 수 있고, 공동의 목적 달성이라는 정도만으로는 조합의 성립요건을 갖추었다고 할 수 없다.

[3] 수인이 부동산을 공동으로 매수한 경우, 매수인들 사이의 법률관계는 공유관계로서 단순한 공동매수인에 불과할 수도 있고, 그 수인을 조합원으로 하는 동업체에서 매수한 것일 수도 있는바, 공동매수의 목적이 전매차익의 획득에 있을 경우 그것이 공동사업을 위해 동업체에서 매수한 것이 되려면, 적어도 공동매수인들 사이에서 그 매수한 토지를 공유가 아닌 동업체의 재산으로 귀속시키고 공동매수인 전원의 의사에 기해 전원의 계산으로 처분한 후 그 이익을 분배하기로 하는 명시적 또는 묵시적 의사의 합치가 있어야만 할 것이고, 이와 달리 공동매수 후 매수인별로 토지에 관하여 공유에 기한 지분권을 가지고 각자 자유롭게 그 지분권을 처분하여 대가를 취득할 수 있도록 한 것이라면 이를 동업체에서 매수한 것으로 볼 수는 없다.

[4] 부동산의 공동매수인들이 전매차익을 얻으려는 '공동의 목적 달성'을 위해 상호 협력한 것에 불과하고 이를 넘어 '공동사업을 경영할 목적'이 있었다고 인정되지 않는 경우, 이들 사이의 법률관계는 공유관계에 불과할 뿐 민법상 조합이 아니라고 한 사례(대법원 2007. 6. 14. 선고 2005다5140 판결).

⑤ (×)

1) 주채무자와 연대보증인이 공동원고가 되어 채권자를 상대로 각 차용금 채무 및 연대보증채무의 부존재 확인을 구하는 소를 제기한 것은 각기 개별적으로도 가능한 소송을 하나에 절차에 병합한 것으로 합일확정의 필요성이 없다. 따라서 통상공동소송에 해당한다.

2) 통상공동소송인 가운데 한 사람의 소송행위 또는 이에 대한 상대방의 소송행위와 통상공동소송인 가운데 한 사람에 관한 사항은 다른 통상공동소송인에게 영향을 미치지 아니한다(민사소송법 제66조).

3) 丙의 甲에 대한 인낙의 효과가 乙에게 미치지 않으므로, 乙의 청구를 반드시 인용하여야 하는 것은 아니다.

정답 ⑤

39. 민사분쟁해결제도에 관한 설명 중 옳지 않은 것은? (다툼이 있는 경우 판례에 의함)

① 화해계약은 당사자가 상호 양보하여 당사자 간의 분쟁을 마칠 것을 약정함으로써 그 효력이 생기며, 당사자 일방이 양보한 권리가 소멸되고 상대방이 화해로 인하여 그 권리를 취득하는 효력이 있다.

② 당사자는 제소전화해를 위하여 대리인을 선임하는 권리를 상대방에게 위임할 수 없다.

③ 소액사건심판절차에서의 이행권고결정은 이의기간 내에 이의신청을 하지 않거나, 이의신청에 대한 각하결정이 확정되거나, 이의신청이 취하된 경우, 확정판결과 같은 효력을 가진다.

④ 법원, 수명법관 또는 수탁판사는 소송계속 중인 사건에 대하여 직권으로 당사자의 이익, 그 밖의 모든 사정을 참작하여 청구의 취지에 어긋나지 아니하는 범위 안에서 사건의 공평한 해결을 위한 화해권고결정을 할 수 있다.

⑤ 지급명령에 대하여 이의신청이 없거나, 이의신청을 취하하거나, 각하결정이 확정된 때에는 지급명령은 확정판결과 같은 효력이 있으므로 기판력과 집행력을 가진다.

해설

① (O)

1) 화해는 당사자가 상호양보하여 당사자간의 분쟁을 종지할 것을 약정함으로써 그 효력이 생긴다(민법 제731조). 화해계약은 당사자일방이 양보한 권리가 소멸되고 상대방이 화해로 인하여 그 권리를 취득하는 효력이 있다(민법 제732조).

2) 화해계약이 성립하면 특별한 사정이 없는 한 그 창설적 효력에 따라 종전의 법률관계를 바탕으로 한 권리의무관계는 소멸하고, 계약 당사자 사이에 종전의 법률관계가 어떠하였는지를 묻지 않고 화해계약에 따라 새로운 법률관계가 생긴다. 따라서 화해계약의 의사표시에 착오가 있더라도 이것이 당사자의 자격이나 화해계약의 대상인 분쟁 이외의 사항에 관한 것이 아니고 분쟁의 대상인 법률관계 자체에 관한 것일 때에는 이를 취소할 수 없다(대법원 2018. 5. 30. 선고 2017다21411 판결).

② (O) 민사상 다툼에 관하여 당사자는 청구의 취지·원인과 다투는 사정을 밝혀 상대방의 보통재판적이 있는 곳의 지방법원에 화해를 신청할 수 있다(민사소송법 제385조 제1항). 당사자는 제1항의 화해를 위하여 대리인을 선임하는 권리를 상대방에게 위임할 수 없다(민사소송법 제385조 제2항).

③ (O) 이행권고결정은 다음 각 호의 어느 하나에 해당하면 확정판결과 같은 효력을 가진다(소액사건심판법 제5조의7 제1항).

제1호 : 피고가 제5조의4제1항 본문의 기간 내에 이의신청을 하지 아니한 경우
제2호 : 이의신청에 대한 각하결정이 확정된 경우
제3호 : 이의신청이 취하된 경우

④ (O) 법원·수명법관 또는 수탁판사는 소송에 계속중인 사건에 대하여 직권으로 당사자의 이익, 그 밖의 모든 사정을 참작하여 청구의 취지에 어긋나지 아니하는 범위안에서 사건의 공평한 해결을 위한 화해권고결정을 할 수 있다(민사소송법 제225조 제1항). 법원사무관등은 제1항의 결정내용을 적은 조서 또는 결정서의 정본을 당사자에게 송달하여야 한다. 다만, 그 송달은 제185조 제2항(종전송달장소에 송달)·제187조(우편송달) 또는 제194조(공시송달)에 규정한 방법으로는 할 수 없다(민사소송법 제225조 제2항).

⑤ (×)

1) 지급명령에 대하여 이의신청이 없거나, 이의신청을 취하하거나, 각하결정이 확정된 때에는 지급명령은 확정판결과 같은 효력이 있다(민사소송법 제474조).

2) 지급명령에는 기판력이 인정되지 아니한다(대법원 2009. 7. 9. 선고 2006다73966 판결).

3) 지급명령은 민사집행법 제58조에 따라 집행력이 있다. 그러나 기판력은 없으므로, 지급명령이 확정되었더라도 채무자는 청구이의의 소에서 변론종결 전 이의사유도 주장할 수 있다(민사집행법 제58조 제3항, 제44조 제2항).

4) 지급명령과 이행권고결정은 기판력이 인정되지 않음에 주의하여야 한다. 정답 ⑤

40. 甲 종중이 소유한 X 임야를 乙이 무단으로 점유·사용하고 있다. 이에 A는 甲 종중을 대표하여 乙을 상대로 차임 상당 부당이득반환청구의 소를 제기하였다. 이에 관한 설명 중 옳지 않은 것은? (각 지문은 독립적이며, 다툼이 있는 경우 판례에 의함)

① A의 대표권 흠결을 이유로 소를 각하한 제1심판결에 대하여 A만이 항소한 경우, 항소심 법원이 심리한 결과 대표권 흠결이 치유되어 소는 적법하나 청구가 이유 없다고 판단하면 항소기각판결을 하여야 한다.

② 제1심에서 乙이 甲 종중에 대해 가지는 공사대금채권을 자동채권으로 한 상계항변을 제출하였다가 이에 관한 본안판단을 받은 후 항소심에서 상계항변을 철회하였다면, 그 후 乙이 위 공사대금 지급을 구하는 별소를 제기하는 것은 부적법하다.

③ 甲 종중이 위 소송에서 승소확정판결을 받았으나 그 확정판결에 의한 채권의 소멸시효기간의 경과가 임박하여 시효중단을 위해 다시 동일한 소(후소)를 제기하는 경우, 후소 법원으로서는 그 확정된 권리를 주장할 수 있는 모든 요건이 구비되어 있는지를 다시 심리할 수는 없다.

④ 甲 종중이 위 소송에서 승소확정판결을 받고 그 확정판결에 의한 채권의 소멸시효 중단을 위해 다시 동일한 소(후소)를 제기한 경우, 전소의 사실심 변론 종결 후에 발생한 변제 사실은 후소의 심리대상이 된다.

⑤ 甲 종중이 위 소송에서 승소확정판결을 받고 10년이 경과한 후 위 확정판결에 의한 채권의 소멸시효 중단을 위해 다시 동일한 소(후소)를 제기하더라도, 법원은 특별한 사정이 없는 한 후소를 곧바로 소의 이익이 없음을 이유로 각하해서는 안 된다.

해설

① (O) 소를 각하한 원심판결을 파기한다 하더라도 어차피 청구가 기각될 운명에 있다면, 원고만이 상고한 사건에 있어서 원고에게 더욱 불리한 재판을 할 수 없으므로 원심판결을 유지(상소기각)하여야 한다(대법원 1996. 10. 11. 선고 96다3852 판결).

② (×) 상계의 항변을 제출할 당시 이미 자동채권과 동일한 채권에 기한 소송을 별도로 제기하여 계속 중인 경우, 사실심의 담당재판부로서는 전소와 후소를 같은 기회에 심리·판단하기 위하여 이부, 이송 또는 변론병합 등을 시도함으로써 기판력의 저촉·모순을 방지함과 아울러 소송경제를 도모함이 바람직하나, 그렇다고 하여 특별한 사정이 없는 한 별소로 계속 중인 채권을 자동채권으로 하는 소송상 상계의 주장이 허용되지 않는다고 볼 수는 없다. 마찬가지로 먼저 제기된 소송에서 상계 항변을 제출한 다음 그 소송계속 중에 자동채권과 동일한 채권에 기한 소송을 별도의 소나 반소로 제기하는 것도 가능하다(대법원 2022. 2. 17. 선고 2021다275741 판결).

③ (O), ⑤ (O)

확정된 승소판결에는 기판력이 있으므로, 승소 확정판결을 받은 당사자가 그 상대방을 상대로 다시 승소 확정판결의 전소(전소)와 동일한 청구의 소를 제기하는 경우 그 후소(후소)는 권리보호의 이익이 없어 부적법하다. 하지만 예외적으로 확정판결에 의한 채권의 소멸시효기간인 10년의 경과가 임박한 경우에는 그 시효중단을 위한 소는 소의 이익이 있다. 나아가 이러한 경우에 후소의 판결이 전소의 승소 확정판결의 내용에 저촉되어서는 아니 되므로, 후소 법원으로서는 그 확정된 권리를 주장할 수 있는 모든 요건이 구비되어 있는지 여부에 관하여 다시 심리할 수 없다. 대법원은 종래 확정판결에 의한 채권의 소멸시효기간인 10년의 경과가 임박한 경우에는 그 시효중단을 위한 재소(재소)는 소의 이익이 있다는 법리를 유지하여 왔다. 이러한 법리는 현재에도 여전히 타당하다(대법원 2018. 7. 19. 선고 2018다22008 전원합의체 판결).

④ (O) 시효중단을 위한 후소의 판결은 전소의 승소 확정판결의 내용에 저촉되어서는 아니 되므로, 후소 법원으로서는 그 확정된 권리를 주장할 수 있는 모든 요건이 구비되어 있는지에 관하여 다시 심리할 수 없으나, 위 후소 판결의 기판력은 후소의 변론종결 시를 기준으로 발생하므로, 전소의 변론종결 후에 발생한 변제, 상계, 면제 등과 같은 채권소멸사유는 후소의 심리대상이 된다. 따라서 채무자인 피고는 후소 절차에서 위와 같은 사유를 들어 항변할 수 있고 심리 결과 그 주장이 인정되면 법원은 원고의 청구를 기각하여야 한다. 이는 채권의 소멸사유 중 하나인 소멸시효 완성의 경우에도 마찬가지이다(대법원 2019. 1. 17. 선고 2018다24349 판결).

정답 ②

41. 기판력에 관한 설명 중 옳지 않은 것은? (다툼이 있는 경우 판례에 의함)

① 甲의 乙에 대한 배당이의의 소에서 청구기각판결을 받은 甲이 그 판결이 확정된 후 乙에 대하여 위 판결에 의하여 확정된 배당액이 부당이득이라는 이유로 그 반환을 구하는 소를 제기한 경우, 후소 법원은 전소 확정판결의 판단과 다른 판단을 할 수 없다.

② 甲의 乙에 대한 가등기에 기한 본등기절차의 이행을 구하는 소에서 청구인용판결이 확정된 후 乙이 甲을 상대로 위 가등기만의 말소를 청구하는 것은 전소 확정판결의 기판력에 저촉되지 않는다.

③ X 토지의 매수인 甲이 매도인 A를 대위하여 乙을 상대로 X 토지에 관한 乙 명의의 소유권이전등기가 원인무효임을 이유로 그 말소등기절차의 이행을 구하는 소(전소)를 제기하여 청구인용판결이 확정되었는데, 그 소송의 사실심 변론 종결 후 乙로부터 X 토지를 매수하여 소유권이전등기를 마친 丙이 甲을 상대로 X 토지의 인도 및 차임 상당 부당이득반환청구의 소(후소)를 제기한 경우, 丙은 변론 종결 뒤의 승계인에 해당하여 전소 확정판결의 기판력이 후소에 미친다.

④ 甲이 부동산 소유자 乙을 상대로 소유권이전등기청구의 소를 제기하여 받은 승소확정판결에 기하여 소유권이전등기를 마친 경우, 乙에 대한 다른 소유권이전등기청구권자 丙이 乙을 대위하여 甲 명의의 소유권이전등기가 원인무효임을 내세워 그 등기의 말소를 구하는 것은 전소 확정판결의 기판력에 저촉된다.

⑤ 甲이 乙을 상대로 제기한 소유권이전등기청구의 소에서 청구인용판결이 확정되어 그에 따른 甲 명의의 소유권이전등기가 마쳐진 후 乙이 위 등기가 원인무효임을 주장하며 甲을 상대로 소유권 확인의 소를 제기하는 것은 전소 확정판결의 기판력에 저촉되지 않는다.

해설

① (O)

[1] 채권자가 제기한 배당이의의 소의 본안판결이 확정된 때에는 이의가 있었던 배당액에 관한 실체적 배당수령권의 존부의 판단에 기판력이 생긴다.

[2] 배당이의의 소에서 패소의 본안판결을 받은 당사자가 그 판결이 확정된 후 상대방에 대하여 위 본안판결에 의하여 확정된 배당액이 부당이득이라는 이유로 그 반환을 구하는 소송을 제기한 경우에는, 전소인 배당이의의 소의 본안판결에서 판단된 배당수령권의 존부가 부당이득반환청구권의 성립 여부를 판단하는 데에 있어서 선결문제가 된다고 할 것이므로, 당사자는 그 배당수령권의 존부에 관하여 위 배당이의의 소의 본안판결의 판단과 다른 주장을 할 수 없고, 법원도 이와 다른 판단을 할 수 없다(대법원 2000. 1. 21. 선고 99다3501 판결).

② (O)

[가] 전, 후 양소의 소송물이 동일하지 않다고 하더라도, 만일 후소의 소송물이 전소에서 확정된 법률관계와 모순되는 정반대의 사항을 소송물로 삼았다면 이러한 경우에는 전소 판결의 기판력이 후소에 미친다.

[나] 확정판결의 기판력은 소송물로 주장된 법률관계의 존부에 관한 판단의 결론 자체에만 미치고 그 전제가 되는 법률관계의 존부에까지 미치는 것은 아니어서, 가등기에 기한 소유권이전등기절차의 이행을 명한 전소 판결의 기판력은 소송물인 소유권이전등기청구권의 존부에만 미치고 그 등기청구권의 원인이 되는 채권계약의 존부나 판결이유 중에 설시되었을 뿐인 가등기의 효력 유무에 관한 판단에는 미치지 아니하고, 따라서 만일 후소로써 위 가등기에 기한 소유권이전등기의 말소를 청구한다면 이는 1물 1권주의의 원칙에 비추어 볼 때 전소에서 확정된 소유권이전등기청구권을 부인하고 그와 모순되는 정반대의 사항을 소송물로 삼은 경우에 해당하여 전소 판결의 기판력에 저촉된다고 할 것이지만, 이와 달리 위 가등기만의 말소를 청구하는 것은, 전소에서 판단의 전제가 되었을 뿐이고 그로써 아직 확정되지는 아니한 법률관계를 다투는 것에 불과하여 전소 판결의 기판력에 저촉된다고 볼 수 없다(대법원 1995. 3. 24. 선고 93다52488 판결).

③ (×)

[1] 소송물이 동일하거나 선결문제 또는 모순관계에 의하여 기판력이 미치는 객관적 범위에 해당하지 아니하는 경우에는 전소 판결의 변론종결 후에 당사자로부터 계쟁물 등을 승계한 자가 후소를 제기하더라도 후소에 전소 판결의 기판력이 미치지 아니한다.

[2] 甲 등이 乙을 상대로 건물 등에 관한 소유권이전등기의 말소등기절차 이행을 구하는 소를 제기하여 승소확정판결을 받았는데, 위 판결의 변론종결 후에 乙로부터 건물 등의 소유권을 이전받은 丙이 甲 등을 상대로 위 건물의 인도 및 차임 상당 부당이득의 반환을 구하는 소를 제기한 사안에서, 전소 판결에서 소송물로 주장된 법률관계는 건물 등에 관한 말소등기청구권의 존부이고 건물 등의 소유권의 존부는 전제가 되는 법률관계에 불과하여 전소 판결의 기판력이 미치지 아니하고, 전소인 말소등기청구권에 대한 판단이 건물인도 등 청구의 소의 선결문제가 되거나 건물인도청구권 등의 존부가 전소의 소송물인 말소등기청구권의 존부와 모순관계에 있다고 볼 수 없어 전소의 기판력이 건물인도 등 청구의 소에 미친다고 할 수 없으며, 이는 丙이 전소 판결의 변론종결 후에 乙로부터 건물을 매수하여 소유권이전등기를 마쳤더라도 마찬가지이므로, 丙이 변론종결 후의 승계인이어서 전소 확정판결의 기판력이 미쳐 건물 등의 소유권을 취득할 수 없다고 본 원심판결에 법리오해 등의 위법이 있다(대법원 2014. 10. 30. 선고 2013다53939 판결).

④ (O) 부동산을 매수한 자가 소유권이전등기를 하지 아니하고 있던 중 제3자가 같은 부동산을 자기가 매수한 것임을 이유로 하여 매도인을 상대로 제소하여 소유권이전등기절차이행의 확정판결을 받아 소유권이

전등기를 경료한 경우에는 위의 확정판결이 당연무효라거나 또는 그것이 재심의 소에 의하여 취소되기 전에는 매수인은 매도인에 대한 소유권이전등기청구권을 보전하기 위하여 매도인을 대위하여 위 확정판결의 기판력에 저촉되는 제3자 명의의 소유권이전등기의 말소청구를 할 수 없고 매도인의 매수인에 대한 소유권이전등기의무는 이행불능이다(대법원 1975. 8. 19. 선고 74다2229 판결).

⑤ (O)

1) 전소 확정판결의 기판력은 소송물로 주장된 권리관계의 존부에 관한 판단의 결론에만 미치고 그 판단의 전제가 되는 법률관계에 대하여 미치는 것은 아니다. 甲이 乙을 상대로 제기한 소유권이전등기청구의 소에서 청구인용판결이 확정되면 甲이 乙에 대하여 소유권이전등기청구권을 가진다는 점에서만 기판력이 발생한다. 따라서 그 판단의 전제가 되는 "해당 소유권이 누구에게 귀속하는가?"의 법률관계에는 기판력이 미치지 않는다. 그러므로, 乙이 위 등기가 원인무효임을 주장하며 甲을 상대로 소유권 확인의 소를 제기하는 것은 전소 확정판결의 기판력에 저촉되지 않는다.

2) **동지**(同志) **판례**

소유권이전등기 말소등기절차이행청구사건에서 청구기각된 확정판결의 기판력은 소유권이전등기 말소등기청구권의 존부 자체에만 미치는 것이고 소송물이 되지 아니한 소유권 존부(소유권확인의 소)에는 미치지 아니한다(대법원 1971. 9. 28. 선고 71다1727 판결).

3) **비교 판례**

확정된 전소의 기판력 있는 법률관계가 후소의 소송물 자체가 되지 아니하여도 후소의 선결문제가 되는 때에는 전소의 확정판결의 판단은 후소의 선결문제로서 기판력이 작용한다고 할 것이므로, 소유권확인청구에 대한 판결이 확정된 후 다시 동일 피고를 상대로 소유권에 기한 물권적 청구권을 청구원인으로 하는 소송을 제기한 경우에는 전소의 확정판결에서의 소유권의 존부에 관한 판단에 구속되어 당사자로서는 이와 다른 주장을 할 수 없을 뿐만 아니라, 법원으로서도 이와 다른 판단을 할 수 없는 것이다(대법원 1994. 12. 27. 선고 94다4684 판결).

정답 ③

42. 甲은 乙에게 1억 원을 대여하였는데, 甲의 채권자 丙과 丁은 위 대여금 채권에 관하여 각 채권압류 및 추심명령을 받았다. 위 각 채권압류 및 추심명령은 乙에게 적법하게 송달되었다. 이후 丙은 乙을 상대로 추심의 소(이하 '이 사건 소송'이라 한다)를 제기하였다. 이에 관한 설명 중 옳지 않은 것은? (각 지문은 독립적이며, 다툼이 있는 경우 판례에 의함)

① 丙이 이 사건 소송의 제1심에서 청구기각판결을 선고받은 후 항소하였다가 항소심에서 소를 취하하였는데, 그 후 丁이 乙을 상대로 추심의 소를 제기하면 丁의 소는 재소금지 규정에 위반된다.

② 이 사건 소송에서 丙과 乙 사이에 "丙은 乙로부터 8,000만 원을 지급받고 나머지 청구를 포기한다."라는 내용의 소송상 화해가 성립된 경우, 丁에게는 위 소송상 화해의 기판력이 미치지 않는다.

③ 이 사건 소송에서 乙은 丙의 甲에 대한 집행채권이 변제로 소멸하였다고 다툴 수 없다.

④ 만일 이 사건 소송계속이 발생하기 전에 甲이 乙에 대하여 대여금 청구의 소를 먼저 제기하여 소송계속 중이었더라도, 이 사건 소송은 중복소송에 해당하지 아니한다.

⑤ 乙은 이 사건 소송의 제1회 변론기일까지 법원에 丁이 공동소송인으로 丙 쪽에 참가하도록 명할 것을 신청할 수 있다.

해설

① (×)

[2] 민사소송법 제267조 제2항은 "본안에 대한 종국판결이 있은 뒤에 소를 취하한 사람은 같은 소를 제기하지 못한다."라고 정하고 있다. 이는 소취하로 그동안 판결에 들인 법원의 노력이 무용화되고 다시 동일한 분쟁을 문제 삼아 소송제도를 남용하는 부당한 사태를 방지할 목적에서 나온 제재적 취지의 규정이다. 여기에서 '같은 소'는 반드시 기판력의 범위나 중복제소금지에서 말하는 것과 같은 것은 아니고, **당사자와 소송물이 같더라도 이러한 규정의 취지에 반하지 않고 소제기를 필요로 하는 정당한 사정**이 있다면 다시 소를 제기할 수 있다.

[3] 甲 주식회사가 乙 등에 대하여 가지는 정산금 채권에 대하여 甲 회사의 채권자 丙이 채권압류 및 추심명령을 받아 乙 등을 상대로 추심금 청구의 소를 제기하였다가 항소심에서 소를 취하하였는데, 그 후 甲 회사의 다른 채권자 丁 등이 위 정산금 채권에 대하여 다시 채권압류 및 추심명령을 받아 乙 등을 상대로 추심금 청구의 소를 제기한 사안에서, 丙이 선행 추심소송에서 패소판결을 회피할 목적 등으로 종국판결 후 소를 취하하였다거나 丁 등이 소송제도를 남용할 의도로 소를 제기하였다고 보기 어려운 사정 등을 감안할 때, 丁 등은 선행 추심소송과 별도로 자신의 甲 회사에 대한 채권의 집행을 위하여 위 소를 제기한 것이므로 새로운 권리보호이익이 발생한 것으로 볼 수 있어 재소금지 규정에 반하지 않는다고 본 원심판결이 정당하다(대법원 2021. 5. 7. 선고 2018다259213 판결).

② (○), ⑤ (○)

[1] 금전채권에 대해 압류·추심명령이 이루어지면 채권자는 민사집행법 제229조 제2항에 따라 대위절차 없이 압류채권을 직접 추심할 수 있는 권능을 취득한다. 추심채권자는 추심권을 포기할 수 있으나(민사집행법 제240조 제1항), 그 경우 집행채권이나 피압류채권에는 아무런 영향이 없다. 한편 추심채권자는 추심 목적을 넘는 행위, 예를 들어 피압류채권의 면제, 포기, 기한 유예, 채권양도 등의 행위는 할 수 없다. 추심금소송에서 추심채권자가 제3채무자와 '피압류채권 중 일부 금액을 지급하고 나머지 청구를 포기한다.'는 내용의 재판상 화해를 한 경우 '나머지 청구 포기 부분'은 추심채권자가 적법하게 포기할 수 있는 자신의 '추심권'에 관한 것으로서 제3채무자에게 더 이상 추심권을 행사하지 않고 소송을 종료하겠다는 의미로 보아야 한다. 이와 달리 추심채권자가 나머지 청구를 포기한다는 표현을 사용하였다고 하더라도 이를 애초에 자신에게 처분 권한이 없는 '피압류채권' 자체를 포기한 것으로 볼 수는 없다. 따라서 위와 같은 재판상 화해의 효력은 별도의 추심명령을 기초로 추심권을 행사하는 다른 채권자에게 미치지 않는다.

[2] 동일한 채권에 대해 복수의 채권자들이 압류·추심명령을 받은 경우 어느 한 채권자가 제기한 추심금소송에서 확정된 판결의 기판력은 그 소송의 변론종결일 이전에 압류·추심명령을 받았던 다른 추심채권자에게 미치지 않는다. 그 이유는 다음과 같다.

(판결이유 1), 3)은 생략하고, 판결이유 2) 부분만 인용)

민사집행법 제249조 제3항, 제4항은 추심의 소에서 소를 제기당한 제3채무자는 집행력 있는 정본을 가진 채권자를 공동소송인으로 원고 쪽에 참가하도록 명할 것을 첫 변론기일까지 신청할 수 있고, 그러한 참가명령을 받은 채권자가 소송에 참가하지 않더라도 그 소에 대한 재판의 효력이 미친다고 정한다. 위 규정 역시 참가명령을 받지 않은 채권자에게는 추심금소송의 확정판결의 효력이 미치지 않음을 전제로 참가명령을 통해 판결의 효력이 미치는 범위를 확장할 수 있도록 한 것이다(대법원 2020. 10. 29. 선고 2016다35390 판결).

③ (○) 집행채권의 부존재나 소멸은 집행채무자가 청구에 관한 이의의 소에서 주장할 사유이고, 추심의 소에서 제3채무자인 피고가 이를 항변으로 주장하여 채무의 변제를 거절할 수 없다. 그러나 제3채무자인 피고는

압류된 채권에 관하여는 채무자에 대하여 주장할 수 있는 실체법상의 모든 항변으로 추심채권자에게 대항할 수 있다(대법원 2022. 12. 16. 선고 2020다201613 판결).

④ (O)

[가] 채무자가 제3채무자를 상대로 제기한 이행의 소가 이미 법원에 계속되어 있는 상태에서 압류채권자가 제3채무자를 상대로 제기한 추심의 소의 본안에 관하여 심리·판단한다고 하여, 제3채무자에게 불합리하게 과도한 이중 응소의 부담을 지우고 본안 심리가 중복되어 당사자와 법원의 소송경제에 반한다거나 판결의 모순·저촉의 위험이 크다고 볼 수 없다.

[나] 압류채권자는 채무자가 제3채무자를 상대로 제기한 이행의 소에 민사소송법 제81조, 제79조에 따라 참가할 수도 있으나, 채무자의 이행의 소가 상고심에 계속 중인 경우에는 승계인의 소송참가가 허용되지 아니하므로 압류채권자의 소송참가가 언제나 가능하지는 않으며, 압류채권자가 채무자가 제기한 이행의 소에 참가할 의무가 있는 것도 아니다.

[다] 채무자가 제3채무자를 상대로 제기한 이행의 소가 법원에 계속되어 있는 경우에도 압류채권자는 제3채무자를 상대로 압류된 채권의 이행을 청구하는 추심의 소를 제기할 수 있고, 제3채무자를 상대로 압류채권자가 제기한 추심의 소는 채무자가 제기한 이행의 소에 대한 관계에서 민사소송법 제259조가 금지하는 중복된 소제기에 해당하지 않는다고 봄이 타당하다(대법원 2013. 12. 18. 선고 2013다202120 전원합의체 판결).

정답 ①

43. 상소에 관한 설명 중 옳지 않은 것은? (다툼이 있는 경우 판례에 의함)

① 손해배상청구소송에서 원고가 재산적 손해에 대하여는 전부 승소하고 정신적 손해에 대하여는 일부 패소한 후 자신의 패소 부분에 대하여 항소한 경우, 항소심 소송계속 중 정신적 손해는 물론이고 재산적 손해에 관하여도 청구를 확장할 수 있다.

② 피고의 상계항변을 받아들여 원고의 청구를 기각한 판결에 대하여 원고는 물론 전부 승소한 피고에게도 상소의 이익이 있다.

③ 병합된 수 개의 청구 전부에 대하여 불복한 항소심에서 그중 일부 청구에 대한 불복신청을 철회하였더라도, 항소 그 자체의 효력에는 아무런 영향이 없다.

④ 피항소인이 부대항소를 할 수 있는 범위는 항소인이 주된 항소로 불복한 범위에 한한다.

⑤ 건물인도청구소송에서 피고의 금전채권에 기한 동시이행 주장을 받아들인 상환이행판결에 대하여 원고만 항소한 경우, 항소심이 위 금전채권의 액수를 더 큰 금액으로 변경하여 상환이행판결을 선고하는 것은 특별한 사정이 없는 한 불이익변경금지 원칙에 반한다.

해설

① (O) 상소는 자기에게 불이익한 재판에 대하여 유리하게 취소변경을 구하기 위하여 하는 것이므로 전부 승소한 판결에 대하여는 항소가 허용되지 않는 것이 원칙이나, 하나의 소송물에 관하여 형식상 전부 승소한 당사자의 상소이익의 부정은 절대적인 것이라고 할 수도 없는바, 원고가 재산상 손해(소극적 손해)에 대하여는 형식상 전부 승소하였으나 위자료에 대하여는 일부 패소하였고, 이에 대하여 원고가 원고 패소 부분에 불복하는 형식으로 항소를 제기하여 사건 전부가 확정이 차단되고 소송물 전부가 항소심에 계속되게 된 경우에는, 더욱이 불법행위로 인한 손해배상에 있어 재산상 손해나 위자료는 단일한 원인에 근거한 것인데 편의상 이를 별개의 소송물로 분류하고 있는 것에 지나지 아니한 것이므로 이를 실질적으로

파악하여, 항소심에서 위자료는 물론이고 재산상 손해(소극적 손해)에 관하여도 청구의 확장을 허용하는 것이 상당하다(대법원 1994. 6. 28. 선고 94다3063 판결).

② (O) 소송상 방어방법으로서의 상계항변은 통상 수동채권의 존재가 확정되는 것을 전제로 하여 행하여지는 일종의 예비적 항변으로서, 소송상 상계의 의사표시에 의해 확정적으로 그 효과가 발생하는 것이 아니라 당해 소송에서 수동채권의 존재 등 상계에 관한 법원의 실질적 판단이 이루어지는 경우에 비로소 실체법상 상계의 효과가 발생한다. 따라서 원고의 소구채권 자체가 인정되지 않는 경우 더 나아가 피고의 상계항변의 당부를 따져볼 필요도 없이 원고 청구가 배척될 것이므로, '원고의 소구채권 그 자체를 부정하여 원고의 청구를 기각한 판결'과 '소구채권의 존재를 인정하면서도 상계항변을 받아들인 결과 원고의 청구를 기각한 판결'은 민사소송법 제216조에 따라 기판력의 범위를 서로 달리하고, 후자의 판결에 대하여 피고는 상소의 이익이 있다(대법원 2018. 8. 30. 선고 2016다46338 판결).

③ (O) 항소의 취하는 항소의 전부에 대하여 하여야 하고 항소의 일부 취하는 효력이 없으므로 병합된 수개의 청구 전부에 대하여 불복한 항소에서 그중 일부 청구에 대한 불복신청을 철회하였더라도 그것은 단지 불복의 범위를 감축하여 심판의 대상을 변경하는 효과를 가져오는 것에 지나지 아니하고, 항소인이 항소심의 변론종결시까지 언제든지 서면 또는 구두진술에 의하여 불복의 범위를 다시 확장할 수 있는 이상 항소 자체의 효력에 아무런 영향이 없다(대법원 2017. 1. 12. 선고 2016다241249 판결).

④ (×) 부대항소란 피항소인의 항소권이 소멸하여 독립하여 항소를 할 수 없게 된 후에도 상대방이 제기한 항소의 존재를 전제로 이에 부대하여 원판결을 자기에게 유리하게 변경을 구하는 제도로서, 피항소인이 부대항소를 할 수 있는 범위는 항소인이 주된 항소에 의하여 불복을 제기한 범위에 의하여 제한을 받지 아니한다(대법원 1999. 11. 26. 선고 99므1596 판결).

⑤ (O) 항소심은 당사자의 불복신청 범위 내에서 제1심판결의 당부를 판단할 수 있을 뿐이므로, 설령 제1심판결이 부당하다고 인정되는 경우라 하더라도 그 판결을 불복당사자의 불이익으로 변경하는 것은 당사자가 신청한 불복의 한도를 넘어 제1심판결의 당부를 판단하는 것이 되어 허용될 수 없고, 당사자 일방만이 항소한 경우에 항소심으로서는 제1심보다 항소인에게 불리한 판결을 할 수는 없다. 불이익하게 변경된 것인지는 기판력의 범위를 기준으로 하나, 일방 당사자의 금전채권에 기한 동시이행 주장을 받아들인 판결의 경우 반대 당사자는 그 금전채권에 관한 이행을 제공하지 아니하고는 자신의 채권을 집행할 수 없으므로, 동시이행 주장을 한 당사자만 항소하였음에도 항소심이 제1심판결에서 인정된 금전채권에 기한 동시이행 주장을 공제 또는 상계 주장으로 바꾸어 인정하면서 그 금전채권의 내용을 항소인에게 불리하게 변경하는 것은 특별한 사정이 없는 한 불이익변경금지 원칙에 반한다(대법원 2022. 8. 25. 선고 2022다211928 판결).

정답 ④

44. 이혼 관련 소송절차에 관한 설명 중 옳지 않은 것은? (다툼이 있는 경우 판례에 의함)

① 재산분할청구 사건에서 법원은 당사자의 주장에 구애되지 아니하고 재산분할의 대상과 가액을 직권으로 조사·판단할 수 있다.

② 이혼소송의 소송계속 중 배우자 일방이 사망한 경우, 그 소송은 종료된다.

③ 법원은 원고가 주장하는 이혼원인 중 재판상 이혼사유에 관한 「민법」 제840조 제1호 내지 제5호 사유의 존부를 먼저 판단하여야 하고, 그것이 인정되지 않는 경우에 비로소 제6호의 '기타 혼인을 계속하기 어려운 중대한 사유'가 있는지를 판단할 수 있다.

④ 재판상 이혼의 경우에 당사자의 청구가 없더라도 법원은 직권으로 미성년자인 자녀에 대한 친권자 및 양육자를 정하여야 하고, 법원이 이혼판결을 선고하면서 미성년자인 자녀에 대한 친권자 및 양육자를 정하지 아니하였다면 재판의 누락이 있다.

⑤ 이혼 및 재산분할청구의 제1심 소송계속 중 원고가 파산선고를 받았더라도, 특별한 사정이 없는 한 파산관재인이 재산분할청구에 관한 절차를 수계할 수 없다.

해설

① (O)

[1] 협의상 이혼한 자 일방은 다른 일방에 대하여 재산분할을 청구할 수 있고(민법 제839조의2 제1항), 재판상 이혼에 따른 재산분할청구권에도 위 민법 제839조의2가 준용된다(민법 제843조). 재산분할사건은 마류 가사비송사건에 해당하고[가사소송법 제2조 제1항 제2호 (나)목 4)], 금전의 지급 등 재산상의 의무 이행을 구하는 마류 가사비송사건의 경우 원칙적으로 청구인의 청구취지를 초과하여 의무의 이행을 명할 수 없다(가사소송규칙 제93조 제2항 본문). 그러나 한편 가사비송절차에 관하여는 가사소송법에 특별한 규정이 없는 한 비송사건절차법 제1편의 규정을 준용하며(가사소송법 제34조 본문), 비송사건절차에 있어서는 민사소송의 경우와 달리 당사자의 변론에만 의존하는 것이 아니고, 법원이 자기의 권능과 책임으로 재판의 기초가 되는 자료를 수집하는, 이른바 직권탐지주의에 의하고 있으므로(비송사건절차법 제11조), 법원으로서는 당사자의 주장에 구애되지 아니하고 재산분할의 대상과 가액을 직권으로 조사·판단할 수 있다. 따라서 재산분할사건에서 재산분할 대상과 가액을 주장하는 것은 그에 관한 법원의 직권 판단을 구하는 것에 불과하다.

[2] 재판상 이혼을 전제로 한 재산분할에서 분할의 대상이 되는 재산과 그 액수는 이혼소송의 사실심 변론종결일을 기준으로 정하는 것이 원칙이다. 재산분할액 산정의 기초가 되는 재산의 가액은 반드시 시가감정에 의하여 인정하여야 하는 것은 아니지만 객관성과 합리성이 있는 자료에 의하여 평가하여야 할 것인바, 법원으로서는 위 변론종결일까지 기록에 나타난 객관적인 자료에 의하여 개개의 공동재산의 가액을 정하여야 한다.

② (O)

[가] 재판상의 이혼청구권은 부부의 일신전속의 권리이므로 이혼소송 계속중 배우자의 일방이 사망한 때에는 상속인이 그 절차를 수계할 수 없음은 물론이고, 또 그러한 경우에 검사가 이를 수계할 수 있는 특별한 규정도 없으므로 이혼소송은 종료된다.

[나] 이혼소송과 재산분할청구가 병합된 경우, 배우자 일방이 사망하면 이혼의 성립을 전제로 하여 이혼소송에 부대한 재산분할청구 역시 이를 유지할 이익이 상실되어 이혼소송의 종료와 동시에 종료된다(대법원 1994. 10. 28. 선고 94므246 판결).

③ (×)

1) 민법 제840조 재판상 이혼사유 중 제1 – 5호는 외도, 폭력 등 '전통적'사유이지만, 제6호는 '기타 혼인을 계속하기 어려운 중대한 사유'로 보충적 규정이다. 그렇다고 하여 판단순서도 보충적이라는 의미는 아니다. 즉, 각 호의 사유는 독립된 이혼사유를 구성하는 것인데, 제1호 내지 제5호 사유의 존부를 먼저 판단한 다음에야 비로소 제6호 사유를 판단할 수 있는 것은 아니다.

2) 재판상 이혼사유에 관한 민법 제840조는 동조가 규정하고 있는 각 호 사유마다 각 별개의 독립된 이혼사유를 구성하는 것이고, 이혼청구를 구하면서 위 각 호 소정의 수개의 사유를 주장하는 경우 법원은 그 중 어느 하나를 받아들여 청구를 인용할 수 있다(대법원 2000. 9. 5. 선고 99므1886 판결).

④ (O) 이혼 과정에서 친권자 및 자녀의 양육책임에 관한 사항을 의무적으로 정하도록 한 민법 제837조 제1항, 제2항, 제4항 전문, 제843조, 제909조 제5항의 문언 내용 및 이혼 과정에서 자녀의 복리를 보장하기 위한 위 규정들의 취지와 아울러, 이혼 시 친권자 지정 및 양육에 관한 사항의 결정에 관한 민법 규정의 개정 경위와 변천 과정, 친권과 양육권의 관계 등을 종합하면, 재판상 이혼의 경우에 당사자의

청구가 없다 하더라도 법원은 직권으로 미성년자인 자녀에 대한 친권자 및 양육자를 정하여야 하며, 따라서 법원이 이혼 판결을 선고하면서 미성년자인 자녀에 대한 친권자 및 양육자를 정하지 아니하였다면 재판의 누락이 있다.

⑤ (O)

[1] 이혼으로 인한 재산분할청구권은 이혼을 한 당사자의 일방이 다른 일방에 대하여 재산분할을 청구할 수 있는 권리로서 청구인의 재산에 영향을 미치지만, 순전한 재산법적 행위와 같이 볼 수는 없다. 오히려 이혼을 한 경우 당사자는 배우자, 자녀 등과의 관계 등을 종합적으로 고려하여 재산분할청구권 행사 여부를 결정하게 되고, 법원은 청산적 요소뿐만 아니라 이혼 후의 부양적 요소, 정신적 손해(위자료)를 배상하기 위한 급부로서의 성질 등도 고려하여 재산을 분할하게 된다. 또한 재산분할청구권은 협의 또는 심판에 의하여 구체적 내용이 형성되기까지는 그 범위 및 내용이 불명확·불확정하기 때문에 구체적으로 권리가 발생하였다고 할 수 없어 채무자의 책임재산에 해당한다고 보기 어렵고, 채권자의 입장에서는 채무자의 재산분할청구권 불행사가 그의 기대를 저버리는 측면이 있다고 하더라도 채무자의 재산을 현재의 상태보다 악화시키지 아니한다. 이러한 사정을 종합하면, 이혼으로 인한 재산분할청구권은 그 행사 여부가 청구인의 인격적 이익을 위하여 그의 자유로운 의사결정에 전적으로 맡겨진 권리로서 행사상의 일신전속성을 가지므로, 채권자대위권의 목적이 될 수 없고 파산재단에도 속하지 않는다고 보아야 한다.

[2] 채무자 회생 및 파산에 관한 법률 제347조 제1항 제1문은 파산재단에 속하는 재산에 관하여 파산선고 당시 법원에 계속되어 있는 소송은 파산관재인 또는 상대방이 수계할 수 있다고 정하고 있다. 그러나 이혼으로 인한 재산분할청구권은 파산재단에 속하지 아니하여 파산관재인이나 상대방이 절차를 수계할 이유가 없으므로, 재산분할을 구하는 절차는 특별한 사정이 없는 한 위 규정에 따른 수계의 대상이 아니라고 보아야 한다(대법원 2023. 9. 21. 선고 2023므10861, 10878 판결).

정답 ③

45. 변제충당과 자백에 관한 설명 중 옳지 않은 것을 모두 고른 것은? (다툼이 있는 경우 판례에 의함)

ㄱ. 당사자 사이의 합의로 「민법」 제479조에 따른 비용, 이자, 원본에 대한 변제충당의 순서와 달리 정할 수 없다.

ㄴ. 변제자(채무자)와 변제수령자(채권자)는 변제로 소멸한 채무에 관한 보증인 등 이해관계 있는 제3자의 이익을 해하지 않는 이상 이미 급부를 마친 뒤에도 기존의 충당방법을 배제하고 제공된 급부를 어느 채무에 어떤 방법으로 다시 충당할 것인가를 약정할 수 있다.

ㄷ. 법원에 제출되어 상대방에게 송달된 준비서면에 자백에 해당하는 내용이 기재되어 있다면, 그것이 변론기일이나 변론준비기일에서 진술 또는 진술간주되지 않더라도 재판상 자백이 성립한다.

ㄹ. 법정변제충당 순서의 기준이 되는 이행기나 변제이익에 관한 사항은 법률상 효과여서 그에 관한 진술이 비록 그 진술자에게 불리하더라도 이를 자백이라고 볼 수 없다.

ㅁ. 재판상 자백이 있으면 그것이 적법하게 취소되지 않는 한 법원도 이에 구속되므로, 법원이 자백 사실과 다른 판단을 할 수 없다.

① ㄱ, ㄷ　　② ㄴ, ㄹ　　③ ㄱ, ㄴ, ㅁ
④ ㄱ, ㄷ, ㄹ　　⑤ ㄱ, ㄴ, ㄷ, ㄹ

해설

㉠ (×), ㉡ (○), ㉢ (×), ㉤ (○)

비용, 이자, 원본에 대한 변제충당에 있어서는 민법 제479조에 그 충당 순서가 법정되어 있고 지정 변제충당에 관한 민법 제476조는 준용되지 않으므로 원칙적으로 비용, 이자, 원본의 순서로 충당하여야 하나, 당사자 사이에 특별한 합의가 있는 경우에는 그 법정충당의 순서와는 달리 충당의 순서를 인정할 수 있다. 변제자(채무자)와 변제수령자(채권자)는 변제로 소멸한 채무에 관한 보증인 등 이해관계 있는 제3자의 이익을 해하지 않는 이상 이미 급부를 마친 뒤에도 기존의 충당방법을 배제하고 제공된 급부를 어느 채무에 어떤 방법으로 다시 충당할 것인가를 약정할 수 있다. 재판상의 자백은 변론기일 또는 변론준비기일에서 상대방의 주장과 일치하면서 자기에게는 불리한 사실을 진술하는 것을 말한다. 법원에 제출되어 상대방에게 송달된 준비서면 등에 자백에 해당하는 내용이 기재되어 있는 경우라도 그것이 변론기일이나 변론준비기일에서 진술 또는 진술간주 되면 재판상 자백이 성립한다. 당사자가 변론에서 상대방이 주장하기 전에 스스로 자신에게 불이익한 사실을 진술하고 상대방이 이를 명시적으로 원용하거나 그 진술과 일치되는 진술을 하는 경우에도 재판상 자백이 성립한다. 재판상의 자백이 있으면 그것이 적법하게 취소되지 않는 한 법원도 이에 구속되므로, 법원이 자백 사실과 다른 판단을 할 수 없다(대법원 2024. 2. 29. 선고 2023다299789 판결).

㉣ (×) 법정변제충당의 순서를 정함에 있어 기준이 되는 이행기나 변제이익에 관한 사항 등은 구체적 사실로서 자백의 대상이 될 수 있으나, 법정변제충당의 순서 자체는 법률 규정의 적용에 의하여 정하여지는 법률상의 효과여서 그에 관한 진술이 비록 그 진술자에게 불리하더라도 이를 자백이라고 볼 수는 없다(대법원 1998. 7. 10. 선고 98다6763 판결).

정답 ④

46. 청구병합에 관한 설명 중 옳지 않은 것은? (다툼이 있는 경우 판례에 의함)

① 원고가 논리적으로 전혀 관계가 없어 순수하게 단순병합으로 구하여야 할 수 개의 청구를 선택적 또는 예비적으로 병합하여 청구하였는데, 제1심법원이 그중 하나의 청구에 대하여만 심리·판단하여 이를 인용하고 나머지 청구에 대한 심리·판단을 모두 생략하는 내용의 판결을 하여 피고만이 이에 대하여 항소한 경우, 위 수 개의 청구는 모두 항소심으로 이심된다.

② 원고가 실질적으로 선택적 병합 관계에 있는 두 청구에 관하여 주위적·예비적으로 순위를 붙여 청구하였고, 그에 대하여 제1심법원이 주위적 청구를 기각하고 예비적 청구만을 인용하는 판결을 선고하여 피고만이 항소한 경우, 항소심으로서는 두 청구 모두를 심판의 대상으로 삼아 판단하여야 한다.

③ 서로 양립할 수 없는 수 개의 청구가 주위적·예비적으로 병합된 경우, 주위적 청구를 먼저 판단하지 않고 예비적 청구만을 인용하거나, 주위적 청구만을 배척하고 예비적 청구에 대하여 판단하지 않는 것은 법률상 허용되지 아니한다.

④ 수 개의 청구를 단순병합한 소가 제기되었는데, 제1심법원이 그중 하나의 청구를 인용하고 나머지 청구는 기각하는 판결을 선고하였고, 이에 대하여 피고만이 위 인용된 청구에 대하여 항소한 경우, 위 수 개의 청구 모두가 항소심으로 이심되지만 피고가 불복한 청구만이 항소심의 심판 대상이 된다.

⑤ 원고가 서로 양립 가능한 수 개의 금전청구를 병합하면서 합리적 필요에 따라 심판의 순위를 붙여 청구한 경우, 법원이 심리한 결과 주위적 청구의 일부를 기각하고 예비적 청구취지보다 적은 금액만을 인용할 경우에는 석명을 통해 원고의 의사를 밝힌 다음 그에 따라 예비적 청구에 대해 나아가 판단할지를 정하여야 한다.

해설

① (×) 논리적으로 전혀 관계가 없어 순수하게 단순병합으로 구하여야 할 수개의 청구를 선택적 또는 예비적 청구로 병합하여 청구하는 것은 부적법하여 허용되지 않는다. 따라서 원고가 그와 같은 형태로 소를 제기한 경우 제1심법원이 본안에 관하여 심리·판단하기 위해서는 소송지휘권을 적절히 행사하여 이를 단순병합 청구로 보정하게 하는 등의 조치를 취하여야 하는바, 법원이 이러한 조치를 취함이 없이 본안판결을 하면서 그 중 하나의 청구에 대하여만 심리·판단하여 이를 인용하고 나머지 청구에 대한 심리·판단을 모두 생략하는 내용의 판결을 하였다 하더라도 그로 인하여 청구의 병합 형태가 선택적 또는 예비적 병합 관계로 바뀔 수는 없으므로, 이러한 판결에 대하여 피고만이 항소한 경우 제1심법원이 심리·판단하여 인용한 청구만이 항소심으로 이심될 뿐, 나머지 심리·판단하지 않은 청구는 여전히 제1심에 남아 있게 된다(대법원 2008. 12. 11. 선고 2005다51495 판결).

② (○) 병합의 형태가 선택적 병합인지 예비적 병합인지는 당사자의 의사가 아닌 병합청구의 성질을 기준으로 판단하여야 하고, 항소심에서의 심판 범위도 그러한 병합청구의 성질을 기준으로 결정하여야 한다. 따라서 실질적으로 선택적 병합 관계에 있는 두 청구에 관하여 당사자가 주위적·예비적으로 순위를 붙여 청구하였고, 그에 대하여 제1심법원이 주위적 청구를 기각하고 예비적 청구만을 인용하는 판결을 선고하여 피고만이 항소를 제기한 경우에도, 항소심으로서는 두 청구 모두를 심판의 대상으로 삼아 판단하여야 한다(대법원 2014. 5. 29. 선고 2013다96868 판결).

③ (○) 예비적 병합의 경우에는 수개의 청구가 하나의 소송절차에 불가분적으로 결합되어 있기 때문에 주위적 청구를 먼저 판단하지 않고 예비적 청구만을 인용하거나 주위적 청구만을 배척하고 예비적 청구에 대하여 판단하지 않는 등의 일부판결은 예비적 병합의 성질에 반하는 것으로서 법률상 허용되지 아니하며, 그럼에도 불구하고 주위적 청구를 배척하면서 예비적 청구에 대하여 판단하지 아니하는 판결을 한 경우에는 그 판결에 대한 상소가 제기되면 판단이 누락된 예비적 청구 부분도 상소심으로 이심이 되고 그 부분이 재판의 탈루에 해당하여 원심에 계속중이라고 볼 것은 아니다(대법원 2000. 11. 16. 선고 98다22253 전원합의체 판결).

④ (○) 원고의 수개의 청구 중 하나의 청구를 기각하고 나머지 청구를 인용한 제1심판결에 대하여 피고만이 항소를 제기한 경우, 원고가 부대항소를 하지 아니한 이상 제1심판결에서의 원고패소부분은 피고의 항소로 인하여 항소심에 이심은 되었으나 그에 관하여 원고가 불복한 바가 없어 항소심의 심판대상은 되지 아니하였으므로 항소심으로서는 원고의 수개의 청구 중 제1심에서 기각된 청구부분을 다시 인용할 수 없다(대법원 1994. 10. 11. 선고 94다32979 판결).

⑤ (○) 주위적 청구원인과 예비적 청구원인이 양립 가능한 경우에도 당사자가 심판의 순위를 붙여 청구를 할 합리적인 필요성이 있는 경우에는 심판의 순위를 붙여 청구할 수 있다 할 것이고, 이러한 경우 주위적 청구가 전부 인용되지 않을 경우에는 주위적 청구에서 인용되지 아니한 수액 범위 내에서의 예비적 청구에 대해서도 판단하여 주기를 바라는 취지로 불가분적으로 결합시켜 제소할 수도 있는 것이므로, 주위적 청구가 일부만 인용되는 경우에 나아가서 예비적 청구를 심리할 것인지의 여부는 소송에서의 당사자의 의사 해석에 달린 문제라 할 것이어서, 법원이 주위적 청구원인에 기한 청구의 일부를 기각하고 예비적 청구취지보다 적은 금액만을 인용할 경우에는, 원고에게 주위적 청구가 전부 인용되지 않을 경우에는 주위적

청구에서 인용되지 아니한 수액 범위 내에서의 예비적 청구에 대해서도 판단하여 주기를 바라는 취지인지 여부를 석명하여 그 결과에 따라 예비적 청구에 대한 판단 여부를 정하여야 할 것이다(대법원 2002. 10. 25. 선고 2002다23598 판결).

정답 ①

47. **甲은 乙을 상대로 임대차 종료에 따른 임대차보증금 1억 원의 반환을 구하는 소를 제기하였고, 乙은 제1심 변론에서 甲에 대한 1,000만 원의 차임채권을 자동채권으로 상계한다고 주장하였다. 이에 관한 설명 중 옳지 않은 것은? (각 지문은 독립적이며, 다툼이 있는 경우 판례에 의함)**

① 乙이 임대차 존속 중 이미 소멸시효가 완성된 차임채권을 자동채권으로 삼아 임대차 종료 후에 상계하는 것은 특별한 사정이 없는 한 인정될 수 없지만, 임대차보증금에서 연체차임을 공제할 수는 있다.

② 乙의 상계항변은 수동채권의 존재 등 상계에 관한 법원의 실질적 판단이 이루어지는 경우에 비로소 실체법상 상계의 효과가 발생한다.

③ 乙은 위 소송의 제1심에서 상대방의 동의 없이 상계항변을 철회할 수 있다.

④ 위 소송계속 중 乙이 甲을 상대로 위 1,000만 원의 차임 지급을 구하는 별소를 제기하는 것은 부적법하다.

⑤ 만약 乙이 임대차 존속 중 이미 연체차임채권과 임대차보증금반환채권을 대등액의 범위에서 상계하였고, 그 사실을 위 소송에서 주장·증명한다면, 그 상계의 효력은 인정될 수 있다.

해설

① (O), ⑤ (O)

1) [2] 소멸시효는 법률행위에 의하여 이를 배제, 연장 또는 가중할 수 없다(민법 제184조 제2항). 그러므로 임대차 존속 중 차임을 연체하더라도 이는 임대차 종료 후 목적물 인도 시에 임대차보증금에서 일괄 공제하는 방식에 의하여 정산하기로 약정한 경우와 같은 특별한 사정이 없는 한 차임채권의 소멸시효는 임대차계약에서 정한 지급기일부터 진행한다.

[3] 임대차보증금은 차임의 미지급, 목적물의 멸실이나 훼손 등 임대차 관계에서 발생할 수 있는 임차인의 모든 채무를 담보하는 것이므로, 차임의 지급이 연체되면 장차 임대차 관계가 종료되었을 때 임대차보증금으로 충당될 것으로 생각하는 것이 당사자의 일반적인 의사이다. 이는 차임채권의 변제기가 따로 정해져 있어 임대차 존속 중 소멸시효가 진행되고 있는데도 임대인이 임대차보증금에서 연체차임을 충당하여 공제하겠다는 의사표시를 하지 않고 있었던 경우에도 마찬가지이다. 더욱이 임대차보증금의 액수가 차임에 비해 상당히 큰 금액인 경우가 많은 우리 사회의 실정에 비추어 보면, 차임 지급채무가 상당기간 연체되고 있음에도, 임대인이 임대차계약을 해지하지 아니하고 임차인도 연체차임에 대한 담보가 충분하다는 것에 의지하여 임대차관계를 지속하는 경우에는, 임대인과 임차인 모두 차임채권이 소멸시효와 상관없이 임대차보증금에 의하여 담보되는 것으로 신뢰하고, 나아가 장차 임대차보증금에서 충당 공제되는 것을 용인하겠다는 묵시적 의사를 가지고 있는 것이 일반적이다. 한편 민법 제495조는 "소멸시효가 완성된 채권이 그 완성 전에 상계할 수 있었던 것이면 그 채권자는 상계할 수 있다."라고 규정하고 있다. 이는 당사자 쌍방의 채권이 상계적상에 있었던 경우에 당사자들은 채권·채무관계가 이미 정산되어 소멸하였다고 생각하는 것이 일반적이라는 점을 고려하여 당사자들의 신뢰를 보호하기 위한 것이다. 다만 이는 '자동채권의 소멸시효 완성 전에 양 채권이 상계적상에 이르렀을 것'을 요건으로 하는데, 임대인의 임대

차보증금 반환채무는 임대차계약이 종료된 때에 비로소 이행기에 도달하므로, 임대차 존속 중 차임채권의 소멸시효가 완성된 경우에는 소멸시효 완성 전에 임대인이 임대차보증금 반환채무에 관한 기한의 이익을 실제로 포기하였다는 등의 특별한 사정이 없는 한 양 채권이 상계할 수 있는 상태에 있었다고 할 수 없다. 그러므로 그 이후에 임대인이 이미 소멸시효가 완성된 차임채권을 자동채권으로 삼아 임대차보증금 반환채무와 상계하는 것은 민법 제495조에 의하더라도 인정될 수 없지만, 임대차 존속 중 차임이 연체되고 있음에도 임대차보증금에서 연체차임을 충당하지 않고 있었던 임대인의 신뢰와 차임연체 상태에서 임대차관계를 지속해 온 임차인의 묵시적 의사를 감안하면 연체차임은 민법 제495조의 유추적용에 의하여 임대차보증금에서 공제할 수는 있다(대법원 2016. 11. 25. 선고 2016다211309 판결).

2) '乙이 임대차 존속 중 이미 연체차임채권과 임대차보증금반환채권을 대등액의 범위에서 상계'하였다면, 이는 판결이유 중 설시한 '임대차 존속 중 차임채권의 소멸시효 완성 전에 임대인이 임대차보증금 반환채무에 관한 기한의 이익을 실제로 포기하였다는 등의 특별한 사정'이 존재하였고 그에 따라 상계한 경우에 해당한다. 따라서 이 경우에는 상계항변이 받아들여진다. 따라서 선지 ⑤는 옳은 지문이다.

② (O) 소송상 방어방법으로서의 상계항변은 통상 수동채권의 존재가 확정되는 것을 전제로 하여 행하여지는 일종의 예비적 항변으로서, 소송상 상계의 의사표시에 의해 확정적으로 그 효과가 발생하는 것이 아니라 당해 소송에서 수동채권의 존재 등 상계에 관한 법원의 실질적 판단이 이루어지는 경우에 비로소 실체법상 상계의 효과가 발생한다. 따라서 원고의 소구채권 자체가 인정되지 않는 경우 더 나아가 피고의 상계항변의 당부를 따져볼 필요도 없이 원고 청구가 배척될 것이므로, '원고의 소구채권 그 자체를 부정하여 원고의 청구를 기각한 판결'과 '소구채권의 존재를 인정하면서도 상계항변을 받아들인 결과 원고의 청구를 기각한 판결'은 민사소송법 제216조에 따라 기판력의 범위를 서로 달리하고, 후자의 판결에 대하여 피고는 상소의 이익이 있다(대법원 2018. 8. 30. 선고 2016다46338 판결).

③ (O), ④ (×)

[1] 상계의 항변을 제출할 당시 이미 자동채권과 동일한 채권에 기한 소송을 별도로 제기하여 계속 중인 경우, 사실심의 담당재판부로서는 전소와 후소를 같은 기회에 심리·판단하기 위하여 이부, 이송 또는 변론병합 등을 시도함으로써 기판력의 저촉·모순을 방지함과 아울러 소송경제를 도모함이 바람직하나, 그렇다고 하여 특별한 사정이 없는 한 별소로 계속 중인 채권을 자동채권으로 하는 소송상 상계의 주장이 허용되지 않는다고 볼 수는 없다. 마찬가지로 먼저 제기된 소송에서 상계 항변을 제출한 다음 그 소송계속 중에 자동채권과 동일한 채권에 기한 소송을 별도의 소나 반소로 제기하는 것도 가능하다.

[2] 민사소송법 제267조 제2항은 "본안에 대한 종국판결이 있은 뒤에 소를 취하한 사람은 같은 소를 제기하지 못한다."라고 정하고 있다. 이는 소취하로 그동안 판결에 들인 법원의 노력이 무용해지고 다시 동일한 분쟁을 문제 삼아 소송제도를 남용하는 부당한 사태를 방지할 목적에서 나온 제재적 취지의 규정이다. 그런데 상대방이 본안에 관하여 준비서면을 제출하거나 변론준비기일에서 진술 또는 변론을 한 뒤에는 상대방의 동의를 받아야 효력을 가지는 소의 취하와 달리 소송상 방어방법으로서의 상계 항변은 그 수동채권의 존재가 확정되는 것을 전제로 하여 행하여지는 일종의 예비적 항변으로서 상대방의 동의 없이 이를 철회할 수 있고, 그 경우 법원은 처분권주의의 원칙상 이에 대하여 심판할 수 없다. 따라서 먼저 제기된 소송의 제1심에서 상계 항변을 제출하여 제1심판결로 본안에 관한 판단을 받았다가 항소심에서 상계 항변을 철회하였더라도 이는 소송상 방어방법의 철회에 불과하여 민사소송법 제267조 제2항의 재소금지 원칙이 적용되지 않으므로, 그 자동채권과 동일한 채권에 기한 소송을 별도로 제기할 수 있다(대법원 2022. 2. 17. 선고 2021다275741 판결).

정답 ④

48. 재판상 청구로 인한 소멸시효 중단에 관한 설명 중 옳지 않은 것은? (다툼이 있는 경우 판례에 의함)

① 근저당권설정등기청구의 소 제기는 그 피담보채권이 될 채권의 소멸시효를 중단시키는 효력이 있다.

② 원인채권의 지급을 확보하기 위한 방법으로 어음이 수수된 경우, 채권자가 어음채권에 기하여 재판상 청구를 하는 것은 원인채권의 소멸시효를 중단시키는 효력이 있다.

③ 원고가 채권자대위권에 기해 계약금반환을 청구하다가 그 계약금반환채권 자체를 양수하여 양수금 청구로 소를 교환적으로 변경한 경우, 당초의 채권자대위소송으로 인한 시효중단의 효력은 소멸한다.

④ 채권양도의 대항요건을 갖추기 전에 채권양도인이 채무자를 상대로 재판상 청구를 하였는데 그 소송 중에 채무자가 채권양도의 효력을 인정함으로써 청구가 기각되자, 채권양수인이 그로부터 6개월 내에 양수금청구의 소를 제기하였다면, 채권양도인의 위 재판상 청구로써 발생한 소멸시효 중단의 효과가 유지된다.

⑤ 원고가 소장에서 청구의 대상으로 삼은 하나의 채권 중 일부만을 청구하면서 소송의 진행경과에 따라 장차 청구금액을 확장할 뜻을 표시하였으나 소송이 종료될 때까지 실제로 청구금액을 확장하지 않은 경우, 그 소송이 종료된 때부터 6개월 내에 재판상 청구를 함으로써 나머지 부분에 대한 소멸시효를 중단시킬 수 있다.

해설

① (O) 원고의 근저당권설정등기청구권의 행사는 그 피담보채권이 될 금전채권의 실현을 목적으로 하는 것으로서, 근저당권설정등기청구의 소에는 그 피담보채권이 될 채권의 존재에 관한 주장이 당연히 포함되어 있는 것이고, 피고로서도 원고가 원심에 이르러 금전지급을 구하는 청구를 추가하기 전부터 피담보채권이 될 금전채권의 소멸을 항변으로 주장하여 그 채권의 존부에 관한 실질적 심리가 이루어져 그 존부가 확인된 이상, 그 피담보채권이 될 채권으로 주장되고 심리된 채권에 관하여는 근저당권설정등기청구의 소의 제기에 의하여 피담보채권이 될 채권에 관한 권리의 행사가 있은 것으로 볼 수 있으므로, 근저당권설정등기청구의 소의 제기는 그 피담보채권의 재판상의 청구에 준하는 것으로서 피담보채권에 대한 소멸시효 중단의 효력을 생기게 한다고 봄이 상당하다(대법원 2004. 2. 13. 선고 2002다7213 판결).

② (O)

[1] 원인채권의 지급을 확보하기 위한 방법으로 어음이 수수된 경우, 원인채권의 행사가 어음채권의 소멸시효를 중단시키는 효력이 없다.

[2] 원인채권의 지급을 확보하기 위한 방법으로 어음이 수수된 경우, 어음채권의 행사가 원인채권의 소멸시효를 중단시키는 효력이 있다(대법원 1999. 6. 11. 선고 99다16378 판결).

③ (×) 원고가 채권자대위권에 기해 청구를 하다가 당해 피대위채권 자체를 양수하여 양수금청구로 소를 변경한 사안에서, 이는 청구원인의 교환적 변경으로서 채권자대위권에 기한 구 청구는 취하된 것으로 보아야 하나, 그 채권자대위소송의 소송물은 채무자의 제3채무자에 대한 계약금반환청구권인데 위 양수금청구는 원고가 위 계약금반환청구권 자체를 양수하였다는 것이어서 양 청구는 동일한 소송물에 관한 권리의무의 특정승계가 있을 뿐 그 소송물은 동일한 점, 시효중단의 효력은 특정승계인에게도 미치는 점, 계속 중인 소송에 소송목적인 권리 또는 의무의 전부나 일부를 승계한 특정승계인이 소송참가하거나 소송인수한 경우에는 소송이 법원에 처음 계속된 때에 소급하여 시효중단의 효력이 생기는 점, 원고는

위 계약금반환채권을 채권자대위권에 기해 행사하다 다시 이를 양수받아 직접 행사한 것이어서 위 계약금반환채권과 관련하여 원고를 '권리 위에 잠자는 자'로 볼 수 없는 점 등에 비추어 볼 때, 당초의 채권자대위소송으로 인한 시효중단의 효력이 소멸하지 않는다고 본 사례(대법원 2010. 6. 24. 선고 2010다17284 판결).

④ (O) 채권양도 후 대항요건이 구비되기 전의 양도인은 채무자에 대한 관계에서는 여전히 채권자의 지위에 있으므로 채무자를 상대로 시효중단의 효력이 있는 재판상의 청구를 할 수 있고, 이 경우 양도인이 제기한 소송 중에 채무자가 채권양도의 효력을 인정하는 등의 사정으로 인하여 양도인의 청구가 기각됨으로써 민법 제170조 제1항에 의하여 시효중단의 효과가 소멸된다고 하더라도, 양도인의 청구가 당초부터 무권리자에 의한 청구로 되는 것은 아니므로, 양수인이 그로부터 6월 내에 채무자를 상대로 재판상의 청구 등을 하였다면, 민법 제169조 및 제170조 제2항에 의하여 양도인의 최초의 재판상 청구로 인하여 시효가 중단된다(대법원 2009. 2. 12. 선고 2008두20109 판결).

⑤ (O) 하나의 채권 중 일부에 관하여만 판결을 구한다는 취지를 명백히 하여 소송을 제기한 경우에는 소제기에 의한 소멸시효중단의 효력이 그 일부에 관하여만 발생하고, 나머지 부분에는 발생하지 않는다. 다만 소장에서 청구의 대상으로 삼은 채권 중 일부만을 청구하면서 소송의 진행경과에 따라 장차 청구금액을 확장할 뜻을 표시하고 해당 소송이 종료될 때까지 실제로 청구금액을 확장한 경우에는 소 제기 당시부터 채권 전부에 관하여 재판상 청구로 인한 시효중단의 효력이 발생하나, 소장에서 청구의 대상으로 삼은 채권 중 일부만을 청구하면서 소송의 진행경과에 따라 장차 청구금액을 확장할 뜻을 표시하였더라도 그 후 채권의 특정 부분을 청구범위에서 명시적으로 제외하였다면, 그 부분에 대하여는 애초부터 소의 제기가 없었던 것과 마찬가지이므로 재판상 청구로 인한 시효중단의 효력이 발생하지 않는다(대법원 2022. 5. 26. 선고 2020다206625 판결).

정답 ③

49. 공유물분할청구의 소에 관한 설명 중 옳지 않은 것은? (다툼이 있는 경우 판례에 의함)

① 공유물분할청구의 소에서 법원은 공유관계나 그 객체인 물건의 제반 상황을 종합 고려한 합리적인 방법으로 지분비율에 따른 분할을 명하여야 하고, 지분비율은 원칙적으로 지분에 따른 가액(교환가치)의 비율에 의하여야 하며, 목적물의 형상, 위치, 이용 상황이나 경제적 가치가 균등하지 아니할 때에는 원칙적으로 경제적 가치가 지분비율에 상응하도록 조정하여 분할을 명하여야 한다.

② 공유물분할청구의 소에서 공동소송인 중 1인에 소송요건의 흠이 있으면 전체 소송이 부적법하게 된다.

③ 현물분할이 가능하고 필요함에도 공유자 상호 간에 지분에 따른 가액에 상응하는 합리적인 현물분할방법이 없는 경우, 금전으로 경제적 가치의 과부족을 조정하게 하는 방법도 고려할 수 있다.

④ 공유물분할청구의 소송절차에서 공유자 사이에 공유토지에 관하여 현물분할하기로 하는 내용의 조정이 성립하였더라도, 공유자는 해당 토지의 분필절차를 마친 후 각 단독 소유로 하기로 한 부분에 관하여 다른 공유자의 공유지분을 이전받아 등기를 마쳐야 그 부분의 소유권을 취득하게 된다.

⑤ 공유자 중 공유지분권을 주장하지 아니하고 목적물의 특정 부분을 소유한다고 주장하는 자는 다른 공유지분권자에게 그 특정부분에 관하여 명의신탁 해지를 원인으로 한 지분이전등기절차의 이행을 구할 수는 없고, 다른 공유자 전원을 상대로 공유물분할청구를 하여야 한다.

해설

① (O) 공유물분할의 소에 있어서 법원은 공유관계나 그 객체인 물건의 제반 상황을 종합적으로 고려하여 합리적인 방법으로 지분비율에 따른 분할을 명하여야 하는 것이고, 여기에서 지분비율이란 원칙적으로 지분에 따른 가액(교환가치)의 비율을 말하는 것이므로, 법원은 분할대상 목적물의 형상이나 위치, 이용상황이나 경제적 가치가 균등하지 아니할 때에는 원칙적으로 경제적 가치가 지분비율에 상응하도록 조정하여 분할을 명하여야 하는 것이며, 또한 재판에 의한 공유물분할은 현물분할의 방법에 의함이 원칙이나, 현물분할이 불가능하거나 그것이 형식상 가능하다고 하더라도 그로 인하여 현저히 가격이 감손될 염려가 있을 때에는 공유물의 경매를 명하여 대금을 분할하는, 이른바 대금분할의 방법에 의하여야 하고, 여기서 '현물분할로 인하여 현저히 가격이 감손된다.'라고 함은 공유물 전체의 교환가치가 현물분할로 인하여 현저하게 감손될 경우뿐만 아니라 공유자들 중 한 사람이라도 현물분할에 의하여 단독으로 소유하게 될 부분의 가액이 공유물분할 전의 소유지분 가액보다 현저하게 감손될 경우도 포함된다(대법원 1999. 6. 11. 선고 99다6746 판결).

② (O) 공유물분할청구의 소는 분할을 청구하는 공유자가 원고가 되어 다른 공유자 전부를 공동피고로 하여야 하는 필수적 공동소송으로서 공유자 전원에 대하여 판결이 합일적으로 확정되어야 하므로, 공동소송인 중 1인에 소송요건의 흠이 있으면 전 소송이 부적법하게 된다(대법원 2012. 6. 14. 선고 2010다105310 판결).

③ (O)

[1] 공유는 물건에 대한 공동소유의 한 형태로서 물건에 대한 1개의 소유권이 분량적으로 분할되어 여러 사람에게 속하는 것이므로, 특별한 사정이 없는 한 공유자는 공유물의 분할을 청구하여 기존의 공유관계를 폐지하고 공유자 간에 공유물을 분배하는 법률관계를 실현하는 일방적인 권리를 가진다. 따라서 공유물의 분할은 당사자 간에 협의가 이루어지는 경우에는 그 방법을 임의로 선택할 수 있으나, 협의가 이루어지지 아니하여 재판에 의하여 공유물을 분할하는 경우에 법원은 현물로 분할하는 것이 원칙이고, 현물로 분할할 수 없거나 현물로 분할을 하게 되면 현저히 그 가액이 감손될 염려가 있는 때에 비로소 물건의 경매를 명할 수 있다(민법 제269조 제2항). 이때 '현물로 분할할 수 없다.'는 요건은 이를 물리적으로 엄격하게 해석할 것은 아니고, 공유물의 성질, 위치나 면적, 이용 상황, 분할 후의 사용가치 등에 비추어 보아 현물분할을 하는 것이 곤란하거나 부적당한 경우를 포함하고, '현물로 분할을 하게 되면 현저히 그 가액이 감손될 염려가 있는 경우' 역시 공유자의 한 사람이라도 현물분할에 의하여 단독으로 소유하게 될 부분의 가액이 분할 전의 소유 지분 가액보다 현저하게 감손될 염려가 있는 경우까지 포함한다. 그러나 이 경우에도 재판에 의한 공유물분할은 공유자별 지분에 따른 합리적인 분할을 할 수 있는 한 현물분할을 하는 것이 원칙이므로, 원고가 바라는 방법에 따른 현물분할을 하는 것이 부적당하거나 이 방법에 따르면 그 가액이 현저히 감손될 염려가 있다고 하여 이를 이유로 곧바로 경매에 따른 대금분할을 명하여서는 아니 되고, 불가피하게 경매에 따른 대금분할을 할 수밖에 없는 요건에 관한 객관적·구체적인 심리 없이 단순히 공유자들 사이에 분할의 방법에 관하여 의사가 합치하고 있지 않다는 등의 주관적·추상적인 사정에 터 잡아 함부로 경매에 따른 대금분할을 명하는 것도 허용될 수 없다.

[2] 공유물분할의 소는 형성의 소로서 공유자 상호 간의 지분의 교환 또는 매매를 통하여 공유의 객체를 단독 소유권의 대상으로 하여 그 객체에 대한 공유관계를 해소하는 것을 밀하므로, 법원은 공유물분할을 청구하는 자가 구하는 방법에 구애받지 아니하고 자유로운 재량에 따라 공유관계나 그 객체인 물건의 제반 상황에 따라 공유자의 지분비율에 따른 합리적인 분할을 하면 된다. 따라서 여러 사람이 공유하는 물건을 분할하는 경우 원칙적으로는 각 공유자가 취득하는 면적이 그 공유 지분의 비율과 같도록 하여야 할 것이나, 반드시 그런 방법으로만 분할하여야 하는 것은 아니고, 분할 대상이 된 공유물의 형상이나 위치, 그 이용 상황이나 경제적 가치가 균등하지 아니할 때에는 이와 같은 여러 사정을 고려하여 경제적 가치가 지분비율에 상응되도록 분할하는 것도 허용되며, 일정한 요건이 갖추어진 경우에는 공유자 상호

간에 금전으로 경제적 가치의 과부족을 조정하여 분할을 하는 것도 현물분할의 한 방법으로 허용된다. 나아가 공유관계의 발생원인과 공유 지분의 비율 및 분할된 경우의 경제적 가치, 분할 방법에 관한 공유자의 희망 등의 여러 사정을 종합적으로 고려하여 당해 공유물을 특정한 자에게 취득시키는 것이 상당하다고 인정되고, 다른 공유자에게는 그 지분의 가격을 취득시키는 것이 공유자 간의 실질적인 공평을 해치지 않는다고 인정되는 특별한 사정이 있는 때에는 공유물을 공유자 중의 1인의 단독소유 또는 수인의 공유로 하되 현물을 소유하게 되는 공유자로 하여금 다른 공유자에 대하여 그 지분의 적정하고도 합리적인 가격을 배상시키는 방법에 의한 분할도 현물분할의 하나로 허용된다. 이때 그 가격배상의 기준이 되는 '지분가격'이란 공유물분할 시점의 객관적인 교환가치에 해당하는 시장가격 또는 매수가격을 의미하는 것으로, 그 적정한 산정을 위해서는 분할 시점에 가까운 사실심 변론종결일을 기준으로 변론과정에 나타난 관련 자료를 토대로 최대한 객관적·합리적으로 평가하여야 하므로, 객관적 시장가격 또는 매수가격에 해당하는 시가의 변동이라는 사정을 일절 고려하지 않은 채 그러한 사정이 제대로 반영되지 아니한 감정평가액에만 의존하여서는 아니 된다(대법원 2023. 6. 29. 선고 2023다217916 판결).

④ (O) 공유물분할의 소송절차 또는 조정절차에서 공유자 사이에 공유토지에 관한 현물분할의 협의가 성립하여 그 합의사항을 조서에 기재함으로써 조정이 성립하였다고 하더라도, 그와 같은 사정만으로 재판에 의한 공유물분할의 경우와 마찬가지로 그 즉시 공유관계가 소멸하고 각 공유자에게 그 협의에 따른 새로운 법률관계가 창설되는 것은 아니고, 공유자들이 협의한 바에 따라 토지의 분필절차를 마친 후 각 단독소유로 하기로 한 부분에 관하여 다른 공유자의 공유지분을 이전받아 등기를 마침으로써 비로소 그 부분에 대한 대세적 권리로서의 소유권을 취득하게 된다고 보아야 한다(대법원 2013. 11. 21. 선고 2011두1917 전원합의체 판결).

⑤ (×)

1) 공유물분할청구는 공유자의 일방이 그 공유지분권에 터잡아서 하여야 하는 것이므로 공유지분권을 주장하지 아니하고 목적물의 특정부분을 소유한다고 주장하는 자는 그 부분에 대하여 신탁적으로 지분등기를 가지고 있는 자들을 상대로 하여 그 특정부분에 대한 명의신탁해지를 원인으로 한 지분이전등기절차의 이행만을 구하면 될 것이고 공유물분할 청구를 할 수 없다 할 것이다(대법원 1989. 9. 12. 선고 88다카10517 판결).

2) **참고** : 구분소유적 공유의 내부관계에서는 각자가 특정부분을 소유하며, 각 특정부분에 상응하는 공유지분은 상호명의신탁관계에 있다. 따라서 공유물분할에 의하지 않고, 명의신탁을 해지하는 방법에 의하여 구분소유적 공유관계를 해소한다.

정답 ⑤

50. A 주식회사는 B 주식회사의 모(母)회사이고 甲은 A 주식회사의 발행주식총수 중 10%를 보유하고 있다. 이에 관한 설명 중 옳은 것을 모두 고른 것은? (각 지문은 독립적이며, 다툼이 있는 경우 판례에 의함)

ㄱ. 甲은 A 주식회사 및 B 주식회사에 대하여 각 그 이사의 책임을 추궁할 소의 제기를 청구할 수 있다.

ㄴ. 甲이 대표소송에서 주장한 이사의 손해배상책임이 제소청구서에 적시된 것과 차이가 있더라도 제소청구서의 책임발생 원인사실을 기초로 하면서 법적 평가만 달리한 것이라면 그 대표소송은 적법하다.

ㄷ. 甲이 B 주식회사 이사의 책임을 추궁할 소를 제기한 이후 甲이 보유한 주식 수의 일부가 감소하여 A 주식회사 발행주식총수의 100분의 1 미만이 되더라도 제소의 효력에는 영향이 없다.

ㄹ. 甲이 A 주식회사 이사를 상대로 한 대표소송에서 승소확정판결을 받은 경우, 甲에게는 그 확정판결을 집행권원으로 하여 위 이사를 상대로 강제집행을 신청할 수 있는 집행채권자 적격이 있다.

① ㄱ, ㄴ ② ㄴ, ㄷ ③ ㄱ, ㄷ, ㄹ
④ ㄴ, ㄷ, ㄹ ⑤ ㄱ, ㄴ, ㄷ, ㄹ

해설

㉠ (O), ㉢ (O)

1) 발행주식의 총수의 100분의 1이상에 해당하는 주식을 가진 주주는 회사에 대하여 이사의 책임을 추궁할 소의 제기를 청구할 수 있다(상법 제403조 제1항). 제3항과 제4항의 소를 제기한 주주의 보유주식이 제소후 발행주식총수의 100분의 1 미만으로 감소한 경우(발행주식을 보유하지 아니하게 된 경우를 제외한다)에도 제소의 효력에는 영향이 없다(상법 제406조 제5항).

2) 모회사 발행주식총수의 100분의 1 이상에 해당하는 주식을 가진 주주는 자회사에 대하여 자회사 이사의 책임을 추궁할 소의 제기를 청구할 수 있다(상법 제406조의2 제1항). 제1항 및 제2항의 소에 관하여는 제176조 제3항·제4항, 제403조 제2항, 같은 조 제4항부터 제6항까지 및 제404조부터 제406조까지의 규정을 준용한다(상법 제406조의2 제3항)(㉢ (○) 부분).

3) 제1항의 청구를 한 후 모회사가 보유한 자회사의 주식이 자회사 발행주식총수의 100분의 50 이하로 감소한 경우(발행주식을 보유하지 아니하게 된 경우를 제외한다)에도 제1항 및 제2항에 따른 제소의 효력에는 영향이 없다(상법 제406조의2 제4항).

㉡ (O) 주주가 아예 상법 제403조 제2항에 따른 서면(이하 '제소청구서'라 한다)을 제출하지 않은 채 대표소송을 제기하거나 제소청구서를 제출하였더라도 대표소송에서 제소청구서에 기재된 책임발생 원인사실과 전혀 무관한 사실관계를 기초로 청구를 하였다면 그 대표소송은 상법 제403조 제4항의 사유가 있다는 등의 특별한 사정이 없는 한 부적법하다. 반면 주주가 대표소송에서 주장한 이사의 손해배상책임이 제소청구서에 적시된 것과 차이가 있더라도 제소청구서의 책임발생 원인사실을 기초로 하면서 법적 평가만을 달리한 것에 불과하다면 그 대표소송은 적법하다. 따라서 주주는 적법하게 제기된 대표소송 계속 중에 제소청구서의 책임발생 원인사실을 기초로 하면서 법적 평가만을 달리한 청구를 추가할 수도 있다(대법원 2021. 7. 15. 선고 2018다298744 판결).

㉣ (O) 주주대표소송의 주주와 같이 다른 사람을 위하여 원고가 된 사람이 받은 확정판결의 집행력은 확정판결의 당사자인 원고가 된 사람과 다른 사람 모두에게 미치므로, 주주대표소송의 주주는 집행채권자가 될 수 있다(대법원 2014. 2. 19.자 2013마2316 결정).

정답 ⑤

51. 주식회사 관계 소송에 관한 설명 중 옳지 않은 것은? (다툼이 있는 경우 판례에 의함)

① 주식을 취득한 자는 특별한 사정이 없는 한 주식 취득 사실을 증명함으로써 회사에 대하여 단독으로 명의개서를 청구할 수 있으므로 회사를 상대로 주주권 확인을 구할 이익이 없다.

② 주식회사의 채권자는 회사가 제3자와 체결한 계약이 자신의 권리나 법적 지위를 구체적으로 침해하거나 이에 직접적으로 영향을 미치는 경우에는 그 계약의 무효 확인을 구할 수 있다.

③ 주식회사의 주주는 원칙적으로 회사가 제3자와 체결한 계약의 무효 확인을 구할 이익이 없으나, 회사가 영업의 전부 또는 중요한 일부를 양도하는 계약을 체결하는 경우에는 예외적으로 영업양도계약의 무효 확인을 구할 수 있다.

④ 주주총회결의의 효력이 그 회사 아닌 제3자 사이의 소송에서 선결문제가 된 경우, 당사자는 언제든지 당해 소송에서 주주총회결의가 처음부터 무효 또는 부존재라고 주장할 수 있고, 반드시 먼저 회사를 상대로 제소해야 하는 것은 아니다.

⑤ 주주대표소송의 원고들 중 1인인 甲이 주식을 처분하여 주주의 지위를 상실하면, 다른 원고가 주주의 지위를 유지하더라도 특별한 사정이 없는 한 甲이 제기한 소 부분은 부적법하게 된다.

해설

① (O)

[3] 주식을 취득한 자는 특별한 사정이 없는 한 점유하고 있는 주권의 제시 등의 방법으로 자신이 주식을 취득한 사실을 증명함으로써 회사에 대하여 단독으로 그 명의개서를 청구할 수 있다.

[4] 甲이 乙 주식회사를 상대로 자신이 주주명부상 주식의 소유자인데 위조된 주식매매계약서에 의해 타인 앞으로 명의개서가 되었다며 주주권 확인을 구한 사안에서, 甲이 乙 회사를 상대로 직접 자신이 주주임을 증명하여 명의개서절차의 이행을 구할 수 있으므로, 甲이 乙 회사를 상대로 주주권 확인을 구하는 것은 甲의 권리 또는 법률상 지위에 현존하는 불안·위험을 제거하는 유효·적절한 수단이 아니거나 분쟁의 종국적 해결방법이 아니어서 확인의 이익이 없다고 한 사례(대법원 2019. 5. 16. 선고 2016다240338 판결).

② (O), ③ (×)

[1] 주식회사의 주주는 주식의 소유자로서 회사의 경영에 이해관계를 가지고 있기는 하지만, 직접 회사의 경영에 참여하지 못하고 주주총회의 결의를 통해서 이사를 해임하거나 일정한 요건에 따라 이사를 상대로 그 이사의 행위에 대하여 유지청구권을 행사하여 그 행위를 유지시키고 대표소송에 의하여 그 책임을 추궁하는 소를 제기하는 등 회사의 영업에 간접적으로 영향을 미칠 수 있을 뿐이다. 그러므로 주주가 회사의 재산관계에 대하여 법률상 이해관계를 가진다고 평가할 수 없고, 주주는 직접 제3자와의 거래관계에 개입하여 회사가 체결한 계약의 무효 확인을 구할 이익이 없다. **이러한 법리는 회사가 영업의 전부 또는 중요한 일부를 양도하는 계약을 체결하는 경우에도 마찬가지이다.**

[2] 주식회사의 채권자는 회사가 제3자와 체결한 계약이 자신의 권리나 법적 지위를 구체적으로 침해하거나 이에 직접적으로 영향을 미치는 경우에는 그 계약의 무효 확인을 구할 수 있으나, **그 계약으로 인하여 회사의 변제 자력이 감소되어 그 결과 채권의 전부나 일부가 만족될 수 없게 될 뿐인 때에는 채권자의 권리나 법적 지위가 그 계약에 의해 구체적으로 침해되거나 직접적으로 영향을 받는다고 볼 수 없으므로 직접 그 계약의 무효 확인을 구할 이익이 없다.**

④ (O) 주주총회결의의 효력이 그 회사 아닌 제3자 사이의 소송에 있어 선결문제로 된 경우에는 당사자는 언제든지 당해 소송에서 주주총회결의가 처음부터 무효 또는 불존재하다고 다투어 주장할 수 있는 것이고, 반드시 먼저 회사를 상대로 제소하여야만 하는 것은 아니며, 이와 같이 제3자간의 법률관계에 있어서는 상법 제380조(결의무효 및 불존재확인의 소), 제190조(대세효, 불소급효)는 적용되지 아니한다.

⑤ (O)

1) 이러한 규정들을 종합하여 보면, 주주가 대표소송을 제기하기 위하여는 회사에 대하여 이사의 책임을 추궁할 소의 제기를 청구할 때와 회사를 위하여 그 소를 제기할 때 상법 또는 금융회사의 지배구조에 관한 법률이 정하는 주식보유요건을 갖추면 되고, 소 제기 후에는 보유주식의 수가 그 요건에 미달하게 되어도 무방하다. 그러나 대표소송을 제기한 주주가 소송의 계속 중에 주식을 전혀 보유하지 아니하게 되어

주주의 지위를 상실하면, 특별한 사정이 없는 한 그 주주는 원고적격을 상실하여 그가 제기한 소는 부적법하게 되고, 이는 그 주주가 자신의 의사에 반하여 주주의 지위를 상실하였다 하여 달리 볼 것은 아니다(대법원 2019. 5. 10. 선고 2017다279326 판결).

2) **판결이유** : 원심은, 다음과 같은 이유로 이 사건 대표소송 제기 후 현대증권 주식회사(이하 '현대증권'이라고 한다)의 주식을 전혀 보유하지 않게 된 원고들은 이 사건 원고적격을 상실하였다고 판단하였다. 즉, 원고들은 이 사건 소 제기 당시 제1심 공동원고들과 함께 현대증권 발행주식의 약 0.7607%인 1,800,090주를 보유한 현대증권의 주주였다. 그러나 이 사건 소송의 계속 중 현대증권과 주식회사 케이비금융지주(이하 '케이비금융지주'라고 한다)가 이 사건 주식교환을 완료함으로써 케이비금융지주가 현대증권의 100% 주주가 되고 원고들은 현대증권의 주주의 지위를 상실하게 되었다. 앞에서 본 법리와 기록에 비추어 살펴보면, 원심의 판단에 상고이유 주장과 같은 상법 제403조에서 정한 주주대표소송의 원고적격에 관한 법리오해 등의 위법이 없다.

정답 ③

52. A 주식회사의 주주 甲, 乙, 丙은 A 주식회사를 상대로 위 회사의 임시주주총회결의 부존재 또는 무효확인의 소를 제기하였다. 이에 관한 설명 중 옳지 않은 것은? (각 지문은 독립적이며, 다툼이 있는 경우 판례에 의함)

① 만약 丁이 丙의 명의를 빌려 A 주식회사의 주식을 인수하고 丙 명의로 주주명부 기재를 마친 것이라면, A 주식회사가 이러한 사실을 알았더라도 특별한 사정이 없는 한 丙은 주주총회에서 주주권을 행사할 수 있고 위 임시주주총회결의의 부존재 또는 무효 확인의 소를 제기할 수 있다.

② A 주식회사의 임시주주총회결의가 법령 및 정관상 요구되는 이사회 결의 및 소집 절차 없이 이루어졌다면, 설령 주주명부상 주주 전원이 참석하여 총회를 개최하는 데 동의하고 아무런 이의 없이 만장일치로 결의가 이루어졌더라도, 그 임시주주총회결의는 특별한 사정이 없는 한 부존재한다고 보아야 한다.

③ 위 소가 위 결의의 날부터 2개월 내에 제기되었다면, 동일한 하자를 원인으로 하여 위 결의의 날부터 2개월이 경과한 후 취소소송으로 소를 변경하거나 추가한 경우에도 취소소송의 제소기간을 준수하였다고 보아야 한다.

④ 제1심법원이 청구기각판결을 선고한 경우, 甲, 乙은 항소기간 내에 적법하게 항소하고 丙은 항소기간 내에 항소하지 않았더라도, 甲, 乙, 丙 전원에 대한 관계에서 판결의 확정이 차단되고 소송은 전체로서 항소심에 이심되며 항소심에서는 이들 전원에 대하여 심리·판단하여야 한다.

⑤ 위 소송에서 A 주식회사가 청구를 인낙하여 그 내용이 조서에 기재되더라도 그 인낙조서는 효력이 없다.

해설

① (O)

1) 출자자가 가설인 또는 타인명의로 주식을 인수·납입한 경우 세 가지 국면이 문제된다. ⓐ 누가 납입의무를 지는가? ⓑ 누가 주주인가? ⓒ 누가 회사에 대하여 주주권을 행사할 수 있는지가 그것이다.

2) 주주명부상 주주만이 의결권 등 주주권을 행사할 수 있다는 법리를 설시한 대법원 2017. 3. 23. 선고 2015다248342 전원합의체 판결은 사안과 같은 ⓒ의 주주권 행사 국면에 대한 법리이므로 이 선지의 정오판단은 이에 따라 하여야 한다.

3) 주식을 양수하였으나 아직 주주명부에 명의개서를 하지 아니하여 주주명부에는 양도인이 주주로 기재되어 있는 경우뿐만 아니라, 주식을 인수하거나 양수하려는 자가 타인의 명의를 빌려 회사의 주식을 인수하거나 양수하고 타인의 명의로 주주명부에의 기재까지 마치는 경우에도, 회사에 대한 관계에서는 주주명부상 주주만이 주주로서 의결권 등 주주권을 적법하게 행사할 수 있다(대법원 2017. 3. 23. 선고 2015다248342).

4) 해당 판례법리를 ⓐ, ⓑ 국면에 적용하지 않도록 주의해야 한다. ⓐ 국면은 상법 제332조 제1항의 문제이고, ⓑ 국면은 주주권 귀속 법리의 국면이다.

② (×) 주식회사의 임시주주총회가 법령 및 정관상 요구되는 이사회의 결의 및 소집절차 없이 이루어졌다 하더라도, 주주명부상의 주주 전원이 참석하여 총회를 개최하는 데 동의하고 아무런 이의 없이 만장일치로 결의가 이루어졌다면 그 결의는 특별한 사정이 없는 한 유효하다(대법원 2002. 12. 24. 선고 2000다69927 판결).

③ (O) 주주총회결의 취소의 소는 상법 제376조에 따라 결의의 날로부터 2월 내에 제기하여야 할 것이나, 동일한 결의에 관하여 부존재확인의 소가 상법 제376조 소정의 제소기간 내에 제기되어 있다면, 동일한 하자를 원인으로 하여 결의의 날로부터 2월이 경과한 후 취소소송으로 소를 변경하거나 추가한 경우에도 부존재확인의 소 제기시에 제기된 것과 동일하게 취급하여 제소기간을 준수한 것으로 보아야 한다(대법원 2003. 7. 11. 선고 2001다45584 판결).

④ (O)

1) 주주총회결의의 부존재 또는 무효 확인을 구하는 소의 경우, 상법 제380조에 의해 준용되는 상법 제190조 본문에 따라 청구를 인용하는 판결은 제3자에 대하여도 효력이 있다. 이러한 소를 여러 사람이 공동으로 제기한 경우 당사자 1인이 받은 승소판결의 효력이 다른 공동소송인에게 미치므로 공동소송인 사이에 소송법상 합일확정의 필요성이 인정되고, 상법상 회사관계소송에 관한 전속관할이나 병합심리 규정(상법 제186조, 제188조)도 당사자 간 합일확정을 전제로 하는 점 및 당사자의 의사와 소송경제 등을 함께 고려하면, 이는 민사소송법 제67조가 적용되는 필수적 공동소송에 해당한다(대법원 2021. 7. 22. 선고 2020다284977 전원합의체 판결).

2) 주주총회결의의 부존재 또는 무효 확인을 구하는 소의 경우 유사필수적 공동소송이라는 판시이다. 따라서 합일확정의 필요성이 있으므로 공동소송인 1인이 항소 제기 시 ⓐ 전원에 대해 판결의 확정이 막혀 차단되고, ⓑ 전 소송이 상급심으로 이심되며, ⓒ 상소심 판결의 효력은 상소를 하지 아니한 공동소송인에게도 미치므로 ⓓ 상소심으로서는 공동 소송인 전원에 대하여 심리·판단하여야 한다.

⑤ (O) 주주총회결의의 부존재·무효를 확인하거나 결의를 취소하는 판결이 확정되면 당사자 이외의 제3자에게도 그 효력이 미쳐 제3자도 이를 다툴 수 없게 되므로, 주주총회결의의 하자를 다투는 소에 있어서 청구의 인낙이나 그 결의의 부존재·무효를 확인하는 내용의 화해·조정은 할 수 없고, 가사 이러한 내용의 청구인낙 또는 화해·조정이 이루어졌다 하여도 그 인낙조서나 화해·조정조서는 효력이 없다(대법원 2004. 9. 24. 선고 2004다28047 판결).

정답 ②

53. 주식회사의 대표이사 및 이사에 대한 해임청구 소송과 직무집행정지 및 직무대행자 선임 가처분에 관한 설명 중 옳지 않은 것은? (다툼이 있는 경우 판례에 의함)

① 이사해임의 소가 제기된 경우, 법원은 당사자의 신청으로 가처분에 의하여 그 이사의 직무집행을 정지할 수 있고 직무대행자를 선임할 수 있다. 다만 급박한 사정이 있는 때에는 본안소송의 제기 전에도 그 처분을 할 수 있다.

② 회사가 정기주주총회에서 영업의 전부 또는 중요한 일부의 양도에 관한 결의를 하고자 하는 경우, 대표이사의 직무대행자로 선임된 자가 위 정기주주총회를 적법하게 소집하기 위해서는 법원의 허가가 필요하다.

③ 법률 또는 정관에서 정한 이사 정원의 미달로 이사로서의 권리·의무를 행하고 있는 퇴임이사로 하여금 이사로서의 권리·의무를 가지게 하는 것이 불가능하거나 부적당한 경우, 퇴임이사를 상대로 그 직무집행의 정지를 구하는 가처분신청이 허용된다.

④ 법원의 직무집행정지 가처분결정에 의해 회사를 대표할 권한이 정지된 대표이사가 그 정지기간 중에 체결한 계약은 절대적으로 무효이고, 그 후 가처분신청의 취하에 의하여 보전집행이 취소되더라도 무효인 계약이 유효하게 되지 않는다.

⑤ 주식회사의 대표이사 甲과 이사 乙에 대한 각 직무집행 정지 및 직무대행자 선임 가처분결정이 발령되었다면, 설령 그 발령 전에 甲이 대표이사에서 퇴임하는 등기와 乙이 대표이사로 취임하는 등기가 마쳐졌더라도, 乙을 대표이사로 선임한 결의의 적법 여부에 관계없이 乙은 위 가처분결정의 효력발생일 이후에는 대표이사로서의 권한을 가지지 못한다.

해설

① (O) 이사선임결의의 무효나 취소 또는 이사해임의 소가 제기된 경우에는 법원은 당사자의 신청에 의하여 가처분으로써 이사의 직무집행을 정지할 수 있고 또는 직무대행자를 선임할 수 있다. 급박한 사정이 있는 때에는 본안 소송의 제기전에도 그 처분을 할 수 있다(상법 제407조 제1항).

② (O)

1) 전조의 직무대행자는 가처분명령에 다른 정함이 있는 경우외에는 회사의 상무에 속하지 아니한 행위를 하지 못한다. 그러나 법원의 허가를 얻은 경우에는 그러하지 아니하다(상법 제408조 제1항). 직무대행자가 전항의 규정에 위반한 행위를 한 경우에도 회사는 선의의 제3자에 대하여 책임을 진다(상법 제408조 제2항).

2) 상법 제408조 제1항이 규정하는 회사의 '상무'라 함은 일반적으로 회사에서 일상 행해져야 하는 사무, 회사가 영업을 계속함에 있어서 통상 행하는 영업범위 내의 사무 또는 회사경영에 중요한 영향을 주지 않는 통상의 업무 등을 의미하고, 어느 행위가 구체적으로 이 상무에 속하는가 하는 것은 당해 회사의 기구, 업무의 종류·성질, 기타 제반 사정을 고려하여 객관적으로 판단되어야 할 것인바, 직무대행자가 정기주주총회를 소집함에 있어서도 그 안건에 이사회의 구성 자체를 변경하는 행위나 상법 제374조(영업의 전부 또는 중요한 일부의 양도 등)의 특별결의사항에 해당하는 행위 등 회사의 경영 및 지배에 영향을 미칠 수 있는 것이 포함되어 있다면 그 안건의 범위에서 정기총회의 소집이 상무에 속하지 않는다고 할 것이고, 직무대행자가 정기주주총회를 소집하는 행위가 상무에 속하지 아니함에도 법원의 허가 없이 이를 소집하여 결의한 때에는 소집절차상의 하자로 결의취소사유에 해당한다(대법원 2007. 6. 28. 선고 2006다62362 판결).

③ (×) 상법 제386조 제1항은 법률 또는 정관에 정한 이사의 원수를 결한 경우에는 임기의 만료 또는 사임으로 인하여 퇴임한 이사로 하여금 새로 선임된 이사가 취임할 때까지 이사의 권리의무를 행하도록 규정하고 있는바, 위 규정에 따라 이사의 권리의무를 행사하고 있는 퇴임이사로 하여금 이사로서의 권리의무를 가지게 하는 것이 불가능하거나 부적당한 경우 등 필요한 경우에는 **상법 제386조 제2항에 정한 일시 이사의 직무를 행할 자의 선임을 법원에 청구할 수 있으므로**, 이와는 별도로 상법 제386조 제1항에 정한 바에 따라 이사의 권리의무를 행하고 있는 퇴임이사를 상대로 해임사유의 존재나 임기만료·사임 등을 이유로 그 직무집행의 정지를 구하는 가처분신청은 허용되지 않는다(대법원 2009. 10. 29.자 2009마1311 결정).

④ (○) 법원의 직무집행정지 가처분결정에 의해 회사를 대표할 권한이 정지된 대표이사가 그 정지기간 중에 체결한 계약은 절대적으로 무효이고, 그 후 가처분신청의 취하에 의하여 보전집행이 취소되었다 하더라도 집행의 효력은 장래를 향하여 소멸할 뿐 소급적으로 소멸하는 것은 아니라 할 것이므로, 가처분신청이 취하되었다 하여 무효인 계약이 유효하게 되지는 않는다(대법원 2008. 5. 29. 선고 2008다4537 판결).

⑤ (○)

[가] 대표이사의 직무집행정지 및 직무대행자선임의 가처분이 이루어진 이상, 그 후 대표이사가 해임되고 새로운 대표이사가 선임되었다 하더라도 가처분결정이 취소되지 아니하는 한 직무대행자의 권한은 유효하게 존속하는 반면 새로이 선임된 대표이사는 그 선임결의의 적법 여부에 관계없이 대표이사로서의 권한을 가지지 못한다.

[나] 위 "가"항의 경우 위 가처분은 그 성질상 당사자 사이에서 뿐만 아니라 제3자에게도 효력이 미치므로, 새로이 선임된 대표이사가 위 가처분에 위반하여 회사 대표자의 자격에서 한 법률행위는 결국 제3자에 대한 관계에서도 무효이고 이때 위 가처분에 위반하여 대표권 없는 대표이사와 법률행위를 한 거래상대방은 자신이 선의였음을 들어 위 법률행위의 유효를 주장할 수는 없다(대법원 1992. 5. 12. 선고 92다5638 판결).

정답 ③

54. 소멸시효에 관한 설명 중 옳지 않은 것은? (다툼이 있는 경우 판례에 의함)

① 상행위인 계약의 해제로 인한 원상회복청구권은 「상법」 제64조의 상사시효의 대상이 된다.

② 부부 중 한쪽이 다른 쪽에 대하여 가지는 권리는 혼인관계가 종료된 때부터 6개월 내에는 소멸시효가 완성되지 아니한다.

③ 보험계약자가 다수의 계약을 통하여 보험금을 부정 취득할 목적으로 보험계약을 체결하여 그것이 「민법」 제103조에 따라 선량한 풍속 기타 사회질서에 반하여 무효인 경우, 보험자의 보험금에 대한 부당이득반환청구권에는 「상법」 제64조를 유추적용하여 5년의 상사 소멸시효기간이 적용된다.

④ 배서인의 다른 배서인과 발행인에 대한 환어음상과 약속어음상의 청구권의 소멸시효는 그 자가 제소된 경우에는 전자에 대한 소송고지를 함으로 인하여 중단된다.

⑤ A 주식회사와 B 의료법인 사이에 체결한 부동산매매계약이, 매도인인 B 법인을 대표하여 그 매매계약을 체결한 대표자의 선임에 관한 이사회 결의의 부존재로 인하여 무효가 된 경우, 매수인인 A 회사가 B 법인에게 이미 지급하였던 매매대금 상당액의 반환을 구하는 부당이득반환청구권에는 「상법」 제64조를 유추적용하여 5년의 상사 소멸시효기간이 적용된다.

해설

① (O)

[1] 당사자 쌍방에 대하여 모두 상행위가 되는 행위로 인한 채권뿐만 아니라 당사자 일방에 대하여만 상행위에 해당하는 행위로 인한 채권도 상법 제64조 소정의 5년의 소멸시효기간이 적용되는 상사채권에 해당하는 것이고, 그 상행위에는 상법 제46조 각 호에 해당하는 기본적 상행위뿐만 아니라 상인이 영업을 위하여 하는 보조적 상행위도 포함되며, 상인이 영업을 위하여 하는 행위는 상행위로 보되 상인의 행위는 영업을 위하여 하는 것으로 추정되고, 상행위인 계약의 해제로 인한 원상회복청구권 또한 상법 제64조의 상사시효의 대상이 된다.

[2] 상행위인 계약의 무효로 인한 부당이득반환청구권은 민법 제741조의 부당이득 규정에 따라 발생한 것으로서 특별한 사정이 없는 한 민법 제162조 제1항이 정하는 10년의 민사 소멸시효기간이 적용된다. 다만 부당이득반환청구권이 상행위인 계약에 기초하여 이루어진 급부 자체의 반환을 구하는 것으로서 채권의 발생 경위나 원인, 당사자의 지위와 관계 등에 비추어 법률관계를 상거래 관계와 같은 정도로 신속하게 해결할 필요성이 있는 경우 등에는 상법 제64조가 정하는 5년의 상사 소멸시효기간이 적용되거나 유추적용된다. 그리고 이러한 법리는 상행위인 계약의 불성립으로 인한 부당이득반환청구권에도 그대로 적용된다(대법원 2021. 9. 9. 선고 2020다299122 판결).

② (O) 부부 중 한쪽이 다른 쪽에 대하여 가지는 권리는 혼인관계가 종료된 때부터 6개월 내에는 소멸시효가 완성되지 아니한다(민법 제180조 제2항).

③ (O) 보험계약자가 다수의 계약을 통하여 보험금을 부정 취득할 목적으로 보험계약을 체결하여 그것이 민법 제103조에 따라 선량한 풍속 기타 사회질서에 반하여 무효인 경우 보험자의 보험금에 대한 부당이득반환청구권은 상법 제64조를 유추적용하여 5년의 상사 소멸시효기간이 적용된다고 봄이 타당하다(대법원 2021. 7. 22. 선고 2019다277812 전원합의체 판결).

④ (O)

1) 배서인의 다른 배서인과 발행인에 대한 청구권은 그 배서인이 어음을 환수한 날 또는 그 자가 제소된 날로부터 6월간 행사하지 아니하면 소멸시효가 완성한다(어음법 제70조).

2) 배서인의 다른 배서인과 발행인에 대한 환어음상과 약속어음상의 청구권의 소멸시효는 그 자가 제소된 경우에는 전자에 대한 소송고지를 함으로 인하여 중단한다(어음법 제80조 제1항). 전항의 규정에 의하여 중단된 시효는 재판이 확정된 때로부터 다시 진행을 개시한다(어음법 제80조 제2항).

⑤ (×)

[1] 소멸시효의 진행은 당해 청구권이 성립한 때로부터 발생하고 원칙적으로 권리의 존재나 발생을 알지 못하였다고 하더라도 소멸시효의 진행에 장애가 되지 않는다고 할 것이지만, 법인의 이사회결의가 부존재함에 따라 발생하는 제3자의 부당이득반환청구권처럼 법인이나 회사의 내부적인 법률관계가 개입되어 있어 청구권자가 권리의 발생 여부를 객관적으로 알기 어려운 상황에 있고 청구권자가 과실 없이 이를 알지 못한 경우에도 청구권이 성립한 때부터 바로 소멸시효가 진행한다고 보는 것은 정의와 형평에 맞지 않을 뿐만 아니라 소멸시효제도의 존재이유에도 부합한다고 볼 수 없으므로, 이러한 경우에는 이사회결의부존재확인판결의 확정과 같이 객관적으로 청구권의 발생을 알 수 있게 된 때로부터 소멸시효가 진행된다고 보는 것이 타당하다.

[2] 주식회사인 부동산 매수인이 의료법인인 매도인과의 부동산매매계약의 이행으로서 그 매매대금을 매도인에게 지급하였으나, 매도인 법인을 대표하여 위 매매계약을 체결한 대표자의 선임에 관한 이사회결의가 부존재하는 것으로 확정됨에 따라 위 매매계약이 무효로 되었음을 이유로 민법의 규정에 따라 매도인에게 이미 지급하였던 매매대금 상당액의 반환을 구하는 부당이득반환청구의 경우, 거기에 상거래

관계와 같은 정도로 신속하게 해결할 필요성이 있다고 볼 만한 합리적인 근거도 없으므로 위 부당이득반환 청구권에는 상법 제64조가 적용되지 아니하고, 그 소멸시효기간은 민법 제162조 제1항에 따라 10년이다 (대법원 2003. 4. 8. 선고 2002다64957 판결).

정답 ⑤

55. 주권을 발행한 비상장회사 주식의 담보에 관한 설명 중 옳지 않은 것은? (다툼이 있는 경우 판례에 의함)

① 질권자는 계속하여 주권을 점유하지 아니하면 그 질권으로써 제3자에게 대항하지 못한다.

② 채무자가 채무담보 목적으로 주식을 채권자에게 양도하여 채권자가 주주명부상 주주로 기재된 경우에는 그 양수인이 주주로서 주주권을 행사할 수 있고, 비록 피담보채무가 변제 등으로 소멸하더라도 회사는 주주명부상 주주인 양수인의 주주권 행사를 부인할 수 없다.

③ 전환주식의 전환이 있는 때에는 이로 인하여 종전의 주주가 받을 주식에 대하여도 종전의 주식을 목적으로 한 질권을 행사할 수 있다.

④ 주식의 질권설정에 필요한 요건인 주권의 점유를 이전하는 방법으로는 현실 인도 외에 간이인도도 허용되나, 반환청구권 양도는 허용되지 않는다.

⑤ 만일 채권담보의 목적으로 이루어진 주식양도 약정 당시에 회사의 성립 후 이미 6개월이 경과하였음에도 불구하고 주권이 발행되지 않은 상태에 있었다면, 그 약정은 바로 주식의 양도담보로서의 효력을 가진다.

해설

① (O) 주식을 질권의 목적으로 하는 때에는 주권을 질권자에게 교부하여야 한다(상법 제338조 제1항). 질권자는 계속하여 주권을 점유하지 아니하면 그 질권으로써 제3자에게 대항하지 못한다(상법 제338조 제2항).

② (O) 채무자가 채무담보 목적으로 주식을 채권자에게 양도하여 채권자가 주주명부상 주주로 기재된 경우, 그 양수인이 주주로서 주주권을 행사할 수 있고 회사 역시 주주명부상 주주인 양수인의 주주권 행사를 부인할 수 없다(대법원 2020. 6. 11.자 2020마5263 결정).

③ (O) 주식의 소각, 병합, 분할 또는 전환이 있는 때에는 이로 인하여 종전의 주주가 받을 금전이나 주식에 대하여도 종전의 주식을 목적으로 한 질권을 행사할 수 있다(상법 제339조).

④ (×) 기명주식의 약식질에 관한 상법 제338조는 기명주식을 질권의 목적으로 하는 때에는 주권을 질권자에게 교부하여야 하고(제1항), 질권자는 계속하여 주권을 점유하지 아니하면 그 질권으로써 제3자에게 대항하지 못한다고(제2항) 규정하고 있다. 여기에서 주식의 질권설정에 필요한 요건인 주권의 점유를 이전하는 방법으로는 현실 인도(교부) 외에 간이인도나 반환청구권 양도도 허용되고, 주권을 제3자에게 보관시킨 경우 주권을 간접점유하고 있는 질권설정자가 반환청구권 양도에 의하여 주권의 점유를 이전하려면 질권자에게 자신의 점유매개자인 제3자에 대한 반환청구권을 양도하여야 하고, 이 경우 대항요건으로서 제3자의 승낙 또는 질권설정자의 제3자에 대한 통지를 갖추어야 한다. 그리고 이러한 법리는 제3자가 다시 타인에게 주권을 보관시킴으로써 점유매개관계가 중첩적으로 이루어진 경우에도 마찬가지로 적용되므로, 최상위 간접점유자인 질권설정자는 질권자에게 자신의 점유매개자인 제3자에 대한 반환청구권을 양도하고 대항요건으로서 제3자의 승낙 또는 제3자에 대한 통지를 갖추면 충분하며, 직접점유자인 타인의 승낙이나 그에 대한 질권설정자 또는 제3자의 통지까지 갖출 필요는 없다(대법원 2012. 8. 23. 선고 2012다34764 판결).

⑤ (O) 채권담보의 목적으로 이루어진 주식양도 약정 당시에 회사의 성립 후 이미 6개월이 경과하였음에도 불구하고 주권이 발행되지 않은 상태에 있었다면, 그 약정은 바로 주식의 양도담보로서의 효력을 갖는다(대법원 1995. 7. 28. 선고 93다61338 판결).

정답 ④

56. 법인의 이사에 관한 설명 중 옳은 것을 모두 고른 것은? (다툼이 있는 경우 판례에 의함)

ㄱ. 「민법」상 법인의 정관에 대표권의 제한에 관한 규정이 있으나 그 취지가 등기되어 있지 않다면 법인은 정관의 규정에 대하여 선의·악의에 관계없이 제3자에 대하여 대항할 수 없다.
ㄴ. 「민법」상 법인의 상태가 임기만료된 이사에게 후임 이사 선임 시까지 업무수행권을 인정할 필요가 있는 경우에 해당하더라도, 그 임기만료된 이사에게 이사로서의 지위는 인정되지 아니한다.
ㄷ. 「민법」 제63조에 의하여 법원이 선임한 임시이사 및 「상법」 제386조 제2항에 의하여 법원이 선임한 일시이사는 모두 법인의 통상사무에 속하지 아니한 행위를 하지 못한다.
ㄹ. 주식회사의 퇴임이사는 새로 선임된 이사가 취임하거나 「상법」 제386조 제2항에 따라 일시이사가 선임되어도, 별도의 주주총회 해임결의가 있어야 이사로서의 권리의무를 상실한다.
ㅁ. 주식회사 이사의 임기가 최종 결산기의 말일과 당해 결산기에 관한 정기주주총회 사이에 만료되는 경우에는 정관으로 그 임기를 정기주주총회 종결일까지 연장할 수 있다.

① ㄱ, ㅁ ② ㄱ, ㄴ, ㄷ ③ ㄱ, ㄴ, ㅁ
④ ㄷ, ㄹ, ㅁ ⑤ ㄱ, ㄴ, ㄷ, ㅁ

해설

㉠ (O) 법인의 정관에 법인 대표권의 제한에 관한 규정이 있으나 그와 같은 취지가 등기되어 있지 않다면 법인은 그와 같은 정관의 규정에 대하여 선의냐 악의냐에 관계없이 제3자에 대하여 대항할 수 없다(대법원 1992. 2. 14. 선고 91다24564 판결).

㉡ (O) 법인의 상태가 임기만료된 이사에게 후임 이사 선임시까지 업무수행권을 인정할 필요가 있는 경우에 해당한다 하더라도, 임기만료된 이사의 업무수행권은 급박한 사정을 해소하기 위하여 퇴임이사로 하여금 업무를 수행하게 할 필요가 있는지를 개별적·구체적으로 가려 인정할 수 있는 것이지 퇴임이사라는 사정만으로 당연히 또 포괄적으로 부여되는 지위는 아니므로, **그 임기만료된 이사에게 이사로서의 지위는 인정되지 아니한다**(대법원 1996. 12. 10. 선고 96다37206 판결).

㉢ (×)
1) 민법상의 법인에 대하여 민법 제63조에 의하여 법원이 선임한 임시이사는 원칙적으로 정식이사와 동일한 권한을 가진다. 다만 학교법인의 경우와 같이, 다른 재단법인에 비하여 자주성이 보장되어야 할 특수성이 있고 사립학교법 등 관련 법률에서도 이를 특별히 보장하고 있어 임시이사의 권한이 통상적인 업무에 관한 사항에 한정된다고 보아야 하는 경우가 있을 뿐이다(대법원 2013. 6. 13. 선고 2012다40332 판결).
2) 상법상 일시이사는 통상의 이사와 같은 권한을 가진다. 가처분에 의하여 선임된 직무대행자의 권한이 상법 제408조 제1항에 의하여 상무로 제한되는 것과 비교된다.

㉣ (×) 주식회사의 이사는 임기가 만료됨에 따라 이사의 지위를 상실하는 것이 원칙이지만, 소유와 경영의 분리를 원칙으로 하는 주식회사에 있어 경영자 지위의 안정이라는 이사의 이익뿐만 아니라 주주의 회사

에 대한 지배권 확보라는 주주의 이익 또한 보호되어야 하므로, 위와 같은 주주와 이사의 이익을 조화시키기 위해 상법 제385조 제1항은 회사가 언제든지 주주총회의 결의로 이사를 해임할 수 있도록 하는 한편 이사를 선임할 때와 달리 이사를 해임할 때에는 주주총회의 특별결의를 거치도록 하고, 임기가 정해진 이사가 임기만료 전에 정당한 이유 없이 해임된 때에는 회사에 대하여 손해배상을 청구할 수 있도록 하고 있다. 한편 임기만료로 퇴임한 이사라 하더라도 상법 제386조 제1항 등에 따라 새로 선임된 이사의 취임 시까지 이사로서의 권리의무를 가지게 될 수 있으나(이하 '퇴임이사'라고 한다), 그와 같은 경우에도 새로 선임된 이사가 취임하거나 상법 제386조 제2항에 따라 일시 이사의 직무를 행할 자가 선임되면 **별도의 주주총회 해임결의 없이 이사로서의 권리의무를 상실**하게 된다. 이러한 상법 제385조 제1항의 입법취지, 임기만료 후 이사로서의 권리의무를 행사하고 있는 퇴임이사의 지위 등을 종합하면, 상법 제385조 제1항에서 해임대상으로 정하고 있는 '이사'에는 '임기만료 후 이사로서의 권리의무를 행사하고 있는 퇴임이사'는 포함되지 않는다고 보아야 한다(대법원 2021. 8. 19. 선고 2020다285406 판결).

㉤ (O) 상법 제383조 제3항은 이사의 임기는 3년을 초과할 수 없도록 규정한 같은 조 제2항에 불구하고 정관으로 그 임기 중의 최종의 결산기에 관한 정기주주총회의 종결에 이르기까지 이를 연장할 수 있다고 규정하고 있는바, 위 규정은 임기가 만료되는 이사에 대하여는 임기 중의 결산에 대한 책임을 지고 주주총회에서 결산서류에 관한 주주들의 질문에 답변하고 변명할 기회를 주는 한편, 회사에 대하여는 정기주주총회를 앞두고 이사의 임기가 만료될 때마다 임시주주총회를 개최하여 이사를 선임하여야 하는 번거로움을 덜어주기 위한 것에 그 취지가 있다. 위와 같은 입법 취지 및 그 규정 내용에 비추어 보면, 위 규정상의 '임기 중의 최종의 결산기에 관한 정기주주총회'라 함은 임기 중에 도래하는 최종의 결산기에 관한 정기주주총회를 말하고, 임기 만료 후 최초로 도래하는 결산기에 관한 정기주주총회 또는 최초로 소집되는 정기주주총회를 의미하는 것은 아니므로, 위 규정은 결국 이사의 임기가 최종 결산기의 말일과 당해 결산기에 관한 정기주주총회 사이에 만료되는 경우에 정관으로 그 임기를 정기주주총회 종결일까지 연장할 수 있도록 허용하는 규정이라고 보아야 한다(대법원 2010. 6. 24. 선고 2010다13541 판결). 정답 ③

57. 甲은 위탁매매업자 乙에게 중고 자동차의 매도를 위탁하였다. 이에 관한 설명 중 옳지 않은 것은?

① 甲이 지정한 가격보다 100만 원이 낮은 가격에 중고 자동차를 매도한 경우, 乙이 그 차액을 부담하면 그 매매는 甲에게 효력이 있다.

② 乙이 丙에게 중고 자동차를 매도한 경우, 丙은 甲을 상대로 직접 위 자동차의 인도를 구할 수 있다.

③ 중고 자동차에 관하여 거래소의 시세가 있을 경우에 乙은 직접 매수인이 될 수 있고, 그 매수가는 乙이 甲에게 통지를 발송할 때의 거래소의 시세에 따른다.

④ 乙로부터 중고 자동차를 매수한 자가 乙에게 그 채무를 이행하지 않는 경우, 다른 약정이나 관습이 없는 한 乙은 甲에게 이를 이행할 책임이 있다.

⑤ 매도 위탁에 따라 乙이 甲으로부터 받은 중고 자동차는 甲과 乙의 채권자 간의 관계에서는 甲의 소유로 본다.

해설

① (O) 위탁자가 지정한 가액보다 염가로 매도하거나 고가로 매수한 경우에도 위탁매매인이 그 차액을 부담한 때에는 그 매매는 위탁자에 대하여 효력이 있다(상법 제106조 제1항). 위탁자가 지정한 가액보다 고가로

매도하거나 렴가로 매수한 경우에는 그 차액은 다른 약정이 없으면 위탁자의 이익으로 한다(상법 제106조 제2항).

② (×) 위탁매매인은 위탁자를 위한 매매로 인하여 상대방에 대하여 직접 권리를 취득하고 의무를 부담한다(상법 제102조). 즉, 丙은 乙을 상대로 자동차 인도를 구할 수 있고, 매매대금도 乙이 丙을 상대로 구할 수 있다.

③ (○) 위탁매매인이 거래소의 시세가 있는 물건 또는 유가증권의 매매를 위탁받은 경우에는 직접 그 매도인이나 매수인이 될 수 있다. 이 경우의 매매대가는 위탁매매인이 매매의 통지를 발송할 때의 거래소의 시세에 따른다(상법 제107조 제1항). 제1항의 경우에 위탁매매인은 위탁자에게 보수를 청구할 수 있다(상법 제107조 제2항).

④ (○) 위탁매매인은 위탁자를 위한 매매에 관하여 상대방이 채무를 이행하지 아니하는 경우에는 위탁자에 대하여 이를 이행할 책임이 있다. 그러나, 다른 약정이나 관습이 있으면 그러하지 아니하다(상법 제105조).

⑤ (○) 위탁매매인이 위탁자로부터 받은 물건 또는 유가증권이나 위탁매매로 인하여 취득한 물건, 유가증권 또는 채권은 위탁자와 위탁매매인 또는 위탁매매인의 채권자간의 관계에서는 이를 위탁자의 소유 또는 채권으로 본다(상법 제103조).

정답 ②

58. 보험계약 체결 시 보험계약자 또는 피보험자가 부담하는 고지의무에 관한 설명 중 옳지 않은 것은? (다툼이 있는 경우 판례에 의함)

① 손해보험에서 중복보험을 체결한 사실은 고지의무의 대상이 되는 중요한 사항에 해당하지 않는다.

② 고지의무 위반을 이유로 한 보험자의 보험계약 해지권의 행사는 보험사고가 발생한 후에도 할 수 있다.

③ 고지의무를 위반한 경우에도 보험자가 고지의무 위반의 사실을 안 날부터 1개월이 경과하거나 계약성립일부터 3년이 경과한 때에는 보험계약을 해지할 수 없다.

④ 고지의무를 위반한 사실과 보험사고 발생 사이에 인과관계가 없음이 증명된 경우, 보험자는 고지의무 위반을 이유로 보험계약을 해지할 수 있으나 보험금을 지급할 책임은 있다.

⑤ 고지의무 위반이 사기에 해당하는 경우, 보험자는 「상법」 제651조에 따라 보험계약을 해지할 수는 있으나 「민법」 제110조에 따라 보험계약을 취소할 수는 없다.

해설

① (○)

[1] 보험계약자나 피보험자가 보험계약 당시에 보험자에게 고지할 의무를 지는 상법 제651조에서 정한 '중요한 사항'이란, 보험사가 보험사고의 발생과 그로 인한 책임부담의 개연율을 측정하여 보험계약의 체결 여부 또는 보험료나 특별한 면책조항의 부가와 같은 보험계약의 내용을 결정하기 위한 표준이 되는 사항으로서, 객관적으로 보험자가 그 사실을 안다면 그 계약을 체결하지 않든가 적어도 동일한 조건으로는 계약을 체결하지 않으리라고 생각되는 사항을 말하고, 어떠한 사실이 이에 해당하는가는 보험의 종류에 따라 달라질 수밖에 없는 사실인정의 문제로서 보험의 기술에 비추어 객관적으로 관찰하여 판단되어야 한다.

[2] 상법 제672조 제2항에서 손해보험에 있어서 동일한 보험계약의 목적과 동일한 사고에 관하여 수개의 보험계약을 체결하는 경우에는 보험계약자는 각 보험자에 대하여 각 보험계약의 내용을 통지하도록 규정하고 있으므로, 이미 보험계약을 체결한 보험계약자가 동일한 보험목적 및 보험사고에 관하여 다른 보험계약을 체결하는 경우 기존의 보험계약에 관하여 고지할 의무가 있다고 할 것이나, 손해보험에 있어서 위와 같이 보험계약자에게 다수의 보험계약의 체결사실에 관하여 고지 및 통지하도록 규정하는 취지는, 손해보험에서 중복보험의 경우에 연대비례보상주의를 규정하고 있는 상법 제672조 제1항과 사기로 인한 중복보험을 무효로 규정하고 있는 상법 제672조 제3항, 제669조 제4항의 규정에 비추어 볼 때, 부당한 이득을 얻기 위한 사기에 의한 보험계약의 체결을 사전에 방지하고 보험자로 하여금 보험사고 발생시 손해의 조사 또는 책임의 범위의 결정을 다른 보험자와 공동으로 할 수 있도록 하기 위한 것일 뿐, 보험사고 발생의 위험을 측정하여 계약을 체결할 것인지 또는 어떤 조건으로 체결할 것인지 판단할 수 있는 자료를 제공하기 위한 것이라고 볼 수는 없으므로 중복보험을 체결한 사실은 상법 제651조의 고지의무의 대상이 되는 중요한 사항에 해당되지 아니한다(대법원 2003. 11. 13. 선고 2001다49623 판결).

② (O) 보험사고가 발생한 후라도 보험자가 제650조, 제651조, 제652조 및 제653조에 따라 계약을 해지하였을 때에는 보험금을 지급할 책임이 없고 이미 지급한 보험금의 반환을 청구할 수 있다. 다만, 고지의무를 위반한 사실 또는 위험이 현저하게 변경되거나 증가된 사실이 보험사고 발생에 영향을 미치지 아니하였음이 증명된 경우에는 보험금을 지급할 책임이 있다(상법 제655조).

③ (O) 보험계약당시에 보험계약자 또는 피보험자가 고의 또는 중대한 과실로 인하여 중요한 사항을 고지하지 아니하거나 부실의 고지를 한 때에는 보험자는 그 사실을 안 날로부터 1월 내에, 계약을 체결한 날로부터 3년 내에 한하여 계약을 해지할 수 있다. 그러나 보험자가 계약당시에 그 사실을 알았거나 중대한 과실로 인하여 알지 못한 때에는 그러하지 아니하다(상법 제651조).

④ (O) 상법 제651조는 고지의무 위반으로 인한 계약해지에 관한 일반적 규정으로 이에 의하면 고지의무에 위반한 사실과 보험사고 발생 사이에 인과관계를 요하지 않는 점, 상법 제655조는 고지의무 위반 등으로 계약을 해지한 때에 보험금액청구에 관한 규정이므로, 그 본문뿐만 아니라 단서도 보험금액청구권의 존부에 관한 규정으로 해석함이 상당한 점, 보험계약자 또는 피보험자가 보험계약 당시에 고의 또는 중대한 과실로 중요한 사항을 불고지·부실고지하면 이로써 고지의무 위반의 요건은 충족되는 반면, 고지의무에 위반한 사실과 보험사고 발생 사이의 인과관계는 '보험사고 발생 시'에 비로소 결정되는 것이므로, 보험자는 고지의무에 위반한 사실과 보험사고 발생 사이의 인과관계가 인정되지 않아 상법 제655조 단서에 의하여 보험금액 지급책임을 지게 되더라도 그것과 별개로 상법 제651조에 의하여 고지의무 위반을 이유로 계약을 해지할 수 있다고 해석함이 상당한 점, 고지의무에 위반한 사실과 보험사고 발생 사이의 인과관계가 인정되지 않는다고 하여 상법 제651조에 의한 계약해지를 허용하지 않는다면, 보험사고가 발생하기 전에는 상법 제651조에 따라 고지의무 위반을 이유로 계약을 해지할 수 있는 반면, 보험사고가 발생한 후에는 사후적으로 인과관계가 없음을 이유로 보험금액을 지급한 후에도 보험계약을 해지할 수 없고 인과관계가 인정되지 않는 한 계속하여 보험금액을 지급하여야 하는 불합리한 결과가 발생하는 점, 고지의무에 위반한 보험계약은 고지의무에 위반한 사실과 보험사고 발생 사이의 인과관계를 불문하고 보험자가 해지할 수 있다고 해석하는 것이 보험계약의 선의성 및 단체성에서 부합하는 점 등을 종합하여 보면, 보험자는 고지의무를 위반한 사실과 보험사고의 발생 사이의 인과관계를 불문하고 상법 제651조에 의하여 고지의무 위반을 이유로 계약을 해지할 수 있다. 그러나 보험금액청구권에 관해서는 보험사고 발생 후에 고지의무 위반을 이유로 보험계약을 해지한 때에는 고지의무에 위반한 사실과 보험사고 발생 사이의 인과관계에 따라 보험금액 지급책임이 달라지고, 그 범위 내에서 계약해지의 효력이 제한될 수 있다(대법원 2010. 7. 22. 선고 2010다25353 판결).

⑤ (×) 보험계약을 체결하면서 중요한 사항에 관한 보험계약자의 고지의무 위반이 사기에 해당하는 경우에는

보험자는 상법의 규정에 의하여 계약을 해지할 수 있음은 물론 보험계약에서 정한 취소권 규정이나 민법의 일반원칙에 따라 보험계약을 취소할 수 있다. 따라서 보험금을 부정취득할 목적으로 다수의 보험계약이 체결된 경우에 민법 제103조 위반으로 인한 보험계약의 무효와 고지의무 위반을 이유로 한 보험계약의 해지나 취소는 그 요건이나 효과가 다르지만, 개별적인 사안에서 각각의 요건을 모두 충족한다면 위와 같은 구제수단이 병존적으로 인정되고, 이 경우 보험자는 보험계약의 무효, 해지 또는 취소를 선택적으로 주장할 수 있다(대법원 2017. 4. 7. 선고 2014다234827 판결). 정답 ⑤

59. 상호 및 상호권에 관한 설명 중 옳지 않은 것은? (다툼이 있는 경우 판례에 의함)

① 甲이 상호를 먼저 등기한 후에 乙이 그와 동일 또는 유사한 상호를 동종영업의 상호로 등기하였다면, 甲은 자신이 선(先)등기자라는 이유를 들어 乙을 상대로 그 상호등기의 말소를 청구할 수 있다.

② 甲이 자신의 상호를 등기하지 않고 있는 동안에 乙이 부정한 목적으로 甲의 영업으로 오인할 수 있는 상호를 사용하여 甲이 손해를 받을 염려가 있는 경우, 甲은 乙에 대하여 乙이 등기한 상호의 말소를 청구할 수 있다.

③ 하나의 영업에 여러 상호를 사용하는 것은 원칙적으로 금지되지만, 반대로 한 상인이 수 개의 영업을 영위하면서 하나의 상호를 공통적으로 사용하는 것은 허용된다.

④ 회사의 경우 상호는 반드시 등기해야 하지만, 자연인의 경우 상호를 반드시 등기해야 하는 것은 아니다.

⑤ 상호는 영업과 함께 양도하여야 하나, 영업을 폐지한 경우에는 상호만 양도할 수 있다.

해설

① (×), ② (○)

1) [1] 상법 제22조는 "타인이 등기한 상호는 동일한 특별시·광역시·시·군에서 동종 영업의 상호로 등기하지 못한다."고 규정하고 있는바, 위 규정의 취지는 일정한 지역 범위 내에서 먼저 등기된 상호에 관한 일반 공중의 오인·혼동을 방지하여 이에 대한 신뢰를 보호함과 아울러, 상호를 먼저 등기한 자가 그 상호를 타인의 상호와 구별하고자 하는 이익을 보호하는 데 있고, 한편 비송사건절차법 제164조에서 "상호의 등기는 동일한 특별시·광역시·시 또는 군 내에서는 동일한 영업을 위하여 타인이 등기한 것과 확연히 구별할 수 있는 것이 아니면 이를 할 수 없다."고 규정하여 먼저 등기된 상호가 상호등기에 관한 절차에서 갖는 효력에 관한 규정을 마련하고 있으므로, 상법 제22조의 규정은 동일한 특별시·광역시·시 또는 군 내에서는 동일한 영업을 위하여 타인이 등기한 상호 또는 확연히 구별할 수 없는 상호의 등기를 금지하는 효력과 함께 그와 같은 상호가 등기된 경우에는 선등기자가 후등기자를 상대로 그와 같은 등기의 말소를 소로써 청구할 수 있는 효력도 인정한 규정이라고 봄이 상당하다.

[2] 상법 제23조 제1항은 "누구든지 부정한 목적으로 타인의 영업으로 오인할 수 있는 상호를 사용하지 못한다."고 규정하고 있고, 같은 조 제4항은 "동일한 특별시·광역시·시·군에서 동종 영업으로 타인이 등기한 상호를 사용하는 자는 부정한 목적으로 사용하는 것으로 추정한다."고 규정하고 있는바, 위 조항에 규정된 '부정한 목적'이란 어느 명칭을 자기의 상호로 사용함으로써 일반인으로 하여금 자기의 영업을 그 명칭에 의하여 표시된 타인의 영업으로 오인시키려고 하는 의도를 말한다(대법원 2004. 3. 26. 선고 2001다72081 판결).

2) 상법 제23조의 상호폐지청구권은 유사상호에도 인정되고, 다른 자가 상호를 먼저 등기한 경우에도 제23조의 요건을 입증하여 그 상호등기의 말소를 청구할 수 있다. 이에 반해, 상법 제22조의 동일상호 등기자의 등기배척권은 **동일상호에 대해서만 적용**된다.

③ (O)

1) 동일한 영업에는 단일상호를 사용하여야 한다(상법 제21조 제1항). 이처럼 하나의 영업에 여러 상호는 사용하는 것은 원칙적으로 금지되지만, 반대로 수개의 영업을 영위하면서 하나의 상호를 공통적으로 사용하는 것은 허용된다.

2) 수개의 영업을 하는 경우 영업별로 다른 상호를 쓰거나 공통된 상호를 쓸 수 있다. 다만 회사는 상호가 단순히 영업만 표시하는 것에 그치지 않고 회사 자체를 표상하기 때문에, 회사가 수 개의 독립된 영업을 하더라도 회사를 나타내는 하나의 상호만 사용해야 한다.

④ (O) 회사의 상호는 반드시 등기하여야 한다. 즉 절대적 등기사항이다(상법 제317조 제2항 제1호). 자연인인 상인의 경우에는 등기가 절대적인 것은 아니다. 다만, 상호등기를 하면 상법 제22조에 의하여 '타인이 등기한 상호는 동일한 특별시·광역시·시·군에서 동종영업의 상호로 등기하지 못한다.'에 근거한 보호를 받을 수 있다.

⑤ (O) 상호는 영업을 폐지하거나 영업과 함께 하는 경우에 한하여 이를 양도할 수 있다(상법 제25조 제1항). 상호의 양도는 등기하지 아니하면 제3자에게 대항하지 못한다(상법 제25조 제2항). **정답** ①

60. 어음의 선의취득에 관한 설명 중 옳지 않은 것은? (다툼이 있는 경우 판례에 의함)

① 어음의 선의취득으로 인하여 치유되는 하자의 범위에는 양도인이 무권리자인 경우뿐만 아니라 양도행위에 대리권의 흠결이나 하자가 있는 경우도 포함된다.

② 어음채무자의 인적 항변사실에 관하여 어음의 선의취득자가 어음채무자를 해할 것을 알고 취득하더라도 인적 항변은 절단된다.

③ 어음을 선의취득한 자의 경우에도 공시최고절차에서 권리 신고를 하지 않은 채 그 어음에 대한 제권판결이 선고된 이상 불복의 소를 제기하여 취소판결을 받기 전에는 그 어음상 권리를 주장할 수 없다.

④ 어음을 지명채권 양도방법이나 전부명령에 의하여 취득한 경우에는 선의취득이 인정되지 않는다.

⑤ 선의취득자로부터 그 권리를 양수한 자는 설사 양도인이 그 이전에 무권리자로부터 취득하였다는 점에 관하여 악의라 할지라도 완전한 권리를 취득한다.

해설

① (O)

[가] 어음의 선의취득으로 인하여 치유되는 하자의 범위 즉, 양도인의 범위는 양도인이 무권리자인 경우뿐만 아니라 대리권의 흠결이나 하자 등의 경우도 포함된다.

[나] 어음 문면상 회사 명의의 배서를 위조한 총무부장으로부터 어음할인의 방법으로 그 어음을 취득한 사안에서, 악의 또는 중대한 과실이 없다고 보아 선의취득을 인정한 사례(대법원 1995. 2. 10. 선고 94다55217 판결).

② (×)

1) 환어음에 의하여 청구를 받은 자는 발행인 또는 종전의 소지인에 대한 인적관계로 인한 항변으로써 소지인에게 대항하지 못한다. 그러나 소지인이 그 채무자를 해할 것을 알고 어음을 취득한 때에는 그러하지 아니하다(어음법 제17조).

2) 어음 선의취득의 효과로서 무권리의 항변은 절단된다. 그러나 인적항변의 절단여부는 별개로서 따로 판단해야 한다. 따라서 어음선의취득자에게 해의가 있는 경우 인적항변은 절단되지 않는다.

③ (O) 약속어음에 관한 제권판결의 효력은 그 판결 이후에 있어서 당해 어음을 무효로 하고 공시최고 신청인에게 어음을 소지함과 동일한 지위를 회복시키는 것에 그치는 것이고 공시최고 신청인이 실질상의 권리자임을 확정하는 것은 아니나, 취득자가 소지하고 있는 약속어음은 제권판결의 소극적 효과로서 약속어음으로서의 효력이 상실되는 것이므로 약속어음의 소지인은 무효로 된 어음을 유효한 어음이라고 주장하여 어음금을 청구할 수 없다. 어음소지인이 공시최고 전에 선의취득하였다고 하여 위와 같은 이치를 달리 볼 것이 아니다(대법원 1994. 10. 11. 선고 94다18614 판결). 이른바 제권판결 우선설에 따른 판례로 이해하면 된다.

④ (O) 어음의 선의취득을 위해서는 배서 또는 교부에 의하여 취득되어야 한다. 따라서, 상속이나 회사합병 등의 포괄승계취득이나 전부명령 또는 지명채권양도 방법에 의한 취득의 경우에는 선의취득이 인정되지 않는다. 그 결과 지명채권양도의 효력만 있는 기한후배서나 또는 지명채권양도방법으로만 양도할 수 있는 지시금지어음의 배서에는 선의취득이 인정되지 아니한다.

⑤ (O) 선의취득자로부터 권리를 양수한 자는 양도인이 무권리자로부터 취득했다는 점에 대해 악의가 있더라도 완전한 권리를 취득할 수 있다. 선의취득에 의한 권리의 취득은 법률의 규정에 의한 원시취득이므로, 그 선의취득자로부터 권리를 승계취득한 자는 선의취득자에게 권리를 양도한 자가 그 이전에 무권리자로부터 이를 취득하였다는 점에 관하여 악의라 할지라도 완전한 권리를 취득한다. 정답 ②

61. 甲은 乙에게 1,000만 원의 범위에서 어음금액을 보충할 수 있는 보충권을 부여하고, 어음금액만을 기재하지 않은 채 약속어음을 발행·교부하였다. 이에 관한 설명 중 옳지 않은 것은? (다툼이 있는 경우 판례에 의함)

① 乙이 甲을 상대로 어음금액을 보충하지 않고 어음금청구의 소를 제기한 경우, 사실심 변론종결 시까지 보충권을 행사하여야 한다.

② 乙이 어음금액을 2,000만 원으로 기재한 후 이를 중대한 과실 없이 믿은 丙에게 어음을 배서양도한 경우, 甲은 丙에게 기재된 문구대로 어음채무를 부담한다.

③ 乙이 어음금액을 보충하지 않은 채 甲에게 지급제시한 경우, 甲은 이행지체책임을 지지 않는다.

④ 乙로부터 만기가 도래하기 전에 배서양도를 받은 丙이 지급제시기간이 경과한 후 어음금액을 보충하였다면 乙의 배서는 기한 후 배서이다.

⑤ 乙이 어음금액을 보충하지 않은 채 어음을 분실한 경우에도 공시최고에 의한 제권판결을 받을 수 있다.

해설

① (O) 약속어음의 소지인이 어음요건의 일부를 흠결한 이른바 백지어음에 기하여 어음금 청구소송(이하 '전소'라고 한다)을 제기하였다가 위 어음요건의 흠결을 이유로 청구기각의 판결을 받고 위 판결이 확정된

후 위 백지 부분을 보충하여 완성한 어음에 기하여 다시 전소의 피고에 대하여 어음금 청구소송(이하 '후소'라고 한다)을 제기한 경우에는, 원고가 전소에서 어음요건의 일부를 오해하거나 그 흠결을 알지 못했다고 하더라도, 전소와 후소는 동일한 권리 또는 법률관계의 존부를 목적으로 하는 것이어서 그 소송물은 동일한 것이라고 보아야 한다. 그리고 확정판결의 기판력은 동일한 당사자 사이의 소송에 있어서 변론종결 전에 당사자가 주장하였거나 주장할 수 있었던 모든 공격 및 방어방법에 미치는 것이므로, 약속어음의 소지인이 전소의 사실심 변론종결일까지 백지보충권을 행사하여 어음금의 지급을 청구할 수 있었음에도 위 변론종결일까지 백지 부분을 보충하지 않아 이를 이유로 패소판결을 받고 그 판결이 확정된 후에 백지보충권을 행사하여 어음이 완성된 것을 이유로 전소 피고를 상대로 다시 동일한 어음금을 청구하는 경우에는, 위 백지보충권 행사의 주장은 특별한 사정이 없는 한 전소판결의 기판력에 의하여 차단되어 허용되지 않는다(대법원 2008. 11. 27. 선고 2008다59230 판결).

② (O)

1) 미완성으로 발행한 어음에 미리 합의한 사항과 다른 내용을 보충한 경우에는 그 합의의 위반을 이유로 소지인에게 대항하지 못한다. 그러나 소지인이 악의 또는 중대한 과실로 인하여 어음을 취득한 경우에는 그러하지 아니하다(어음법 제77조 제2항, 제10조).

2) 어음금액이 백지인 어음을 취득하면서 보충권한을 부여받은 자의 지시에 의하여 어음금액란을 보충하는 경우 보충권의 내용에 관하여 어음의 기명날인자에게 직접 조회하지 않았다면 특별한 사정이 없는 한 취득자에게 중대한 과실이 있다(대법원 1978. 3. 14. 선고 77다2020 판결).

3) 부당보충에 대하여 중대한 과실 없이 믿은 소지인 丙에게 발행인 甲은 어음에 기재된 문구대로 어음채무를 부담한다.

4) **참고** : 소지인이 악의 또는 중과실로 부당보충된 어음을 취득한 경우에도 보충권 수여의 범위 내에서는 발행인이 여전히 어음상의 책임을 진다(대법원 1999. 2. 9. 선고 98다37736 판결).

③ (O) 백지어음이란 어음행위자가 후일 어음소지인으로 하여금 어음요건의 전부 또는 일부를 보충시킬 의사로서 일부러 기재하지 않고 어음용지에 기명날인 또는 서명하여 어음행위를 한 미완성의 어음으로서 어음요건 중 일부를 백지로 하여 어음행위를 한 경우 백지어음으로 추정한다(대법원 1976. 3. 9. 선고 75다984 판결). 백지어음에 의한 지급제시는 적법하지 않아 배서인등에 대한 소구권도 발생하지 않고(대법원 1992.10.27. 선고 91다24724 판결), 발행인에 대하여 지체책임도 물을 수 없다(대법원 1992. 3.10. 선고 91다28313 판결).

④ (×) 백지어음에 있어서 백지의 보충시와 어음행위 자체의 성립시기와는 엄격히 구별하여야 할 문제로서 백지의 보충없이는 어음상의 권리를 행사할 수 없으나 어음행위의 성립시기를 곧 백지의 보충시기로 의제할 수는 없는 것이며 그 성립시기는 그 어음행위 자체의 성립시기로 결정하여야 할 것이므로 백지어음에 만기 전에 한 배서는 만기 후에 백지가 보충된 때에도 기한후 배서로 볼 것이 아니다(대법원 1971. 8. 31. 선고 68다1176 전원합의체 판결).

⑤ (O)

1) 제권판결 제도는 증권 또는 증서를 상실한 자에게 이를 소지하고 있는 것과 같은 형식적 자격을 부여하여 그 권리를 실현할 수 있도록 하려는 것인 점과, 백지어음의 발행인은 백지보충을 조건으로 하는 어음금지급채무를 부담하게 되고, 백지에 대한 보충권과 백지보충을 조건으로 한 어음상의 권리는 백지어음의 양도와 더불어 양수인에게 이전되어 그 소지인은 언제라도 백지를 보충하여 어음상의 권리를 행사할 수 있으므로, 백지어음은 어음거래상 완성어음과 같은 경제적 가치를 가지면서 유통되고 있는 점을 함께 고려하여 보면, 백지어음에 대한 제권판결을 받은 자는 발행인에 대하여 백지보충권과 백지보충을 조건으로 한 어음상의 권리까지를 모두 민사소송법 제468조(제권판결의 효력)에 규정된 '증서에 의한 권리'로서 주장할 수 있다고 봄이 상당하고, 따라서 백지어음의 제권판결을 받은 자는 발행인에 대하여 백지

부분에 대하여 어음 외의 의사표시에 의하여 보충권을 행사하고 그 어음금의 지급을 구할 수 있다(대법원 1998. 9. 4. 선고 97다57573 판결).

2) 위 판결의 함의는 백지어음도 공시최고에 의한 제권판결의 대상이 된다는 의미이다(주석 민사소송법 제9판 제5권 제492조 「증권의 무효선고를 위한 공시최고」).

정답 ④

62. A 주식회사는 자본금 10억 원 미만의 비상장회사로, 甲과 乙을 이사로 두고 있으나 감사는 두고 있지 않다. 甲은 A 회사의 대표이사로서 A 회사의 모든 주식을 소유하고 있다. 이에 관한 설명 중 옳지 않은 것은? (각 지문은 독립적이며, 다툼이 있는 경우 판례에 의함)

① A 회사의 유일한 영업재산을 丙에게 양도할 때 甲의 동의가 있다면 그 처분은 유효하다.
② 이사인 乙이 사임할 의사가 없음에도 甲의 신청에 의하여 乙이 사임하였다는 내용이 등기부에 기재된 경우, 이를 공정증서원본에 부실(不實)의 사실을 기재하게 한 것이라고 할 수는 없다.
③ 甲은 특별한 사정이 없는 한 단독으로 A 회사의 파산신청을 할 수 있다.
④ A 회사가 乙에 대하여 또는 乙이 A 회사에 대하여 소를 제기하는 경우에 A 회사, A 회사의 이사 또는 이해관계인은 법원에 A 회사를 대표할 자를 선임하여 줄 것을 신청하여야 한다.
⑤ A 회사가 주주총회를 소집하는 경우, 주주총회일의 10일 전에 甲에게 서면으로 통지를 발송하거나 甲의 동의를 받아 전자문서로 통지를 발송할 수 있다.

해설

① **(O)** 실질상 1인 회사의 소유 재산을 그 회사의 대표이사이자 1인 주주가 처분하였다면 그러한 처분의사 결정은 곧 주주총회의 특별결의에 대치되는 것이라 할 것이므로 그 재산이 회사의 유일한 영업재산이라 하더라도 동 처분은 유효하다(대법원 1976. 5. 11 선고 73다52 판결).

② **(×)** 1인 주주의 의사는 주주총회와 이사회의 의사와 같으므로 주주총회나 이사회의 결의에 의해야 할 임원변경등기가 불법하게 되었더라도 1인 주주의 의사와 합치되는 이상 불실등기라고 볼 수는 없으나, 임원이 스스로 사임한 데에 따른 이사사임등기는 주주총회나 이사회의 결의 내지 1인 주주의 의사와는 무관하고 오로지 당해 임원의 의사에 기하는 것이므로 당해 이사의 의사에 기하지 않은 이사사임등기가 1인 주주의 의사에 합치된다고 하여 불실등기가 아니라고 할 수 없다(대법원 1981. 6. 9. 선고 80도2641 판결).

③ **(O)** 자본금 총액이 10억 원 미만으로 이사가 1명 또는 2명인 소규모 주식회사에서는 대표이사가 특별한 사정이 없는 한 이사회 결의를 거칠 필요 없이 파산신청을 할 수 있다. 소규모 주식회사는 각 이사(정관에 따라 대표이사를 정한 경우에는 그 대표이사를 말한다)가 회사를 대표하고 상법 제393조 제1항에 따른 이사회의 기능을 담당하기 때문이다(상법 제383조 제6항, 제1항 단서)(대법원 2021. 8. 26.자 2020마5520 결정).

④ **(O)** 주식회사는 감사를 1명 이상 두어야 하지만, 소규모 회사는 감사를 두지 않을 수 있다(상법 제409조 제4항). 제4항에 따라 감사를 선임하지 아니한 회사가 이사에 대하여 또는 이사가 그 회사에 대하여 소를 제기하는 경우에 회사, 이사 또는 이해관계인은 법원에 회사를 대표할 자를 선임하여 줄 것을 신청하여야 한다(상법 제409조 제5항). 제4항에 따라 감사를 선임하지 아니한 경우에는 제412조, 제412조의2 및 제412조의5 제1항·제2항 중 "감사"는 각각 "주주총회"로 본다(상법 제409조 제6항).

⑤ **(O)** 자본금 총액이 10억 원 미만인 회사가 주주총회를 소집하는 경우에는 주주총회일의 10일 전에 각 주주에게 서면으로 통지를 발송하거나 각 주주의 동의를 받아 전자문서로 통지를 발송할 수 있다(상법

제363조 제3항). 자본금 총액이 10억 원 미만인 회사는 주주 전원의 동의가 있을 경우에는 소집절차 없이 주주총회를 개최할 수 있고, 서면에 의한 결의로써 주주총회의 결의를 갈음할 수 있다. 결의의 목적사항에 대하여 주주 전원이 서면으로 동의를 한 때에는 서면에 의한 결의가 있는 것으로 본다(상법 제363조 제4항). 정답 ②

63. A 주식회사는 자본금 20억 원의 비상장회사로 정관에는 사채발행에 관한 별도의 규정을 두고 있지 않다. 이에 관한 설명 중 옳은 것은? (각 지문은 독립적이며, 다툼이 있는 경우 판례에 의함)

① A 회사가 법령 또는 정관에 위반하거나 현저하게 불공정한 방법에 의하여 전환사채를 발행함으로써 주주가 불이익을 받을 염려가 있는 경우, 그 주주는 A 회사에 대하여 그 전환사채 발행의 유지(留止)를 청구할 수 있다.

② A 회사가 전환사채를 발행한 경우, 이후 전환권의 행사로 인한 신주발행에 대해서는 신주발행 무효의 소로써 다툴 수 있으며, 그 제소기간은 전환사채의 발행일부터 기산한다.

③ 주주 또는 주주외의 자에게 신주인수권부사채를 발행하려는 경우, 신주인수권부사채의 총액, 신주인수권의 내용과 신주인수권을 행사할 수 있는 기간 등에 관한 내용은 정관에 규정이 없으므로 A 회사 주주총회의 특별결의로써 이를 정하여야 한다.

④ A 회사가 전환사채를 발행한 경우, 그 전환사채발행무효의 소 및 전환사채발행부존재확인의 소에 대하여는 신주발행무효의 소에 관한 「상법」 제429조를 유추적용하여 6개월의 제소기간의 제한이 적용된다.

⑤ A 회사가 신주인수권부사채를 발행한 때에는 이를 등기하여야 하며, 신주인수권부사채를 발행받은 자가 신주인수권을 행사한 경우에는 신주 납입기일의 다음 날부터 주주의 권리의무가 있다.

해 설

① (O)

1) 제346조 제2항, 제424조 및 제424조의2의 규정은 전환사채의 발행의 경우에 이를 준용한다(상법 제516조). 회사가 법령 또는 정관에 위반하거나 현저하게 불공정한 방법에 의하여 주식을 발행함으로써 주주가 불이익을 받을 염려가 있는 경우에는 그 주주는 회사에 대하여 그 발행을 유지할 것을 청구할 수 있다(상법 제424조).

2) 전환사채발행유지 청구는 회사가 법령 또는 정관에 위반하거나 현저하게 불공정한 방법에 의하여 전환사채를 발행함으로써 주주가 불이익을 받을 염려가 있는 경우에 회사에 대하여 그 발행의 유지를 청구하는 것으로서(상법 제516조 제1항, 제424조), 전환사채 발행의 효력이 생기기 전, 즉 전환사채의 납입기일까지 이를 행사하여야 할 것이고, 한편 전환사채권자가 전환 청구를 하면 회사는 주식을 발행해 주어야 하는데, 전환권은 형성권이므로 전환을 청구한 때에 당연히 전환의 효력이 발생하여 전환사채권자는 그 때부터 주주가 되고 사채권자로서의 지위를 상실하게 되므로(상법 제516조, 제350조) 그 이후에는 주식 전환의 금지를 구할 법률상 이익이 없게 될 것이다(대법원 2004. 8. 16. 선고 2003다9636 판결).

② (×)

1) 전환사채는 전환권의 행사로 장차 주식으로 전환될 수 있는 권리가 부여된 사채이다. 이러한 전환사

채의 발행은 주식회사의 물적 기초와 기존 주주들의 이해관계에 영향을 미친다는 점에서 사실상 신주를 발행하는 것과 유사하므로 전환사채 발행의 경우에도 신주발행무효의 소에 관한 상법 제429조가 유추 적용된다. 전환사채 발행의 무효는 주주 등이 전환사채를 발행한 날로부터 6월 내에 소만으로 주장할 수 있고, 6월의 출소기간이 지난 뒤에는 새로운 무효 사유를 추가하여 주장할 수 없다. 따라서 전환사채 발행일로부터 6월 내에 전환사채발행무효의 소가 제기되지 않거나 6월 내에 제기된 전환사채발행무효의 소가 적극적 당사자의 패소로 확정되었다면, 이후에는 더 이상 전환사채 발행의 무효를 주장할 수 없다. 다만 전환권의 행사로 인한 신주 발행에 대해서는 상법 제429조를 적용하여 신주발행무효의 소로써 다툴 수 있겠지만, 이때에는 특별한 사정이 없는 한 전환사채 발행이 무효라거나 그를 전제로 한 주장은 제기될 수 없고 전환권 행사나 그에 따른 신주 발행에 고유한 무효 사유가 있다면 이를 주장할 수 있을 뿐이다(대법원 2022. 11. 17. 선고 2021다205650 판결).

2) 신주발행무효의 소의 제소기간은 신주 발행일로부터 기산하여야 하고, 설령 신주 발행이 신주인수권부사채에 부여된 신주인수권의 행사 결과에 따른 것이라 할지라도 신주인수권부사채 발행일부터 기산되는 것은 아니다(대법원 2022. 10. 27. 선고 2021다201054 판결).

③ **(×)** 회사는 신주인수권부사채를 발행할 수 있다(상법 제516조의2 제1항). 제1항의 경우에 다음의 사항으로서 정관에 규정이 없는 것은 이사회가 이를 결정한다. 그러나 정관으로 주주총회에서 이를 결정하도록 정한 경우에는 그러하지 아니하다(상법 제516조의2 제2항).

제1호 : 신주인수권부사채의 총액

제2호 : 각 신주인수권부사채에 부여된 신주인수권의 내용

제3호 : 신주인수권을 행사할 수 있는 기간

제4호 : 신주인수권만을 양도할 수 있는 것에 관한 사항

(이하 생략)

④ **(×)** 전환사채 발행의 경우에도 신주발행무효의 소에 관한 상법 제429조가 유추적용되나(대법원 2004. 6. 25. 선고 2000다37326 판결), 전환사채 발행의 실체가 없음에도 전환사채 발행의 등기가 되어 있는 외관이 존재하는 경우 이를 제거하기 위한 전환사채발행부존재 확인의 소에 있어서는 상법 제429조 소정의 6월의 제소기간의 제한이 적용되지 아니한다(대법원 2004. 8. 20. 선고 2003다20060 판결).

⑤ **(×)**

1) 회사가 신주인수권부사채를 발행한 때에는 상법 제516조의8 각호의 사항을 등기하여야 한다.

2) 제516조의9 제1항에 따라 신주인수권을 행사한 자는 동항의 납입을 한 때에 주주가 된다(상법 제516조의10 전문).

정답 ①

64. A 주식회사는 甲이 대표이사이자 발행주식총수의 과반수에 해당하는 주식을 가진 대주주로 있는 비상장 회사이다. A 회사는 B 주식회사로부터 신주발행 방식으로 두자를 유치하면서 甲, A 회사, B 회사를 당사자로 하는 다음과 같은 내용의 투자계약을 체결하였다. 위 투자계약에 따라 A 회사는 「상법」에서 정한 절차에 따라 주주가 상환권 및 전환권을 가지는 상환전환우선주를 발행하였고, B 회사는 이를 인수하고 주금을 납입하였다. 이에 관한 설명 중 옳은 것을 모두 고른 것은? (다툼이 있는 경우 판례에 의함)

1. B 회사의 서면 동의 없이 A 회사의 회생절차가 개시되는 경우(회생절차 개시를 신청한 자가 누구인지 및 A 회사의 귀책사유 유무를 불문한다), A 회사는 B 회사에게 위약벌로 B 회사가 인수한 주식 1주당 취득가액과 그 금액에 대하여 발행일부터 상환일까지 연 10%의 이자를 지급한다.

2. A 회사는 이사회의 권한에 속하는 주요한 경영사항에 대하여 B 회사로부터 사전 동의를 받아야 하고, 이를 위반할 경우 B 회사에게 손해배상 명목으로 B 회사가 인수한 주식에 대한 조기상환청구권을 부여한다.
3. 甲은 A 회사가 1. 및 2.에서 B 회사에게 부담하는 채무를 연대하여 이행하며, 甲의 채무이행 방법으로 B 회사가 그 인수한 주식의 매수를 甲에 대하여 청구하면 해당 주식에 관하여 매매계약이 체결된다.

ㄱ. 1.과 관련하여 A 회사와 B 회사가 체결한 부분은 특별한 사정이 없는 한 주주평등의 원칙을 위반하여 무효이고, 이는 A 회사의 다른 주주 전원이 그와 같은 차등적 취급에 동의하였다 하더라도 마찬가지이다.
ㄴ. 1. 및 3.과 관련하여 甲과 B 회사가 체결한 부분에는 주주평등의 원칙이 직접 적용되고, 그 부분의 효력은 특별한 사정이 없는 한 A 회사와 B 회사가 체결한 부분과 결합하여 유효성을 판단하여야 한다.
ㄷ. B 회사가 신주를 인수하면서 A 회사의 주요한 경영사항에 대한 사전동의권을 가지는 것으로 정한 2.는 「상법」에서 규정하는 이사회의 권한을 침해하는 것으로 위법하므로, 다른 특별한 사정이 있더라도 무효이다.
ㄹ. 2.와 관련하여 B 회사가 A 회사의 주요한 경영사항에 대하여 사전동의권을 가지는 경우, 사전동의권이 주식 그 자체에 부여된 것은 아니므로 「상법」상 허용될 수 없는 특별한 종류의 주식이 발행된 것은 아니다.
ㅁ. 3.과 관련하여 B 회사의 甲에 대한 주식매수청구권은 형성권에 해당하고, 그 행사기간은 「상법」 제64조를 유추적용하여 5년의 제척기간이 적용된다.

① ㄱ, ㄹ ② ㄴ, ㄹ ③ ㄱ, ㄹ, ㅁ
④ ㄴ, ㄷ, ㅁ ⑤ ㄱ, ㄴ, ㄷ, ㅁ

해설

㉠ (O)
1) 이 사건 투자계약의 일부인 이 사건 약정 중 원고들과 이 사건 회사가 체결한 부분은, "원고들의 서면 동의 없는 회생절차의 개시신청이 있거나 그 절차가 개시되는 경우"에 금전지급채무가 발생한다고 정함으로써 이 사건 회사에 귀책사유가 있는지 여부와 무관하게 단지 경영성과가 부진하여 다른 신청권자의 신청에 의해 회생절차가 개시된 경우에도 회사로 하여금 원고들에게 주식인수대금과 소정의 가산금을 지급할 의무를 부담하게 하는 내용이다. 따라서 이 사건 약정은 실질적으로 회사가 원고들에게 투하자본의 회수를 절대적으로 보장함으로써 다른 주주들에게 인정되지 않는 우월한 권리를 부여하는 것이고, 배당가능이익이 없어도 회사의 재산으로 사실상 출자를 환급하여 주는 것이어서 자본충실의 원칙 등 상법이 허용하는 한도를 벗어난 것이기도 하므로, 설령 이 사건 회사의 다른 주주 전원이 그와 같은 차등적 취급에 동의하였다 하더라도 주주평등의 원칙에 위반하여 무효이다(대법원 2023. 7. 13. 선고 2022다224986 판결 이유 중).
2) **비교 판례** : '회사가' 회생절차 개시신청을 할 경우 사전에 원고로부터 서면동의를 얻도록 한 사전동의 약정은 주주평등의 원칙에 반하지 않는다고 본 판례

피고는 이 사건 동의권 약정으로 인해 원고의 동의 없이는 회생절차 개시신청을 할 수 없게 되었는데, 회사의 주주 중 원고에게만 회생절차 개시신청 여부에 대한 사전 동의권을 부여함으로써 다른 주주가 실질적·직접적인 손해나 불이익을 입었다고 단정하기 어렵고, 오히려 원고에게 피고의 경영활동에 대한 감시의 기회를 제공함으로써 다른 소수주주에게 이익이 될 가능성도 있다. 피고가 원고에게 회생절차 개시신청의 필요성을 설명하고 설득하는 절차를 거침으로써 보다 신중한 경영판단을 하게 되어 결과적으로 회사 전체의 이익을 증진시키는 효과를 기대할 수 있다. 그럼에도 이 사건 손해배상약정이 주주평등의 원칙에 위반하여 무효라고 본 원심의 판단에는 주주평등의 원칙에 관한 법리를 오해하여 필요한 심리를 다하지 않는 등으로 판결에 영향을 미친 잘못이 있다(대법원 2023. 7. 13. 선고 2023다210670 판결 판결 이유 중).

ⓛ (×) 주주평등의 원칙은 주주와 회사의 법률관계에 적용되는 원칙이고, 주주가 회사와 계약을 체결할 때 회사의 다른 주주 내지 이사 개인이 함께 당사자로 참여한 경우 **주주와 다른 주주 사이의 계약은 주주평등과 관련이 없으므로, 주주와 회사의 다른 주주 내지 이사 개인의 법률관계에는 주주평등의 원칙이 직접 적용되지 않는다. 주주는 회사와 계약을 체결하면서 사적자치의 원칙상 다른 주주 내지 이사 개인과도 회사와 관련한 계약을 체결할 수 있고, 그 계약의 효력은 특별한 사정이 없는 한 주주와 회사가 체결한 계약의 효력과는 별개로 보아야 한다.** 나아가 주주가 회사의 다른 주주 내지 이사 개인과 체결한 계약의 내용을 해석할 때에는 계약의 형식과 내용, 계약이 체결된 동기와 경위 및 목적, 당사자의 진정한 의사 등을 종합적으로 고려하여 논리와 경험의 법칙, 사회일반의 상식과 거래의 통념에 따라 합리적으로 해석해야 하는 등 계약 해석에 관한 일반 원칙을 적용할 수 있다(대법원 2023. 7. 13. 선고 2022다224986 판결).

ⓒ (×) 회사가 자금조달을 위해 신주인수계약을 체결하면서 주주의 지위를 갖게 되는 자에게 회사의 의사결정에 대한 사전 동의를 받기로 약정한 경우, 이는 일부 주주에게만 우월한 권리를 부여함으로써 차등대우하는 것이지만, 주주가 납입하는 주식인수대금이 회사의 존속과 발전을 위해 반드시 필요한 자금이었고 투자유치를 위해 해당 주주에게 회사의 의사결정에 대한 동의권을 부여하는 것이 불가피하였으며 그와 같은 동의권을 부여하더라도 다른 주주가 실질적 · 직접적인 손해나 불이익을 입지 않고 오히려 일부 주주에게 회사의 경영활동에 대한 감시의 기회를 제공하여 다른 주주와 회사에 이익이 되는 등 차등적 취급을 정당화할 수 있는 특별한 사정이 있다면 이를 허용할 수 있다. 이 사건 동의권 약정은 일부 주주에게 우월한 권리나 이익을 부여한 것이지만, 이는 주주와 회사 전체의 이익에 부합하는 것으로서 차등적 취급을 정당화할 수 있는 특별한 사정이 있는 경우에 해당한다고 볼 여지가 많다. 구체적인 이유는 아래와 같다.

판결이유 (1), (2), (4)는 생략.

(3) 피고는 이 사건 동의권 약정으로 인해 원고의 동의 없이는 회생절차 개시신청을 할 수 없게 되므로, 피고의 기관인 이사 등의 의사결정 권한을 제한하는 정도는 상당히 높은 수준이라고 볼 수는 있다. 하지만 이 사건 손해배상채권은 피고가 원고의 최고일로부터 2주일 동안 소명 및 시정을 하지 못한 경우에 발생하므로, 피고가 회생절차 개시신청 전에 원고에게 회사의 상황과 회생절차 개시신청의 불가피성을 충분하게 설명하고 원고를 설득하는 절차를 거침으로써 그 책임을 면할 수 있는 취지를 포함하고 있다. 회생절차 개시신청을 하는 것이 회사 전체에 이익이 되는지 여부에 대하여 원고와 피고가 의견을 나누는 과정에서 더 나은 대안을 찾을 수 있고, 피고의 상황이 악화된 원인에 해당하는 경영진의 잘못을 발견할 수도 있으며, 이와 같이 피고가 원고에게 회생절차 개시신청의 필요성을 설명하고 설득하는 절차를 거침으로써 보다 신중한 경영판단을 하게 되어 결과적으로 회사 전체의 이익을 증진시키는 효과를 기대할 수 있다(대법원 2023. 7. 13. 선고 2023다210670 판결).

ⓔ (○) 원고가 이 사건 주식을 인수하면서 피고 회사의 주요한 경영사항에 대한 사전동의권 등을 갖는 약정이 일부 주주에게 우월한 권리나 이익을 부여한 것이긴 하나, 피고 회사 전체의 이익에 부합하는 것으로서

그 차등적 취급을 정당화할 수 있는 특별한 사정이 있는 경우에 해당하여 허용될 여지가 있고, 피고 회사가 이를 위반한 경우 원고에게 손해배상책임 등을 부담하는 약정도 원고가 갖는 사전동의권 등 약정의 이행을 강제하고 그 채무불이행이 있을 때 원고가 입은 손해를 전보하기 위한 것으로, 주주평등 원칙에 위반되어 무효라고 단정하기 어렵다.

판결이유 1)~3), 5)~7)는 생략

4) 원고가 피고 회사의 주요한 경영사항에 대하여 사전통지 내지 사전동의권 등을 갖더라도, 이는 이 사건 신주인수계약에 따른 채권적 권리에 불과하고 제3자가 원고의 주식을 양수받아도 특별한 사정이 없는 한 양수인에게 그와 같은 지위가 승계되지 않는다. 그리고 원고가 이 사건 신주인수계약에 따라 취득한 이 사건 주식은 상환전환우선주 형태로 본래 일정한 상환기간이 경과한 이후 배당가능이익이 존재해야만 비로소 상환권을 행사할 수 있고, 피고 회사의 경영사항에 대한 사전동의권 등이 원고가 보유한 주식 그 자체에 부여되었다고 볼 수도 없으므로, 원고가 보유한 주식이 상법상 허용될 수 없는 특별한 종류의 주식이라고 볼 수도 없다(대법원 2023. 7. 13. 선고 2021다293213 판결).

ⓜ (O) 상행위인 투자 관련 계약에서 투자자가 약정에 따라 투자를 실행하여 주식을 취득한 후 투자대상회사 등의 의무불이행이 있는 때에 투자자에게 다른 주주 등을 상대로 한 주식매수청구권을 부여하는 경우가 있다. 특히 주주 간 계약에서 정하는 의무는 의무자가 불이행하더라도 강제집행이 곤란하거나 그로 인한 손해액을 주장·증명하기 어려울 수 있는데, 이때 주식매수청구권 약정이 있으면 투자자는 주식매수청구권을 행사하여 상대방으로부터 미리 약정된 매매대금을 지급받음으로써 상대방의 의무불이행에 대해 용이하게 권리를 행사하여 투자원금을 회수하거나 수익을 실현할 수 있게 된다. 이러한 주식매수청구권은 상행위인 투자 관련 계약을 체결한 당사자가 달성하고자 하는 목적과 밀접한 관련이 있고, 그 행사로 성립하는 매매계약 또한 상행위에 해당하므로, 이때 주식매수청구권은 상사소멸시효에 관한 상법 제64조를 유추적용하여 5년의 제척기간이 지나면 소멸한다고 보아야 한다. 한편 투자 관련 계약에서 투자대상회사 등의 의무불이행이 있는 때에 투자자가 형성권인 주식매수청구권을 행사할 수 있다고 정한 경우 특별한 사정이 없는 한 그 행사기간은 투자대상회사 등의 의무불이행이 있는 때부터 기산한다고 보아야 한다. 그렇지 않으면 행사기간이 지난 다음에 비로소 투자대상회사 등의 의무불이행이 있는 경우에 투자자가 주식매수청구권을 행사할 수 없게 되어 불합리하다(대법원 2022. 7. 14. 선고 2019다271661 판결).

정답 ③

65. 건설업과 임대업을 영위하던 A 주식회사는 그 사업 부문 중 임대업 부문을 분리하여 B 주식회사를 신설하였다. A 회사는 건설업과 해운업을 영위하는 C 주식회사가 건설업 부문을 분할하려 하자 그 분할된 건설업 부문을 합병하였다. 또한 A 회사는 운수업을 영위하는 D 주식회사의 운수업 면허를 양수하려고 한다. E 주식회사는 A 회사 발행주식총수의 70%를 소유하고 있다. 이에 관한 설명 중 옳은 것은? (모든 회사는 비상장회사이고, 각 지문은 독립적이며, 다툼이 있는 경우 판례에 의함)

① A 회사의 채무 중 분할계획서에서 채무분담에 대하여 따로 정한 바가 없는 경우 A 회사와 B 회사는 그 채무에 대하여 연대하여 변제할 책임이 있으나, 분할 당시 그 변제기가 도래하지 아니한 채무는 연대책임이 배제되고 A 회사만 변제할 책임이 있다.

② C 회사의 채무 중 분할합병계약서에서 채무분담에 관하여 따로 정한 바가 없는 경우, C 회사의 채권자가 분할합병 이후 C 회사를 상대로 C 회사의 채무에 관한 소를 제기하여 확정판결을 받아 소멸시효기간이 연장되었다면 다른 채무자인 A 회사에도 그 연장의 효력이 미친다.

③ A 회사의 운수업 면허 양수가 A 회사의 영업에 중대한 영향을 미치지 않는 경우, 그 운수업 면허가 D 회사의 사업상 유일한 면허로 이를 양도하여 영업을 폐지하는 때에도 D 회사의 운수업 면허 양도는 D 회사 이사회의 승인으로 족하다.

④ D 회사가 청산하는 경우, 청산사무가 종결한 때에는 청산인은 지체 없이 결산보고서를 작성하고 이를 주주총회에 제출하여 특별결의에 의한 승인을 얻어야 한다.

⑤ A 회사는 분할합병의 대가로 C 회사의 주주에게 E 회사의 주식을 제공할 수 있고, 이를 위하여 A 회사는 E 회사의 주식을 취득할 수 있다.

해설

① (×) 상법 제530조의9 제1항에 따라 주식회사의 분할 또는 분할합병으로 인하여 설립되는 회사와 존속하는 회사가 회사 채권자에게 연대하여 변제할 책임이 있는 분할 또는 분할합병 전의 회사 채무에는, 회사 분할 또는 분할합병의 효력발생 전에 발생하였으나 분할 또는 분할합병 당시에는 아직 그 변제기가 도래하지 아니한 채무도 포함된다(대법원 2008. 2. 14. 선고 2007다73321 판결).

② (×)

1) 구 상법(2015. 12. 1. 법률 제13523호로 개정되기 전의 것, 이하 '구 상법'이라 한다) 제530조의9 제1항은 "분할 또는 분할합병으로 인하여 설립되는 회사 또는 존속하는 회사(이하 '수혜회사'라 한다)는 분할 또는 분할합병 전의 회사채무에 관하여 연대하여 변제할 책임이 있다."라고 정하고 있다. 이는 회사분할로 채무자의 책임재산에 변동이 생겨 채권 회수에 불리한 영향을 받는 채권자를 보호하기 위하여 부과된 법정책임을 정한 것으로, 수혜회사와 분할 또는 분할합병 전의 회사는 분할 또는 분할합병 전의 회사채무에 대하여 부진정연대책임을 진다. 수혜회사가 연대하여 변제할 책임을 부담하는 채무는 분할 또는 분할합병 전의 회사가 채권자에게 부담하는 채무와 동일한 채무이므로, 수혜회사가 채권자에게 부담하는 연대채무의 소멸시효 기간과 기산점도 분할 또는 분할합병 전의 회사가 채권자에게 부담하는 채무와 동일한 것으로 봄이 타당하다. 따라서 채권자가 분할 또는 분할합병 전의 회사를 상대로 소를 제기하여 확정판결을 받아 소멸시효 기간이 연장된 뒤 분할 또는 분할합병이 이루어졌다면, 채권자는 10년으로 연장된 해당 채권의 소멸시효 기간 내에서 수혜회사를 상대로 연대책임을 물을 수 있다(대법원 2017. 12. 22. 선고 2017다213197 판결).

2) 즉, 위 판시를 반대해석하면 '분할합병 이후' C 회사를 상대로 C 회사의 채무에 관한 소를 제기하여 확정판결을 받아 소멸시효기간이 연장되었다면, 부진정연대채무관계에 있는 다른 채무자인 A 회사에는 그 연장의 효력이 미치지 않는다.

③ (×)

[1] 주주총회의 특별결의가 있어야 하는 상법 제374조 제1항 제1호 소정의 '영업의 전부 또는 중요한 일부의 양도'라 함은 일정한 영업목적을 위하여 조직되고 유기적 일체로 기능하는 재산의 전부 또는 중요한 일부를 총체적으로 양도하는 것을 의미하는 것으로서, 이에는 양수 회사에 의한 양도 회사의 영업적 활동의 전부 또는 중요한 일부분의 승계가 수반되어야 하는 것이므로 단순한 영업용 재산의 양도는 이에 해당하지 않으나, 다만 영업용 재산의 처분으로 말미암아 회사 영업의 전부 또는 일부를 양도하거나 폐지하는 것과 같은 결과를 가져오는 경우에는 주주총회의 특별결의가 필요하다.

[2] 당해 특허권을 이용한 공사의 수주를 회사의 주된 사업으로 하고, 위 특허권이 회사의 자산에서 대부분의 비중을 차지하는 경우, 위 특허권의 양도는 회사 영업의 전부 또는 일부를 양도하거나 폐지하는 것과 같은 결과를 가져오는 것이므로 특허권의 양도에는 주주총회의 특별결의가 필요하다고 한 사례(대법원 2004. 7. 8. 선고 2004다13717 판결).

④ (×)

1) 청산사무가 종결한 때에는 청산인은 지체없이 결산보고서를 작성하고 이를 주주총회에 제출하여 승인을 얻어야 한다(상법 제540조 제1항).

2) 상법 제540조 제1항의 승인은 보통결의를 의미한다.

⑤ (○)

1) 제342조의2(자회사에 의한 모회사주식의 취득의 원칙적 금지규정)에도 불구하고 제523조 제4호(합병계약서 기재사항)에 따라 소멸하는 회사의 주주에게 제공하는 재산이 존속하는 회사의 모회사주식을 포함하는 경우에는 존속하는 회사는 그 지급을 위하여 모회사주식을 취득할 수 있다(상법 제523조의2 제1항). 존속하는 회사는 제1항에 따라 취득한 모회사의 주식을 합병 후에도 계속 보유하고 있는 경우 합병의 효력이 발생하는 날부터 6개월 이내에 그 주식을 처분하여야 한다(상법 제523조의2 제2항).

2) 이른바 삼각합병의 예에 해당한다. 이를 통해 C회사를 E회사의 자회사로 만들 수 있다. 정답 ⑤

66. 비상장회사인 A 주식회사의 주주총회 소집통지에 관한 설명 중 옳지 않은 것은? (다툼이 있는 경우 판례에 의함)

① A 회사가 정한 주주총회의 회의일시가 그 소집통지된 시각에 주주의 참석을 기대하기 어려워 주주의 참석권을 침해하기에 이른 정도라면 주주총회의 소집절차가 현저히 불공정한 경우에 해당한다.

② A 회사의 정관에서 본점소재지를 '서울특별시'로 하면서 주주총회의 소집지에 관하여는 특별히 규정하지 않고 있다면, 서울특별시의 인접한 지(地)에서 주주총회를 개최하는 것에 소집지 위반의 하자는 없다.

③ 재무제표가 주주총회에서 승인된 이후 2년 내에 다른 결의가 없으면 A 회사는 부정행위가 아닌 한 이사와 감사의 책임을 해제한 것으로 보나, 이러한 책임 해제는 재무제표 등에 그 책임사유가 기재되어 정기총회에서 승인을 얻은 경우에 한정된다.

④ A 회사의 정관에서 주주총회 결의사항으로 '대표이사의 선임'을 규정하지 않은 경우 A 회사는 이를 주주총회의 목적사항으로 할 수 없다.

⑤ A 회사는 정관이 정한 경우에 한하여 주주가 총회에 출석하지 않고 전자적 방법으로 의결권을 행사하게 할 수 있다.

해 설

① (○) 주주총회의 개회시각이 부득이한 사정으로 당초 소집통지된 시각보다 지연되는 경우에도 사회통념에 비추어 볼 때 정각에 출석한 주주들의 입장에서 변경된 개회시각까지 기다려 참석하는 것이 곤란하지 않을 정도라면 절차상의 하자가 되지 아니할 것이나, 그 정도를 넘어 개회시각을 사실상 부정확하게 만들고 소집통지된 시각에 출석한 주주들의 참석을 기대하기 어려워 그들의 참석권을 침해하기에 이르렀다면 주주총회의 소집절차가 현저히 불공정하다고 하지 않을 수 없고, 또한 소집통지 및 공고가 적법하게 이루어진 이후에 당초의 소집장소에서 개회를 하여 소집장소를 변경하기로 하는 결의조차 할 수 없는 부득이한 사정이 발생한 경우, 소집권자가 대체 장소를 정한 다음 당초의 소집장소에 출석한 주주들로 하여금 변경된 장소에 모일 수 있도록 상당한 방법으로 알리고 이동에 필요한 조치를 다한 때에 한하여 적법하게 소집장소가 변경되었다고 볼 수 있다(대법원 2003. 7. 11. 선고 2001다45584 판결).

② (O)

1) 총회는 정관에 다른 정함이 없으면 본점소재지 또는 이에 인접한 지에 소집하여야 한다(상법 제364조).

2) 피고는 정관에서 본점소재지를 '서울특별시'로 규정하고 있으므로, 피고의 주주총회 소집지의 최소 행정구역은 '서울특별시'이고, 서울특별시의 인접한 지인 고양시에서 개최된 이 사건 주주총회에는 소집지 위반의 하자가 없다(서울고등법원 2006. 4. 12. 선고 2005나74384 판결에서 다툰 쟁점으로 상고심은 대법원 2009. 1. 30. 선고 2006다31269 판결에서 나머지 상고이유 모두 기각이라고 하여 위 2심 판단을 긍정한 사안).

③ (O)

1) 정기총회에서 전조 제1항의 승인을 한 후 2년내에 다른 결의가 없으면 회사는 이사와 감사의 책임을 해제한 것으로 본다. 그러나 이사 또는 감사의 부정행위에 대하여는 그러하지 아니하다(상법 제450조).

2) 상법 제450조에 따른 이사, 감사의 책임해제는 재무제표 등에 그 책임사유가 기재되어 정기총회에서 승인을 얻은 경우에 한정된다(대법원 2007. 12. 13. 선고 2007다60080 판결).

④ (O) 소수주주가 상법 제366조에 따라 주주총회소집허가 신청을 하는 경우, 주주총회 결의사항이 아닌 것을 회의목적사항으로 할 수 없다. 주주총회는 상법 또는 정관이 정한 사항에 한하여 결의할 수 있고(상법 제361조), 대표이사는 정관에 특별한 정함이 없는 한 이사회 결의로 선임되므로(상법 제389조), 정관에서 주주총회 결의사항으로 '대표이사의 선임 및 해임'을 규정하지 않은 경우에는 이를 회의목적사항으로 삼아 상법 제366조에서 정한 주주총회소집허가 신청을 할 수 없다(대법원 2022. 4. 19.자 2022그501 결정).

⑤ (×) 회사는 이사회의 결의로 주주가 총회에 출석하지 아니하고 전자적 방법으로 의결권을 행사할 수 있음을 정할 수 있다(상법 제368조의4 제1항).

정답 ⑤

67. 甲은 A 주식회사 발행주식총수의 과반수에 해당하는 주식을 가진 대주주로서 A 회사의 대표이사인 乙에게 위법한 업무집행을 지시하였고, 이에 따라 乙은 A 회사의 업무를 집행하였다. 한편 A 회사의 미등기 이사인 丙은 "A 주식회사 사장 丙"이라는 명칭을 사용하여 A 회사의 업무를 집행하였다. 甲의 지시 또는 乙, 丙의 업무집행과 관련하여 A 회사에 손해가 발생한 경우, 이에 관한 설명 중 옳은 것은? (다툼이 있는 경우 판례에 의함)

① 甲이 자신의 이익이 아닌 A 회사의 이익을 위하여 乙에게 위법한 업무집행을 지시한 것이라면 甲은 「상법」 제401조의2에 따른 책임을 지지 않는다.

② 乙이 업무를 집행하면서 법령에 위반한 행위를 한 때에도 회사의 경영자로서 요구되는 합리적인 선택의 범위 안에서 판단하고 업무를 집행한 것이라면 경영판단의 원칙에 따라 면책된다.

③ 丙에 대한 「상법」 제401조의2에 따른 배상책임의 성립에는 丙이 A 회사에 대한 영향력을 가지고 있을 것을 요하지 않는다.

④ 丙이 「상법」 제401조의2에 따른 배상책임을 지는 경우 그 책임은 위임관계로 인한 책임이 아니므로 그에 따른 손해배상채권에는 「민법」 제766조 제1항의 단기소멸시효가 적용된다.

⑤ 丙이 「상법」 제401조의2에 따른 배상책임을 지는 경우, 乙은 설령 丙의 업무집행을 알고 이를 방치하였더라도 직접 업무집행을 한 것은 아니므로, A 회사에 대하여 丙과 연대하여 배상책임을 지지 않는다.

해설

① (×), ③ (O), ④ (×)

상법 제401조의2 제1항은 회사에 대한 자신의 영향력을 이용하여 이사에게 업무집행을 지시한 자(제1호), 이사의 이름으로 직접 업무를 집행한 자(제2호) 또는 ③ 이사가 아니면서 명예회장·회장·사장·부사장·전무·상무·이사 기타 회사의 업무를 집행할 권한이 있는 것으로 인정될 만한 명칭을 사용하여 회사의 업무를 집행한 자(제3호)가 그 지시하거나 집행한 업무에 관하여 제399조, 제401조, 제403조 및 제406조의2를 적용하는 경우에는 그 자를 "이사"로 본다고 규정하고 있다. 이는 주식회사의 이사가 아니지만 이사에게 업무집행을 지시하거나 이사처럼 업무를 집행하는 등으로 회사의 업무에 관여한 자에 대하여 그에 상응하는 책임을 묻기 위함이다. 이러한 법률 문언 내용과 입법 취지에 비추어 보면, ① 상법 제401조의2 제1항 각호에 해당하는 자는 회사의 이사는 아니지만 상법 제399조에서 정한 손해배상책임을 적용함에 있어 그가 관여한 업무에 관하여 법령준수의무를 비롯하여 이사와 같은 선관주의의무와 충실의무를 부담하고, 이를 게을리하였을 경우 회사에 대하여 그로 인한 손해배상책임을 지게 되는 것이다. 이와 같이 상법 제401조의2 제1항이 정한 손해배상책임은 상법에 의하여 이사로 의제되는 데 따른 책임이므로 그에 따른 손해배상채권에는 ④ 일반 불법행위책임의 단기소멸시효를 규정한 민법 제766조 제1항이 적용되지 않는다.

② (×) 상법 제399조는 이사가 법령에 위반한 행위를 한 경우에 회사에 대하여 손해배상책임을 지도록 규정하고 있는데, 이사가 임무를 수행함에 있어서 위와 같이 법령에 위반한 행위를 한 때에는 그 행위 자체가 회사에 대하여 채무불이행에 해당하므로, 그로 인하여 회사에 손해가 발생한 이상 특별한 사정이 없는 한 손해배상책임을 면할 수 없다. 한편, 이사가 임무를 수행함에 있어서 선량한 관리자의 주의의무를 위반하여 임무위반으로 인한 손해배상책임이 문제되는 경우에도, 통상의 합리적인 금융기관의 임원이 그 당시의 상황에서 적합한 절차에 따라 회사의 최대이익을 위하여 신의성실에 따라 직무를 수행하였고 그 의사결정과정 및 내용이 현저하게 불합리하지 않다면, 그 임원의 행위는 경영판단이 허용되는 재량범위 내에 있다고 할 것이나, 위와 같이 이사가 법령에 위반한 행위에 대하여는 원칙적으로 경영판단의 원칙이 적용되지 않는다(대법원 2007. 7. 26. 선고 2006다33609 판결).

⑤ (×) 다음 각 호의 어느 하나에 해당하는 자가 그 지시하거나 집행한 업무에 관하여 제399조, 제401조, 제403조 및 제406조의2를 적용하는 경우에는 그 자를 "이사"로 본다(상법 제401조의2 제1항).

제1호 : 회사에 대한 자신의 영향력을 이용하여 이사에게 업무집행을 지시한 자

제2호 : 이사의 이름으로 직접 업무를 집행한 자

제3호 : 이사가 아니면서 명예회장·회장·사장·부사장·전무·상무·이사 기타 회사의 업무를 집행할 권한이 있는 것으로 인정될 만한 명칭을 사용하여 회사의 업무를 집행한 자

제1항의 경우에 회사 또는 제3자에 대하여 손해를 배상할 책임이 있는 **이사는 제1항에 규정된 자와 연대하여** 그 책임을 진다(상법 제401조의2 제2항).

정답 ③

68. A 주식회사는 甲이 대표이사로 등기된 비상장회사이다. 乙은 A 회사의 사장이나 이사가 아님에도 A 회사의 사장 명칭을 사용하여 A 회사와 丙 간의 매매계약을 체결하였다. 이에 관한 설명 중 옳지 않은 것은? (다툼이 있는 경우 판례에 의함)

① A 회사가 乙이 임의로 사장의 명칭을 사용하고 있는 것을 알면서도 아무런 조치를 취하지 아니한 채 그대로 방치하였다면 A 회사가 乙의 명칭 사용을 묵시적으로 승인한 경우에 해당한다.

② 이사의 자격이 없는 자에게 표현대표이사의 명칭을 사용하게 한 경우에도 「상법」 제395조가 유추적용되므로, A 회사는 丙에 대하여 표현대표이사의 법리에 따른 책임을 부담할 수 있다.

③ 丙과의 매매계약이 표현대표이사의 행위로 인정되는 경우에도, 만일 위 매매계약에 이사회 결의가 필요하고 계약의 상대방인 丙이 이사회 결의가 없었음을 알았다면 A 회사는 위 매매 계약에 대한 책임을 면한다.

④ 乙이 A 회사 사장 명칭을 사용하여 丙에게 매매대금의 지급을 위하여 어음을 발행·교부한 경우, A 회사가 어음상 책임을 지는 선의의 제3자의 범위에는 乙로부터 직접 어음을 취득한 丙만 포함되고, 그로부터 어음을 다시 배서양도받은 제3취득자는 포함되지 않는다.

⑤ 만일 乙이 자신의 이름이 아닌 진정한 대표이사인 甲의 이름으로 행위하였다면, A 회사가 표현대표이사의 책임에서 벗어나기 위해서는 계약의 상대방인 丙의 악의 또는 중대한 과실을 입증하여야 하고, 이때 악의 또는 중대한 과실은 乙의 대표권이 아니라 甲을 대리하여 행위할 권한이 있는지에 관한 것이다.

해설

① (O) 상법 제395조의 규정에 의하여 회사가 표현대표자의 행위에 대하여 책임을 지는 것은 회사가 표현대표자의 명칭사용을 명시적으로나 묵시적으로 승인함으로써 대표자격의 외관 현출에 책임이 있는 경우에 한하는 것이나(대법원 1995. 11. 21. 선고 94다50908 판결 참조), 이사 또는 이사의 자격이 없는 자가 임의로 표현대표자의 명칭을 사용하고 있는 것을 회사가 알면서도 이에 동조하거나 아무런 조치를 취하지 아니한 채 그대로 방치한 경우도 회사가 표현대표자의 명칭사용을 묵시적으로 승인한 경우에 해당한다고 봄이 상당하다(대법원 2005. 9. 9. 선고 2004다17702 판결).

② (O)

[가] 이사자격이 없는 자에게 회사가 표현대표이사의 명칭을 사용케 한 경우이거나 이사자격 없이 그 명칭을 사용하는 것을 회사가 알고 용인상태에 둔 경우에는 회사는 상법 제395조에 의한 표현책임을 면할 수 없다.

[나] 표현대표이사의 명칭을 사용하는 이사가 자기명의로 행위할 때 뿐 아니라 행위자 자신이 표현대표이사인 이상 다른 대표이사의 명칭을 사용하여 행위한 경우에도 상법 제395조가 적용된다(대법원 1979. 2. 13. 선고 77다2436 판결).

③ (O) 표현대표이사의 행위와 이사회의 결의를 거치지 아니한 대표이사의 행위는 모두 본래는 회사가 책임을 질 수 없는 행위들이지만 거래의 안전과 외관이론의 정신에 입각하여 그 행위를 신뢰한 제3자가 보호된다는 점에 공통되는 면이 있으나, 제3자의 신뢰의 대상이 전자에 있어서는 대표권의 존재인 반면, 후자에 있어서는 대표권의 범위이므로 제3자가 보호받기 위한 구체적인 요건이 반드시 서로 같다고 할 것은 아니고, 따라서 표현대표이사의 행위로 인정이 되는 경우라고 하더라도 만일 그 행위에 이사회의 결의가 필요하고 거래의 상대방인 제3자의 입장에서 이사회의 결의가 없었음을 알았거나 알 수 있었을 경우라면 회사로서는 그 행위에 대한 책임을 면한다(대법원 1998. 3. 27. 선고 97다34709 판결).

④ (×) 회사를 대표할 권한이 없는 표현대표이사가 다른 대표이사의 명칭을 사용하여 어음행위를 한 경우, 회사가 책임을 지는 선의의 제3자의 범위에는 표현대표이사로부터 직접 어음을 취득한 상대방뿐만 아니라, 그로부터 어음을 다시 배서양도받은 제3취득자도 포함된다(대법원 2003. 9. 26. 선고 2002다65073 판결).

⑤ (O)

1) 상법 제395조가 규정하는 표현대표이사의 행위로 인한 주식회사의 책임이 성립하기 위하여 법률행위의 상대방이 된 제3자의 선의 이외에 무과실까지도 필요로 하는 것은 아니지만, 그 규정의 취지는 회사의 대표이사가 아닌 이사가 외관상 회사의 대표권이 있는 것으로 인정될 만한 명칭을 사용하여 거래행위를

하고, 이러한 외관이 생겨난 데에 관하여 회사에 귀책사유가 있는 경우에 그 외관을 믿은 선의의 제3자를 보호함으로써 상거래의 신뢰와 안전을 도모하려는 데에 있다 할 것인바, 그와 같은 제3자의 신뢰는 보호할 만한 가치가 있는 정당한 것이어야 할 것이므로 설령 제3자가 회사의 대표이사가 아닌 이사가 그 거래행위를 함에 있어서 회사를 대표할 권한이 있다고 믿었다 할지라도 그와 같이 믿음에 있어서 중대한 과실이 있는 경우에는 회사는 그 제3자에 대하여는 책임을 지지 아니한다(대법원 1999. 11. 12. 선고 99다19797 판결). 즉, 제3자의 '악의 또는 중대한 과실'에 대한 입증책임은 회사에 있다.

2) 표현대표이사책임에서 상대방의 악의 또는 중대한 과실은 표현대표이사의 대표권이 아니라 대표이사를 대리하여 행위를 할 권한이 있는지에 관한 것이다(대법원 2011. 3. 10. 선고 2010다100339 판결). **정답** ④

69. 주식회사의 이사회에 관한 설명 중 옳은 것을 모두 고른 것은? (다툼이 있는 경우 판례에 의함)

ㄱ. 이사가 이사회에 출석하여 결의에 기권하였다고 의사록에 기재된 경우에 그 이사는 "이의를 한 기재가 의사록에 없는 자"라고 볼 수 없으므로, 「상법」 제399조 제3항에 따라 이사회 결의에 찬성한 것으로 추정할 수 없다.

ㄴ. 발행주식총수의 100분의 3 이상에 해당하는 주식을 가진 주주는 회의의 목적사항과 소집이유를 적은 전자문서를 이사회에 제출하는 방법으로 임시주주총회의 소집을 청구할 수 있고, 이때 "전자문서"에 전자우편은 포함되나 휴대전화 문자 메시지·모바일 메시지는 포함되지 않는다.

ㄷ. 주주는 영업시간 내에 이사회 의사록의 열람·등사를 청구할 수 있으나, 회사는 그 청구에 대하여 이유를 붙여 거절할 수 있고, 그 경우 주주는 민사소송의 방법으로 이사회 의사록의 열람·등사를 청구할 수 있다.

ㄹ. 「상법」 제398조의 자기거래의 경우 미리 이사회의 승인을 거쳐야 하기 때문에 사후에 그 거래행위에 대하여 이사회 승인을 받았다고 하더라도 특별한 사정이 없는 한 무효인 거래행위가 유효로 되는 것은 아니다.

ㅁ. 「상법」 제542조의9 제1항을 위반하여 이루어진 상장회사의 신용공여는 이사회의 승인 유무와 관계없이 금지되는 것이므로, 같은 조 제2항의 예외 사유에 해당하지 않는 한 이사회의 사전 승인이나 사후 추인이 있어도 유효로 될 수 없다.

① ㄱ, ㄹ, ㅁ　② ㄴ, ㄷ, ㄹ　③ ㄴ, ㄹ, ㅁ
④ ㄱ, ㄴ, ㄷ, ㅁ　⑤ ㄱ, ㄷ, ㄹ, ㅁ

해설

㉠ (O) 상법 제399조 제1항은 "이사가 고의 또는 과실로 법령 또는 정관에 위반한 행위를 하거나 그 임무를 게을리한 경우에는 그 이사는 회사에 대하여 연대하여 손해를 배상할 책임이 있다."라고 규정하고, 같은 조 제2항은 "전항의 행위가 이사회의 결의에 의한 것인 때에는 그 결의에 찬성한 이사도 전항의 책임이 있다.", 같은 조 제3항은 "전항의 결의에 참가한 이사로서 이의를 한 기재가 의사록에 없는 자는 그 결의에 찬성한 것으로 추정한다."라고 규정하고 있다. 이와 같이 상법 제399조 제2항은 같은 조 제1항이 규정한 이사의 임무 위반행위가 이사회 결의에 의한 것일 때 결의에 찬성한 이사에 대하여도 손해배상책임을 지우고 있고, 상법 제399조 제3항은 같은 조 제2항을 전제로 하면서, 이사의 책임을 추궁하는 자로서는

어떤 이사가 이사회 결의에 찬성하였는지를 알기 어려워 증명이 곤란한 경우가 있음을 고려하여 증명책임을 이사에게 전가하는 규정이다. 그렇다면 이사가 이사회에 출석하여 결의에 기권하였다고 의사록에 기재된 경우에 그 이사는 "이의를 한 기재가 의사록에 없는 자"라고 볼 수 없으므로, 상법 제399조 제3항에 따라 이사회 결의에 찬성한 것으로 추정할 수 없고, 따라서 같은 조 제2항의 책임을 부담하지 않는다고 보아야 한다(대법원 2019. 5. 16. 선고 2016다260455 판결).

㉡ (×) 상법 제366조 제1항에서 정한 소수주주는 회의의 목적사항과 소집 이유를 적은 서면 또는 전자문서를 이사회에 제출하는 방법으로 임시주주총회의 소집을 청구할 수 있다(상법 제366조 제1항). 이때 '이사회'는 원칙적으로 대표이사를 의미하고, 예외적으로 대표이사 없이 이사의 수가 1인 또는 2인인 소규모 회사의 경우에는 각 이사를 의미한다(상법 제383조 제6항). 한편 상법 제366조 제1항에서 정한 '전자문서'란 정보처리시스템에 의하여 전자적 형태로 작성·변환·송신·수신·저장된 정보를 의미하고, 이는 작성·변환·송신·수신·저장된 때의 형태 또는 그와 같이 재현될 수 있는 형태로 보존되어 있을 것을 전제로 그 내용을 열람할 수 있는 것이어야 하므로, 이와 같은 성질에 반하지 않는 한 전자우편은 물론 휴대전화 문자메시지·모바일 메시지 등까지 포함된다(대법원 2022. 12. 16.자 2022그734 결정).

㉢ (×) 상법 제391조의3 제3항, 제4항에 의하면 주주는 영업시간 내에 이사회 의사록의 열람 또는 등사를 청구할 수 있으나, 회사는 그 청구에 대하여 이유를 붙여 거절할 수 있고, 그 경우 주주는 법원의 허가를 얻어 이사회 의사록을 열람 또는 등사할 수 있는바, 상법 제391조의3 제4항의 규정에 의한 이사회 의사록의 열람 등 허가사건은 비송사건절차법 제72조 제1항에 규정된 비송사건이므로 민사소송의 방법으로 이사회 회의록의 열람 및 등사를 청구하는 것은 허용되지 않는다(대법원 2013. 3. 28. 선고 2012다42604 판결).

㉣ (○) 상법 제398조의 문언 내용을 입법 취지와 개정 연혁 등에 비추어 보면, 이사 등이 자기 또는 제3자의 계산으로 회사와 유효하게 거래를 하기 위하여는 미리 상법 제398조에서 정한 이사회 승인을 받아야 하므로 사전에 상법 제398조에서 정한 이사회 승인을 받지 않았다면 특별한 사정이 없는 한 그 거래는 무효라고 보아야 하고, 사후에 그 거래행위에 대하여 이사회 승인을 받았다고 하더라도 특별한 사정이 없는 한 무효인 거래행위가 유효로 되는 것은 아니다. 나아가 상법 제398조는 이사 등이 회사와의 거래에 관하여 이사회 승인을 받기 위하여는 이사회에서 해당 거래에 관한 중요사실을 밝히도록 정하고 있으므로, 만일 이러한 사항들을 밝히지 아니한 채 그 거래가 이익상반거래로서 공정한 것인지에 관한 심의가 이루어진 것이 아니라 통상의 거래로서 이를 허용하는 이사회의 결의가 이루어진 것에 불과한 경우 등에는 상법 제398조가 정하는 이사회 승인이 있다고 할 수 없다(대법원 2023. 6. 29. 선고 2021다291712 판결).

㉤ (○) 상법 제542조의9 제1항의 입법 목적과 내용, 위반행위에 대해 형사처벌이 이루어지는 점 등을 살펴보면, 위 조항은 강행규정에 해당하므로 위 조항에 위반하여 이루어진 신용공여는 허용될 수 없는 것으로서 사법상 무효이고, 누구나 그 무효를 주장할 수 있다. 그리고 위 조항의 문언상 상법 제542조의9 제1항을 위반하여 이루어진 신용공여는, 상법 제398조가 규율하는 이사의 자기거래와 달리, 이사회의 승인 유무와 관계없이 금지되는 것이므로, 이사회의 사전 승인이나 사후 추인이 있어도 유효로 될 수 없다. 다만 상법 제542조의9는 제1항에서 신용공여를 원칙적으로 금지하면서도 제2항에서는 일부 신용공여를 허용하고 있는데, 회사의 외부에 있는 제3자로서는 구체적 사안에서 어떠한 신용공여가 금지대상인지 여부를 알거나 판단하기 어려운 경우가 생길 수 있다. 상장회사와의 상거래가 빈번한 거래현실을 감안하면 제3자로 하여금 상장회사와 거래를 할 때마다 일일이 상법 제542조의9 위반 여부를 조사、확인할 의무를 부담시키는 것은 상거래의 신속성이나 거래의 안전을 해친다. 따라서 상법 제542조의9 제1항을 위반한 신용공여라고 하더라도 제3자가 그에 대해 알지 못하였고 알지 못한 데에 중대한 과실이 없는 경우에는 그 제3자에 대하여는 무효를 주장할 수 없다고 보아야 한다(대법원 2021. 4. 29. 선고 2017다261943 판결).

정답 ①

70. **「상법」상 회사에 관한 설명 중 옳지 않은 것은? (다툼이 있는 경우 판례에 의함)**

① 합명회사는 업무집행사원의 업무집행권한을 다른 사원의 청구에 의하여 법원의 선고로써 그 권한을 상실시킬 수 있고, 총사원이 일치하여 업무집행사원을 해임함으로써 권한을 상실시킬 수도 있다.

② 청산인이 합명회사 영업의 전부를 양도함에는 총사원의 동의가 있어야 한다.

③ 유한회사는 출자의 인수에 있어서 광고 기타의 방법에 의하여 인수인을 공모하지 못한다.

④ 합자회사에서 업무집행권한의 상실을 선고받은 무한책임사원이 다시 업무집행권이나 대표권을 가지기 위해서는 정관이나 총사원의 동의로 그러한 권한을 새로 부여받아야 하는 것이 원칙이다.

⑤ 유한책임회사가 사원에 대하여 소를 제기하는 경우 유한책임회사를 대표할 사원이 없을 때에는 다른 사원 과반수의 결의로 대표할 사원을 선정하여야 한다.

해설

① (O) 상법상 합명회사의 사원 또는 업무집행사원의 업무집행권한을 상실시키는 방법으로는 다음의 두 가지를 상정할 수 있다. 첫째, 상법 제205조 제1항에 따라 다른 사원의 청구에 의하여 법원의 선고로써 권한을 상실시키는 방법이다. 둘째, 상법 제195조에 의하여 준용되는 민법 제708조에 따라 법원의 선고절차를 거치지 않고 총사원이 일치하여 업무집행사원을 해임함으로써 권한을 상실시키는 방법이다. 위 두 가지 방법은 요건과 절차가 서로 다르므로, 상법 제205조 제1항이 민법 제708조의 준용을 배제하고 있다고 보기 어렵다. 따라서 정관에서 달리 정하고 있지 않는 이상, 합명회사의 사원은 두 가지 방법 중 어느 하나의 방법으로 다른 사원 또는 업무집행사원의 업무집행권한을 상실시킬 수 있다(대법원 2015. 5. 29. 선고 2014다51541 판결).

② (×) 청산인이 회사의 영업의 전부 또는 일부를 양도함에는 총사원 과반수의 결의가 있어야 한다(상법 제257조).

③ (O) 유한회사는 광고 기타의 방법에 의하여 인수인을 공모하지 못한다(상법 제589조 제2항).

④ (O)

[1] 합자회사에서 업무집행권한 상실선고제도(상법 제269조, 제205조)의 목적은 업무를 집행함에 현저하게 부적임하거나 중대한 의무위반행위가 있는 업무집행사원의 권한을 박탈함으로써 그 회사의 운영에 장애사유를 제거하려는 데 있다. 업무집행사원의 권한상실을 선고하는 판결은 형성판결로서 그 판결확정에 의하여 업무집행권이 상실되면 그 결과 대표권도 함께 상실된다. 합자회사에서 무한책임사원이 업무집행권한의 상실을 선고하는 판결로 인해 업무집행권 및 대표권을 상실하였다면, 그 후 어떠한 사유 등으로 그 무한책임사원이 합자회사의 유일한 무한책임사원이 되었다는 사정만으로는 형성판결인 업무집행권한의 상실을 선고하는 판결의 효력이 당연히 상실되고 해당 무한책임사원의 업무집행권 및 대표권이 부활한다고 볼 수 없다.

[2] 합자회사에서 업무집행권한의 상실을 선고받은 무한책임사원이 다시 업무집행권이나 대표권을 갖기 위해서는 정관이나 총사원의 동의로 새로 그러한 권한을 부여받아야 한다(상법 제273조, 제269조, 제201조 제1항, 제207조). 합자회사에서 무한책임사원들만으로 업무집행사원이나 대표사원을 선임하도록 정한 정관의 규정은 유효하고, 그 후의 사정으로 무한책임사원이 1인이 된 경우에도 특별한 사정이 없는 한 여전히 유효하다. 다만 유한책임사원의 청구에 따른 법원의 판결로 업무집행권한의 상실을 선고받아

업무집행권 및 대표권을 상실한 무한책임사원이 이후 다른 무한책임사원이 사망하여 퇴사하는 등으로 유일한 무한책임사원이 된 경우에는 업무집행권한을 상실한 무한책임사원이 위 정관을 근거로 단독으로 의결권을 행사하여 자신을 업무집행사원이나 대표사원으로 선임할 수는 없다고 봄이 옳다. 이렇게 해석하는 것이 판결에 의한 업무집행권한 상실선고제도의 취지와 유한책임사원의 업무감시권의 보장 및 신의칙 등에 부합한다. 결국 이러한 경우에는 유한책임사원을 포함한 총사원의 동의에 의해서만 해당 무한책임사원이 업무집행사원이나 대표사원으로 선임될 수 있을 뿐이다(대법원 2021. 7. 8. 선고 2018다225289 판결).

⑤ (O) 유한책임회사가 사원(사원이 아닌 업무집행자를 포함한다. 이하 이 조에서 같다)에 대하여 또는 사원이 유한책임회사에 대하여 소를 제기하는 경우에 유한책임회사를 대표할 사원이 없을 때에는 다른 사원 과반수의 결의로 대표할 사원을 선정하여야 한다(상법 제287조의21). **정답** ②

COMPACT 2025년 14회 변호사시험 민사법 해설

제2편
사례형

2025년도 제14회 변호사시험 문제

시험과목	민사법(사례형)

응시자 준수사항

【공통사항】

1. 시험 시작 전 문제지의 봉인을 손상하는 경우, 봉인을 손상하지 않더라도 문제지를 들추는 행위 등으로 문제 내용을 미리 보는 경우 그 답안은 영점으로 처리됩니다.
2. 시험시간 중에는 휴대전화, 스마트워치, 무선이어폰 등 무선통신 기기를 비롯한 전자기기를 지녀서는 안 됩니다.
3. **답안은 반드시 문제번호에 해당하는 번호의 답안지**(제1문은 제1문 답안지 내, 제2문은 제2문 답안지 내)에 작성하여야 합니다. 즉, 해당 문제의 번호와 답안지의 번호가 일치하지 않으면 그 답안은 영점으로 처리됩니다. 다만, 수기로 작성하는 답안지에 한해 답안지를 제출하기 전 시험관리관이 답안지 번호를 정정해 준 경우에는 정상적으로 채점됩니다.
4. 답안지에는 문제 내용을 쓸 필요가 없으며, 답안 이외의 사항을 기재하거나 밑줄 기타 어떠한 표시도 하여서는 안 됩니다.
5. 지정된 시각까지 지정된 시험실에 입실하지 않거나 시험관리관의 승인 없이 시험시간 중에 시험실에서 퇴실한 경우, 그 시간 시험과 나머지 시간의 시험에 응시할 수 없습니다.
6. 시험시간 중에는 어떠한 경우에도 문제지를 시험실 밖으로 가지고 갈 수 없고, 그 시험시간이 끝난 후에는 문제지를 시험장 밖으로 가지고 갈 수 있습니다.

【CBT 방식】

1. 시험 시작 전까지 **프로그램에 로그인하지 않았을 경우, 그 시간 시험과 나머지 시간의 시험에 응시할 수 없습니다.**
2. 시험시간은 프로그램에 의해 자동 시작, 종료되며 시험이 종료되면 답안을 수정하는 등 답안 작성을 일절 할 수 없습니다.

【수기 방식】

1. 답안은 흑색 또는 청색 필기구(수성펜이나 연필 사용 금지) 중 한 가지 필기구만을 사용하여 답안 작성란(흰색 부분) 안에 기재하여야 합니다.
2. 답안지에 성명과 수험번호 등을 기재하지 않아 인적사항이 확인되지 않는 경우에는 영점으로 처리되는 등 불이익을 받게 됩니다. 특히 답안지를 바꾸어 다시 작성하는 경우, 성명 등의 기재를 빠뜨리지 않도록 유의하여야 합니다.
3. 답안을 정정할 경우에는 두 줄로 긋고 다시 써야 하며, 수정액·수정테이프 등은 사용할 수 없습니다.
4. 시험 종료 시각에 임박하여 답안지를 교체했더라도 시험시간이 끝나면 그 즉시 새로 작성한 답안지를 회수합니다.
5. 시험시간이 지난 후에는 답안지를 일절 작성할 수 없습니다. 이를 위반하여 **시험시간이 종료되었음에도 불구하고 계속 답안을 작성할 경우 그 답안은 영점으로 처리됩니다.**
6. **배부된 답안지는 백지 답안이라도 모두 제출**하여야 하며, **답안지를 제출하지 아니한 경우 그 시간 시험과 나머지 시험에 응시할 수 없습니다.**

2025년도 시행 제14회 변호사시험	민사법

〈제1문의 1〉

〈기초적 사실관계〉

甲은 친구 乙의 2020. 5. 1. 01:00경 폭행행위로 인하여 적극적 손해 500만 원, 소극적 손해 300만 원, 정신적 손해 100만 원, 합계 900만 원의 손해를 입었다. 이후 甲은 2022. 4. 1. 乙을 상대로 불법행위를 원인으로 한 손해배상으로서, 乙과의 친분을 고려하여 위 900만 원의 손해 중 일부에 관하여만 판결을 구한다는 취지를 명백히 하여, 적극적 손해 500만 원, 소극적 손해 100만 원, 합계 600만 원의 지급을 구하는 소를 제기하였다(이하 '이 사건 소송'이라 한다). 甲이 乙의 폭행행위로 인하여 합계 900만 원의 각 손해를 입은 사실에 관하여는 다툼이 없다.

[※ 아래 각 설문은 서로 독립적이며, 이자 등 부수적 청구와 공휴일은 고려하지 말 것]

〈문제〉

1. 이 사건 소송 진행 중 甲은 자신의 가족까지 비방하는 乙의 태도에 입장을 바꾸어 2024. 6. 1. 기존에 지급을 구한 합계 600만 원을 제외한 나머지 손해 중 소극적 손해 200만 원의 지급을 추가로 구하는 청구취지 및 청구원인 변경 신청서를 제출하였고, 이에 대하여 乙의 소멸시효 완성의 항변과 甲의 소멸시효 중단의 재항변이 이어졌다. 위 추가 청구를 포함한 甲의 청구에 대하여 법원은 어떠한 판단을 하여야 하는지 서술하시오. (25점)

2. 甲의 600만 원 청구를 전부 인용한 이 사건 소송의 제1심판결에 대하여 乙이 항소하자, 이에 격분한 甲은 2023. 4. 1. 이 사건 소송의 항소심에서, 기존에 지급을 구한 합계 600만 원을 제외한 나머지 손해 중 정신적 손해 100만 원의 지급을 추가로 구하는 청구취지 및 청구원인 변경 신청서를 제출하였다. 그 후 乙이 2024. 6. 1. 위 항소를 취하하였고, 이에 대하여 甲이 乙의 항소취하의 효력을 다투면서 기일지정신청을 하였다. 乙의 항소취하가 유효하다면, 법원은 어떠한 판단을 하여야 하는지 서술하시오. (30점)

문제해설 [제1문의 1] 문제 1. 해설

1. 문제

(1) 불법행위로 인하여 신체적 상해를 입은 경우 손해배상청구에서의 소송물, (2) 이 사건 소송물의 소멸시효 완성시점 및 명시적 일부청구, (3) 청구취지 및 청구원인 변경 신청의 효과가 문제된다.

2. 불법행위로 인하여 신체적 상해를 입은 경우, 손해배상청구에서의 소송물

(1) **판례** - 불법행위로 말미암아 신체의 상해를 입었기 때문에 가해자에게 대하여 손해배상을 청구할 경우에 있어서는 그 소송물인 손해는 통상의 치료비 따위와 같은 적극적 재산상 손해와 일실수익 상실에 따르는 소극적 재산상 손해 및 정신적 고통에 따르는 정신적 손해(위자료)의 3가지로 나누어진다고 볼 수 있다(대법원 1976. 10. 12. 선고 76다1313 판결).

(2) **사안의 경우** - 甲은 乙의 불법행위 일종인 폭행 행위로 적극적 손해 500만 원, 소극적 손해 300만 원, 정신적 손해 100만 원을 청구하는 것은 각각이 이른바 손해 3분설에 따라 별개의 소송물에 해당한다.

3. 이 사건 소송물의 소멸시효 완성시점 및 명시적 일부청구

(1) **관련 조문** - 불법행위로 인한 손해배상의 청구권은 피해자가 그 손해 및 가해자를 안 날로부터 3년간 또는 불법행위를 한 날로부터 10년간 이를 행사하지 아니하면 시효로 인하여 소멸한다(민법 제766조 제1, 2항).

(2) **판례** - 하나의 채권 중 일부에 관하여만 판결을 구한다는 취지를 명백히 하여 소송을 제기한 경우에는 소제기에 의한 소멸시효중단의 효력이 그 일부에 관하여만 발생하고, 나머지 부분에는 발생하지 않는다(대법원 2020. 2. 6. 선고 2019다223723 판결).

(3) **사안의 경우** - 甲의 乙에 대한 불법행위 손해배상청구의 소멸시효 완성시점은 2023. 5. 1.이고, 甲이 2022. 4. 1. 乙을 상대로 적극적 손해 500만 원, 소극적 손해 100만 원에 대하여만 지급을 구하는 소를 제기한 것은 명시적 일부청구에 해당하는바, 나머지 손해에 대해서는 소멸시효 중단의 효과가 발생하지 않는다.

4. 청구취지 및 청구원인 변경 신청의 효과

(1) **관련 조문** - 원고는 청구의 기초가 바뀌지 아니하는 한도 안에서 변론을 종결할 때까지 청구의 취지 또는 원인을 바꿀 수 있고, 이러한 청구취지의 변경은 서면으로 법원에 제출한 때에 그 효력이 생긴다(민소법 제262조 제2항, 제265조).

(2) **판례** - 청구의 변경이 있는 경우 민사소송법 제265조, 제262조 제2항에 따라 시효중단의 효력은 '처음 소를 제기한 때'가 아니라 '청구를 변경하는 취지의 서면을 법원에 제출한 때'에 비로소 생긴다(대법원 2009. 2. 12. 선고 2008다84229 판결).

(3) **사안의 경우** - 甲이 2024. 6. 1. 일부청구에서 이 사건 소송에서 제외한 소극적 손해 200만 원의 지급을 추가로 구하는 청구취지 및 청구원인 변경신청서를 제출한 때에 시효중단의 효과가 발생하는데, 이는 이미 소멸시효가 완성된 2023. 5. 1. 이후의 청구에 해당하는바, 乙의 소멸시효 완성 항변이 타당하고 甲의 소멸시효 중단의 재항변은 타당하지 않다.

5. 결론

법원은 甲의 청구에 대해서 이 사건 소송 부분은 인용하고, 추가청구를 한 부분은 기각하여야 한다.

문제해설 [제1문의 1] 문제 2. 해설

1. 문제

(1) 항소심에서 청구의 추가적 변경 가부, (2) 청구취지 및 청구원인 변경 신청서의 성질, (3) 항소심 법원의 판단이 문제 된다.

2. 항소심에서 청구의 추가적 변경 가부

(1) **관련 조문** - 원고는 청구의 기초가 바뀌지 아니하는 한도 안에서 변론을 종결할 때까지 청구의 취지 또는 원인을 바꿀 수 있다(민소법 제262조 제1항). 여러 개의 청구는 같은 종류의 소송절차에 따르는 경우에만 하나의 소로 제기할 수 있다(민소법 제253조).

(2) 사안의 경우

1) 甲이 항소심에서 이 사건 소송에서 청구를 하지 않은 정신적 손해 100만 원의 지급을 추가로 청구하는 것은 불법행위로 인한 손해배상에 있어 재산상 손해나 위자료는 단일한 원인에 근거한 것으로 편의상 이를 별개의 소송물로 분류하고 있는 것에 지나지 아니하더라도, 별개의 소송물을 추가하는 것에 해당하는바, 이는 단순병합에 해당한다.

2) 그렇다면, 청구병합의 기본요건을 충족하여야 하는데, 위자료 청구는 이 사건 소송과 청구 기초의 동일성이 같고, 소송절차를 현저히 지연시키지 않으며, 사실심에 계속되고 변론종결 전이며, 같은 종류의 소송절차에서 재판될 수 있는바, 항소심에서 정신적 손해 100만 원의 지급을 추가로 구하는 것은 가능하다.

3. 청구취지 및 청구원인 변경 신청서의 성질

(1) **관련 조문 및 법리** - 부대항소란 피항소인이 제기한 불복신청으로 항소심의 심판 범위가 항소인의 불복 범위에 한정되지 않도록 함으로써 자기에게 유리하게 제1심판결을 변경하기 위한 것이므로, 피항소인은 항소권이 소멸된 뒤에도 변론이 종결될 때까지 부대항소를 제기할 수 있으나(민소법 제403조), 항소에 관한 규정이 준용됨에 따라 민소법 제397조 제2항에서 정한대로 부대항소 취지가 기재된 '부대항소장'을 제출하는 방식으로 하여야 함이 원칙이다(민소법 제405조).

(2) **판례** - 피항소인이 항소기간이 지난 뒤에 단순히 항소기각을 구하는 방어적 신청에 그치지 아니하고 제1심판결보다 자신에게 유리한 판결을 구하는 적극적·공격적 신청의 의미가 객관적으로 명백히 기재된 서면을 제출하고, 이에 대하여 상대방인 항소인에게 공격방어의 기회 등 절차적 권리가 보장된 경우에는 비록 그 서면에 '부대항소장'이나 '부대항소취지'라는 표현이 사용되지 않았더라도 이를 부대항소로 볼 수 있다(대법원 2022. 10. 14. 선고 2022다252387 판결).

(3) 사안의 경우

1) 甲이 이 사건 소송에서 전부승소하고 乙이 항소하자, 甲이 2023. 4. 1. 이 사건 소송에서 제외한 정신적 손해 100만 원의 지급을 추가로 구한 것은 부대항소의 실질을 갖는다. 즉, 명시적 일부청구에서 전부승소한 甲은 항소의 이익을 인정할 수 없어 독립부대항소로 볼 여지가 없고, 乙의 항소에 편승하여 자신에게 유리한 판결을 구하는 청구를 추가한 부대항소로 볼 수 있다.

2) 다만, 서면에 부대 항소장이 아닌 청구취지 및 청구원인 변경신청서를 제출하였으나, 실질상 부대항소로 해석할 수 있다.

4. 항소심 법원의 판단

(1) **관련 조문** - 항소는 항소심의 종국판결이 있기 전에 취하할 수 있다(민소법 제393조 제1항). 소 취하의 경우와는 달리 피항소인의 동의를 요하지 않는다(민소법 제393조 제2항). 항소의 취하가 무효라는 것을 주장하는 당사자는 기일지정신청을 할 수 있고, 법원이 이를 심리한 결과 이유 없다고 인정하는 경우에는 판결로 소송종료를 선언하여야 한다(민소규칙 제67조 제1항, 제3항).

(2) **사안의 경우** - 항소인 乙이 항소를 취하하면 피항소인 甲의 부대항소는 乙의 항소에 편승한 것으로 부대항소까지 소송계속이 소멸되므로, 변론기일지정 심문의 결과 乙의 항소 취하가 유효하다면 甲의 부대항소는 당연히 효력을 잃게 되고, 항소심은 항소심 소송종료선언을 하여야 한다.

5. 결론

법원은 항소심 소송종료선언을 하여야 한다(참고로 이 사건 소송은 항소기간 만료시로 소급하여 확정된다).

〈제1문의 2〉

〈기초적 사실관계〉

甲은 2019. 5. 31. 乙을 상대로 X 토지의 소유권이전등기를 구하는 소를 제기하였다. 제1심법원은 소장에 기재된 乙의 주민등록상 주소지로 소장부본을 송달하려 하였으나, 여러 차례 폐문부재로 송달되지 않아 공시송달명령에 따라 공시송달하였고, 이후 변론기일통지서 등도 전부 공시송달하였다. 제1심법원은 변론기일을 진행하고 2019. 11. 13. 甲의 청구를 인용하는 판결(이하 '이 사건 판결'이라 한다)을 선고하였다. 제1심법원은 판결정본 또한 공시송달하였고, 이 사건 판결은 2019. 12. 20. 확정되었다. 甲은 2019. 12. 30. 이 사건 판결에 기하여 X 토지에 관한 소유권이전등기를 마쳤다. 乙은 2021. 8. 13. 이 사건 판결에 대한 추후보완항소를 제기하였다. 항소심법원의 심리 결과 추후보완사유는 존재하는 것으로 인정되었다.

[※ 아래 각 설문은 서로 독립적임]

〈문제〉

1. 이 사건 항소심에서 乙은 반소로 甲 명의의 2019. 12. 30. 자 소유권이전등기의 말소를 구하였다. 이에 대하여 甲은 ① 항소심에서 제기한 乙의 반소는 甲의 심급의 이익을 침해하고, ② 甲 명의의 등기는 이 사건 판결에 따라 이루어진 것이어서 이 사건 판결이 취소되면 乙은 甲 명의의 등기를 말소할 수 있으므로, 乙의 반소는 부적법하다고 주장하였다. 甲의 위 각 주장은 타당한지 설명하시오. (15점)
2. 이 사건 항소심법원은 심리를 거쳐 2022. 3. 24. 이 사건 판결을 취소하고 甲의 청구를 기각하는 판결을 선고하였으며 위 판결은 그 무렵 확정되었다. 그런데 이 사건 항소심 진행 중 甲은 조부 戊를 대표자로 하여 실체가 없는 A종중을 임의로 만든 후 2022. 1. 13. X 토지에 관하여 A종중 명의로 증여를 원인으로 하는 소유권이전등기를 마쳤다. 그 후 戊가 노환으로 요양병원에 입원하게 되자 甲은 2022. 7. 29. A종중의 대표자를 백부 丁으로 변경하는 부기등기를 마쳤다. 乙은 丙 변호사에게 X 토지의 등기명의 회복을 위한 소송을 의뢰하였는데, 소 제기일 기준 X 토지의 등기부등본은 [다음]과 같다.
   아래 각 등기별로 丙 변호사가 말소를 구할 상대방과 그 이유를, 말소 청구가 불필요한 경우 그 이유를 설명하시오(진정명의 회복을 위한 소유권이전등기 청구는 고려하지 말 것). (15점)
   ① 2019. 12. 30. 자 甲 명의의 소유권이전등기
   ② 2022. 1. 13. 자 A종중 명의의 소유권이전등기
   ③ 2022. 7. 29. 자 A종중의 대표자 변경 부기등기

〈다음〉

【표 제 부】(토지의 표시)					
표시번호	접 수	소재지번	지 목	면 적	등기원인 및 기타사항
1 (전 2)	1995년 3월 17일	경기도 파주시 운정동 374	전	3,314㎡	
					부동산등기법 제177조의6 제1항의 규정에 의하여 1999년 6월 23일 전산이기

【갑 구】(소유권에 관한 사항)				
순위번호	등 기 목 적	접 수	등 기 원 인	권 리 자 및 기 타 사 항
1 (전 5)	소유권이전	1996년 2월 3일 제1487호	1996년 1월 17일 매매	소유자 乙 서울 영등포구 여의도동 157
				부동산등기법 제177조의6 제1항의 규정에 의하여 1999년 6월 23일 전산이기
2	소유권이전	2019년 12월 30일 제28157호	2019년 11월 13일 확정판결	소유자 甲 서울 서초구 서초대로 135
3	소유권이전	2022년 1월 13일 제1795호	2022년 1월 3일 증여	소유자 A종중 서울 서초구 서초대로 135 대표자 戊
3-1	3번등기명의인 표시변경	2022년 7월 29일 제8756호	2022년 7월 25일 대표자 변경	대표자 丁

문제해설 [제1문의 2] 문제 1. 해설

1. 문제

甲의 ①, ② 주장 당부가 문제 된다.

2. 甲의 ① 주장 당부

(1) **관련 조문** - 반소는 상대방 심급의 이익을 해할 우려가 없는 경우 또는 상대방의 동의를 받은 경우에 제기할 수 있다(민소법 제412조 제1항).

(2) **판례** - '상대방 심급의 이익을 해할 우려가 없는 경우'라 함은 반소청구의 기초를 이루는 실질적인 쟁점이 제1심에서 본소의 청구원인 또는 방어방법과 관련하여 충분히 심리되어 상대방에게 제1심에서의 심급의 이익을 잃게 할 염려가 없는 경우를 말한다(대법원 2000.10.10. 선고 2000다4562 판결).

(3) **사안의 경우** - 형식적으로 확정된 제1심 판결에 기하여 경료된 소유권이전등기에 대한 말소를 구하는 乙의 반소는 그 실질적 쟁점이 본소의 청구원인과 동일하여 제1심에서 그 부분이 이미 심리되었다 할 것이어서 항소심에서 위와 같은 반소의 제기를 허용하더라도 甲이 제1심에서의 심급의 이익을 잃을 염려는 없는바, 심급의 이익을 침해한다는 甲의 ① 주장은 타당하지 않다.

3. 甲의 ② 주장 당부

(1) **관련 조문**

1) 등기절차의 이행 또는 인수를 명하는 판결에 의한 등기는 승소한 등기권리자 또는 등기의무자가 단독으로 신청하고, 공유물을 분할하는 판결에 의한 등기는 등기권리자 또는 등기의무자가 단독으로 신청한다(부동산등기법 제23조 제4항).

2) 제23조제4항의 판결은 등기신청절차의 이행을 명하는 이행판결이어야 하며, 주문의 형태는 "○○○등기절차를 이행하라"와 같이 등기신청 의사를 진술하는 것이어야 한다(판결 등 집행권원에 의한 등기의 신청에 관한 업무처리지침 참조).

3) 피고의 주소를 허위로 기재하여 소송서류 및 판결정본을 그 곳으로 송달하게 한 사위판결에 의하여 소유권이전등기가 경료된 후 상소심절차에서 그 사위판결이 취소·기각된 경우 그 취소·기각판결에 의한 소유권이전등기의 말소등기 신청은 제23조 제4항의 이행을 명하는 판결에 해당하지 않는다(판결 등 집행권원에 의한 등기의 신청에 관한 업무처리지침 참조).

(2) **판례** - 소송서류 등이 공시송달의 방법으로 송달되어 확정된 제1심판결문을 기초로 등기권리자가 소유권이전등기를 마쳤으나 이후 제기된 추후보완항소에서 제1심판결이 취소되고 등기권리자의 청구가 기각되었다면, 등기의무자로서는 이미 등기명의를 이전받은 등기권리자를 상대로 위 추후보완항소 절차에서 반소를 제기하거나 별도로 소를 제기하여 소유권이전등기의 말소등기절차를 구할 수 있다(대법원 2023. 4. 27. 선고 2021다276225 판결).

(3) **사안의 경우** - 이 사건 판결이 취소되더라도 이는 부동산등기법 제23조 제4항의 이행을 명하는 판결에 해당하지 않아서, 乙은 단독으로 甲의 명의를 말소할 수 없어서 乙은 제1심 판결에 따라 마쳐진 소유권이전의 본등기를 말소하기 위해서 말소등기청구를 하여야 하므로 반소는 권리보호 이익이 있는바, 乙의 반소는 부적법하다는 甲의 ② 주장은 타당하지 않다.

4. 결론

甲의 ①, ② 주장은 타당하지 않다.

문제해설 [제1문의 2] 문제 2. 해설

1. 2019. 12. 30.자 甲 명의의 소유권이전등기

(1) **피고적격** - 갑

(2) **이유** - 이 사건 판결이 취소된 판결문만으로 乙이 단독으로 2019. 12. 30.자 甲 명의 소유권이전등기말소를 신청할 수 없으므로, 별도의 집행권원을 확보할 필요가 있는바(대법원 2023. 4. 27. 선고 2021다276225 판결), 丙 변호사는 甲을 상대로 소유권이전등기말소를 구하는 소를 제기하여야 한다.

2. 2022. 1. 3.자 A 종중 명의의 소유권이전등기

(1) **피고적격** - 갑

(2) **이유** - 등기부상 진실한 소유자의 소유권에 방해가 되는 불실등기가 존재하는 경우에 그 등기명의인이 허무인 또는 실체가 없는 단체인 때에는 소유자는 그와 같은 허무인 또는 실체가 없는 단체 명의로 실제 등기행위를 한 자에 대하여 소유권에 기한 방해배제로서 등기행위자를 표상하는 허무인 또는 실체가 없는 단체 명의 등기의 말소를 구할 수 있다(대법원 2019. 5. 30. 선고 2015다47105 판결).

3. 2022. 7. 29.자 A 종중의 대표자 변경 부기등기

말소청구가 불필요하다. 왜냐하면, 2022. 1. 3.자 A 종중 명의 소유권이전등기가 말소되는 경우, 부기등기는 직권으로 말소되는바, 별도로 말소를 구할 소의 이익이 없다.

〈제1문의 3〉

甲은 2024. 6. 2. 乙을 상대로 대여금 1억 원의 지급을 구하는 소를 제기하였다. 甲은 소장에 乙 명의의 차용증을 서증으로 첨부하여 제출하였는데, 차용증에는 '乙은 甲으로부터 1억 원을 정히 차용함. 이자는 없고, 차용금은 2023. 12. 31.까지 변제하겠음. 2023. 4. 1. 차용인 乙'이라고 기재되어 있고, 차용인 乙의 이름 옆에는 乙의 도장이 날인되어 있다. 乙은 제1회 변론기일에서 甲으로부터 돈을 차용한 사실이 전혀 없다는 취지의 답변서를 진술하였다. 제2회 변론기일에서 차용증에 대하여 증거조사를 하였는데, 乙은 '차용증에 날인된 도장은 내가 사용하던 도장이 맞다. 그러나 차용증에 날인한 사람은 내가 아니고, 그 무렵 도장을 분실하여 누가 차용증에 날인했는지는 모르겠다.'고 진술하였다. 이후 甲과 乙은 실제 날인 행위자가 누구인지에 관한 구체적인 증거 자료를 전혀 제출하지 않았고, 차용증 이외에는 특별한 증거가 제출되지 않은 채로 변론이 종결되었다. 甲의 청구에 대하여 법원은 어떠한 판단을 하여야 하는지 서술하시오. (20점)

문제해설 [제1문의 3] 문제 해설

1. 문제

사문서의 형식적 증거력 인정 여부가 문제 된다.

2. 사문서의 형식적 증거력 인정 여부

(1) **관련 조문** - 사문서는 본인 또는 대리인의 서명이나 날인 또는 무인이 있는 때에는 진정한 것으로 추정한다(민소법 제358조).

(2) **판례**(대법원 2003. 4. 8. 선고 2002다69686 판결)

1) 문서에 날인된 작성명의인의 인영이 그의 인장에 의하여 현출된 것이라면 특별한 사정이 없는 한 그 인영의 진정성립, 즉 날인행위가 작성명의인의 의사에 기한 것임이 사실상 추정되고, 일단 인영의 진정성립이 추정되면 민사소송법 제358조에 의하여 그 문서전체의 진정성립이 추정된다.

2) 위와 같은 사실상 추정은 날인행위가 작성명의인 이외의 자에 의하여 이루어진 것임이 밝혀진 경우에는 깨어지는 것이므로, 문서제출자는 그 날인행위가 작성명의인으로부터 위임받은 정당한 권원에 의한 것이라는 사실까지 입증할 책임이 있다.

(3) 사안의 경우

1) 甲이 소장에 제출한 차용증에 乙의 도장이 날인되어 있었고, 날인된 인영이 자신의 것임을 乙이 자인하고 있는 이상 차용증의 진정성립이 추정된다.

2) 그런데, 인장의 도용 가능성을 주장하여 자신이 날인하지 않은 사실을 입증하는 경우에는 이러한 2단 추정의 법리가 깨어지지만, 乙은 실제 날인 행위자가 누구인지에 관한 구체적인 증거자료를 전혀 제출하지 않아서 乙은 이에 대하여 법관이 확신을 갖도록 증명하지 못하였는바, 차용증의 진정성립 추정은 그대로 유지된다.

3) 따라서, 법원은 甲이 제출한 차용증에서 날인된 乙의 인장이 乙의 것임이 확인되었으므로 진정성립은 2단 추정의 법리에 따라 인정되고, 이에 대하여 乙이 도용 사실을 증명하지 못하여 그 추정은 유지되므로, 법원은 차용증이 진정문서임을 전제로 판단하여야 한다.

3. 결론

법원은 甲의 청구를 인용한다.

〈제1문의 4〉

〈 기초적 사실관계 〉

甲은 자기 소유인 X 토지의 매도를 乙에게 부탁하고 일이 성사되면 그에 대한 대가를 지급하기로 하는 위임계약을 乙과 체결하였다. 그 과정에서 甲은 乙에게 대리권을 수여하는 의사표시를 하지 않았으나 X 토지의 매매계약 체결과 그 이행에 관한 대리권을 추단할 수 있는 직함의 사용은 허락하였다. 이에 乙은 甲으로부터 받은 직함을 사용하여 甲의 이름으로 丙과 X 토지에 관한 매매계약을 체결하였다. 그런데 乙은 평소 丙의 도움을 받던 터라 X 토지의 시가가 2억 원 상당임에도 그에 비하여 턱없이 낮은 1억 원의 매매대금을 제시하였다. 매매계약 당시 丙은 乙이 丙을 위하여 현저히 저렴한 가격으로 X 토지를 처분하려는 의도가 있음을 알았으나 乙에게 甲을 대리할 권한이 있다고 믿고 이에 응하였다.

乙은 丙 명의의 소유권이전등기를 마쳐주면서, 丙으로부터 약정한 매매대금 1억 원을 받은 후 甲에게 전달하지 않고 자신의 채권자인 戊에게 채무변제를 위하여 이를 지급하였다. 이 과정에서 戊는 乙이 丙으로부터 받은 매매대금을 甲에게 넘겨주어야 함에도 그 대금을 자신에게 지급한다는 사실을 알고 있었다. 그 후 丙은 X 토지에 대한 분쟁이 발생할 것을 우려하여 이전의 사정을 전혀 알지 못하는 丁과 X 토지에 대한 매매계약을 체결하고 매매대금 2억 원을 지급받음과 동시에 丁 명의로 소유권이전등기를 마쳐주었다.

이러한 사실을 알게 된 甲은 X 토지의 소유권을 회복하거나 최소한 乙이 丙으로부터 받은 매매대금 상당액이라도 받기를 원한다. 이에 甲은 우선 丙과 丁을 피고로 하여 甲과 丙 사이의 매매계약이 무효임을 이유로 X 토지에 관한 그 명의의 각 소유권이전등기의 말소를 구하는 소를 제기하였다.

甲의 각 소유권이전등기말소 청구에 대하여, 丙과 丁은 ① '甲이 乙에게 대리권을 수여함을 표시하였으므로 각 매매계약과 丙·丁 명의의 각 등기는 모두 유효하다.', ② '丁은 乙이 丙의 이익을 위해 매매계약을 체결한다는 사실을 알 수 없었으므로 丁 명의의 등기는 유효하다.'고 하면서 甲의 청구는 이유 없다고 주장하였다.

소송과정에서 甲은 乙에게 대리권을 수여하지 않았으나, 丙이 乙에게 대리권이 있다고 믿은 점에 대한 과실은 없었고, 각 매매계약 체결 당시 乙이 丙의 이익을 위해 매매계약을 체결한다는 사실에 대하여 丙은 이를 알았으나 丁은 이를 알 수 없었음이 밝혀졌다.

[※ 아래 각 설문은 서로 독립적임]

〈 문제 〉

1. 甲의 각 소유권이전등기말소 청구에 대하여 법원은 어떠한 판단을 하여야 하는지 서술하시오. (25점)
2. 위 〈 기초적 사실관계 〉와 달리 乙이 丙의 이익을 위해 매매계약을 체결한다는 사실에 대하여 丙이 과실 없이 알지 못한 경우, 甲이 乙과 戊를 상대로 금전지급을 청구할 수 있는 모든 권원과 그 근거를 서술하시오. (20점)

문제해설 [제1문의 4] 문제 1. 해설

1. 문제

甲은 丙과의 매매계약이 무효임을 이유로 자신이 소유권자임을 근거로 丙과 丁을 상대로 한 소유권 이전등기말소 청구(민법 제214조)에 대한 법원의 판단이 문제 된다.

2. 甲의 丙과 丁에 대한 소유권이전등기말소 청구 가부

(1) 丙과 丁의 ① 항변 당부(민법 제125조 표현대리 성부)

1) 관련 조문 - 제3자에 대하여 타인에게 대리권을 수여함을 표시한 자는 그 대리권의 범위내에서 행한 그 타인과 그 제3자간의 법률행위에 대하여 책임이 있다. 그러나 제3자가 대리권없음을 알았거나 알 수 있었을 때에는 그러하지 아니하다(민법 제125조).

2) 판례 - 민법 제125조의 표현대리에 해당하여 본인에게 대리행위의 직접의 효과가 귀속하기 위하여는 대리행위의 상대방이 대리인으로 행위한 사람에게 실제로는 대리권이 없다는 점에 대하여 선의일 뿐만 아니라 무과실이어야 한다(대법원 2009. 5. 28. 선고 2008다56392 판결).

3) 사안의 경우 - 법원의 심리결과 丙이 乙에게 대리권이 있다고 믿은 점에 대하여 과실이 없었으므로 乙과 丙의 매매계약은 민법 제125조 표현대리가 성립되어 유효한 매매계약에 해당한다. 그렇다면, 유효한 매매계약을 원인으로 경료된 丙 명의의 소유권이전등기는 일응 유효하고, 이로부터 승계한 丁의 소유권이전등기도 유효한바, 丙과 丁의 ① 항변은 타당하다.

(2) 丙과 丁의 ② 항변 당부(대리권 남용 여부)

1) 관련 조문 및 법리 - 대리권 남용이란 대리인이 형식적으로 대리권의 범위 내에서 한 행위이지만 실질적으로 자기 또는 제3자의 이익을 도모하기 위하여 대리행위를 한 경우를 말한다. 의사표시는 표의자가 진의 아님을 알고 한 것이라도 그 효력이 있으나 상대방이 표의자의 진의 아님을 알았거나 이를 알 수 있었을 경우에는 무효로 하며, 이러한 의사표시의 무효는 선의의 제3자에게 대항하지 못한다(민법 제107조 제1, 2항).

2) 판례

① 대리인의 진의가 자기 또는 제3자의 이익을 위한 배임적인 것임을 그 상대방이 알았거나 알 수 있었던 경우에는 민법 제107조 제1항 단서의 유추해석상 그 대리인의 행위에 대하여 본인은 책임을 지지 않는다(대법원 2011. 12. 22. 선고 2011다64669 판결).

② 외형상 형성된 법률관계를 기초로 하여 새로운 법률상 이해관계를 맺은 선의의 제3자에 대하여는 민법 제107조 제2항의 규정을 유추적용하여 누구도 그와 같은 사정을 들어 대항할 수 없으며, 제3자가 악의라는 사실에 관한 주장·증명책임은 대리권 남용에 기하여 그 무효를 주장하는 자에게 있다(대법원 2018. 4. 26. 선고 2016다3201 판결).

3) 사안의 경우

① 丙은 매매계약 체결 당시 대리인 乙이 본인 甲이 아닌 丙의 이익을 위해 매매계약을 체결한다는 사실에 대하여 알고 있었으므로 매매계약은 무효인바, 甲의 丙에 대한 청구는 인용되어야 한다.

② 丁은 丙의 대리권 남용 사실에 대해 선의이므로 민법 제107조 제2항의 보호되는 제3자에 해당하는바, 甲의 丁에 대한 청구는 기각되어야 한다.

3. 결론

법원은 甲의 丙에 대한 청구를 인용하고, 丁에 대한 청구를 기각한다.

문제해설 [제1문의 4] 문제 2. 해설

1. 문제

乙의 대리권 남용에 대하여 丙이 무과실인 경우 매매계약이 유효하게 되는바, 본인 甲의 수임인 乙에 대한 책임 및 횡령 사실에 대한 악의인 戊에 대한 책임 성부가 문제된다.

2. 甲의 乙에 대한 청구 가부

(1) 관련 조문

1) 수임인은 위임의 본지에 따라 선량한 관리자의 주의로써 위임사무를 처리하여야 한다(민법 제681조). 채무자가 채무의 내용에 좇은 이행을 하지 아니한 때에는 채권자는 손해배상을 청구할 수 있다(제390조). 고의 또는 과실로 인한 위법행위로 타인에게 손해를 가한 자는 그 손해를 배상할 책임이 있다(민법 제750조).

2) 수임인이 위임인에게 인도할 금전 또는 위임인의 이익을 위하여 사용할 금전을 자기를 위하여 소비한 때에는 소비한 날 이후의 이자를 지급하여야 하며 그 외의 손해가 있으면 배상하여야 한다(제685조).

(2) 사안의 경우

1) 甲은 乙에게 본인 甲을 위하여 선량한 관리자의 주의의무를 준수하여 위임받은 사무를 이행하지 않고, 또한 이는 불법행위에 해당함을 이유로 손해배상을 청구할 수 있다. 즉, 2억 원의 상당의 X 토지를 1억 원에 매도하여 1억 원의 손해를 발생시킨 부분에 한하여 채무불이행 및 불법행위에 따른 손해배상을 구할 수 있다.

2) 그리고 민법 제685조의 책임은 일반의 채무불이행이나 불법행위에 대한 책임과는 달리 민법이 특별히 인정한 책임이므로, 乙이 戊에게 채무 변제조로 위임인 甲에게 인도할 매매대금 1억 원을 변제한 부분에 한하여, 위임인 甲은 변제한 날 이후의 법정이자를 별도의 증명 없이도 당연히 청구할 수 있고, 법정이자 이상의 손해가 생긴 것을 입증하여 그 배상도 청구할 수 있다.

3. 甲의 戊에 대한 청구 가부

(1) 관련 조문 - 법률상 원인 없이 타인의 재산으로 인하여 이익을 얻고 이로 인하여 타인에게 손해를 가한 자는 그 이익을 반환하여야 한다(민법 제741조).

(2) 판례 - 채권자가 그 변제를 수령함에 있어 횡령사실에 대한 악의 또는 중대한 과실이 없는 경우에는 채권자의 금전 취득은 피해자에 대한 관계에 있어서 법률상 원인 있는 이득이 된다(대법원 2012. 1. 12. 선고 2011다74246 판결).

(3) 사안의 경우 - 戊는 수임인 乙이 위임인 甲에게 넘겨주어야 할 매매대금 1억 원의 횡령 사실에 대하여 알고 있었으므로, 법률상 원인이 없는 이익을 받은 자에 해당하는바, 甲의 戊에 대한 부당이득반환청구는 인용될 수 있다.

4. 결론

법원은 甲의 乙에 대한 채무불이행(제390조) 및 불법행위 손해배상청구(제750조)와 횡령금 1억 원에 대하여는 민법 제685조의 수임인 乙의 금전소비의 책임규정, 戊에 대하여는 부당이득(제741조)을 근거로 1억 원의 금전반환을 청구할 수 있다.

〈제2문의 1〉

〈 기초적 사실관계 〉

乙은 2023. 4. 5. 甲으로부터 甲 소유의 X 건물을 매매대금 10억 원에 매수하되, 계약금 1억 원은 계약 당일, 중도금 3억 원은 2023. 5. 10.에 각 지급하고, 잔금 6억 원은 2023. 10. 31. 소유권이전에 필요한 서류를 제공받음과 동시에 지급하기로 하는 내용의 매매계약(이하 '이 사건 매매계약'이라 한다)을 체결한 후 계약금과 중도금을 모두 지급하였다.

[※ 이하의 추가적 사실관계 1, 2는 각각 독립적인 별개의 사실관계임]

〈 추가적 사실관계 1 〉

乙이 잔금지급기일에 잔금을 지급하지 아니하자 甲은 여러 차례에 걸쳐 乙에게 잔금의 지급을 청구하였고, 乙은 X 건물이 병원으로 용도변경이 이루어져야 잔금을 지급할 수 있는데 용도변경이 불가능하게 되었으므로 이 사건 매매계약이 실효되었다고 주장하면서 잔금의 지급을 거부하고 甲에게 계약금 및 중도금의 반환을 요구하였다. 이후 甲은 용도변경 여부는 이 사건 매매계약과는 무관하다고 주장하면서 소유권이전에 필요한 서류를 제공하거나, 수령하여 갈 것을 최고함이 없이 거듭 잔금의 지급을 청구하였고, 乙 역시 이 사건 매매계약의 실효를 재차 주장하며 甲에게 계약금 및 중도금의 반환을 요구하였다.

한편 X 건물은 2024. 2. 3. 강제수용되어 甲이 수용보상금 4억 3,000만 원을 수령하였다. 甲은 이 사건 매매계약을 체결하면서 구두로 乙이 추진하는 X 건물에 대한 병원으로의 용도변경에 협력하기로 하였고, 위 용도변경은 이 사건 매매계약 체결 이후 관련 법령의 개정으로 사실상 승인되기 어려웠던 것으로 밝혀졌다.

〈 문제 〉

1. 甲이 乙을 상대로 'X 건물에 대한 소유권이전등기의무의 이행제공이 있더라도 乙이 정당한 이유 없이 그 수령을 거절하고 잔금지급의무를 이행할 의사가 없었음이 명백하므로, X 건물이 수용되어 이에 대한 소유권이전등기의무를 이행할 수 없게 된 것은 ① 乙의 책임 있는 사유로 인한 것이거나, ② 사실상 乙의 수령지체 중에 당사자 쌍방의 책임 없는 사유로 인한 것'이라고 주장하면서 乙을 상대로 매매잔대금 1억 7,000만 원(= 잔금 6억 원 - 수용보상금 4억 3,000만 원)의 지급을 구하는 소를 제기하였을 경우, 甲의 乙에 대한 청구는 인용될 수 있는지 판단하고 그 근거를 서술하시오. (10점)
2. 乙이 2024. 6. 24. 甲을 상대로 이 사건 매매계약이 강제수용에 의해 종료되었음을 이유로 계약금 1억 원 및 중도금 3억 원과 위 각 돈에 대하여 각 지급일부터 다 갚는 날까지 연 5%의 비율로 계산한 돈의 지급을 구하는 소를 제기하였고 같은 달 26일에 소장 부본이 甲에게 송달되었을 경우, 법원은 어떠한 판단을 하여야 하는지 ① 결론(소 각하/청구 기각/청구 인용/청구 일부 인용 - 일부 인용의 경우 인용 범위를 특정할 것)과 ② 그 근거를 서술하시오(지연손해금 및 손해배상은 고려하지 말 것). (10점)

〈 추가적 사실관계 2 〉

乙의 대여금 채권자 丙은 2023. 9. 11. 乙을 대위하여 甲을 상대로 X 건물에 대한 처분금지가처분을 신청하여 인용결정을 받았고, 2023. 9. 14. 乙에게 위 결정문이 송달되었다. 甲은 乙이 이 사건 매매계약에 따른 잔금을 지급하지 아니하자 乙에게 2024. 1. 5.까지 잔금의 지급을 최고하면서 위 기한까지 잔금을 지급하지 아니할 경우 이 사건 매매계약을 해제한다는 의사표시를 하였다. 그런데 乙이 위 기한까지 잔금을 지급하지 아니하자 甲은 이 사건 매매계약을 해제하고자 2024. 2. 28. 원상회복의무의 이행을 원인으로 하여 계약금을 제외한 중도금 상당액만 공탁하였고, 乙은 아무런 이의 없이 공탁의 취지에 따라 공탁금을 수령하였다. 다만 甲이 소유권이전에 필요한 서류를 제공하거나, 수령하여 갈 것을 최고한 적은 없다.

〈 문제 〉

3. 丙이 乙을 대위하여 2024. 4. 5. 甲을 상대로 X 건물에 대하여 이 사건 매매계약에 기한 소유권이전등기절차의 이행 및 인도를 구하는 소를 제기하자, 甲은'이 사건 매매계약은 乙이 공탁금을 공탁의 취지에 따라 수령함으로써 적법하게 해제되었으므로, X 건물에 대한 소유권이전등기절차 및 인도의무의 이행을 청구할 수 없다'고 주장하였다. 甲의 주장이 타당한지 판단하고 그 근거를 서술하시오(채권자대위권 행사를 위한 다른 요건들은 고려하지 말 것). (10점)

문제해설 [제2문의 1] 문제 1. 해설

1. 문제

매매계약 이행불능에 대한 귀책 사유 및 위험부담이 문제 된다.

2. 매매계약 이행불능에 대한 귀책 사유 및 위험부담

(1) **관련 조문** - 쌍무계약의 당사자 일방의 채무가 당사자 쌍방의 책임없는 사유로 이행할 수 없게 된 때에는 채무자는 상대방의 이행을 청구하지 못한다(민법 제537조). 쌍무계약의 당사자 일방의 채무가 채권자의 책임있는 사유로 이행할 수 없게 된 때에는 채무자는 상대방의 이행을 청구할 수 있고, 채권자의 수령지체 중에 당사자 쌍방의 책임없는 사유로 이행할 수 없게 된 때에도 같다(민법 제538조).

(2) **판례** - 당사자 쌍방의 귀책사유 없이 이행할 수 없는 경우에는 위험부담에 관한 민법 제537조가 적용되고 채권자의 귀책사유로 이행할 수 없는 경우 등에는 민법 제538조가 적용된다(대법원 2021. 5. 27. 선고 2017다254228 판결).

(3) 사안의 경우

1) 이 사건 매매계약의 내용에 포섭되는 X 건물 용도변경 협력 의무가 계약 체결 당시에는 가능한 점에서 원시적 불능이라고 할 수 없고, 계약 체결 이후 관련 법령의 개정으로 승인이 사실상 불가능해진 점에서 후발적 불능에 해당하며, 법령 개정에 따른 이행불능을 양 당사자의 귀책 사유로 보기 어려운바, 채무자위험부담주의 법리가 적용된다.

2) 甲이 ① 채권자 乙의 귀책 사유로 인한 이행불능에 해당함을 주장하고 있으나 채권자 乙의 귀책 사유는 존재하지 않고, ② 채무자 甲 또한 소유권 이전에 필요한 서류를 제공하거나, 수령하여 갈 것을 최고함이 없이 거듭 잔금의 지급을 청구한 점에서 채권자 乙의 수령지체 중에 발생한 사실로 보기 어려워 채권자위험부담주의가 적용될 수 없는바, 채무자 甲은 乙을 상대로 잔금 이행을 구할 수 없다.

3. 결론

甲의 乙에 대한 매매 잔금 청구는 기각된다.

문제해설 [제2문의 1] 문제 2. 해설

1. 문제

위험부담에 따른 매매대금 반환 청구의 성질 및 반환 범위가 문제 된다.

2. 위험부담에 따른 매매대금 반환 청구의 성질 및 반환 범위

(1) **관련 조문** - 법률상 원인 없이 타인의 재산으로 인하여 이익을 얻고 이로 인하여 타인에게 손해를 가한 자는 그 이익을 반환하여야 한다(민법 제741조). 악의의 수익자는 그 받은 이익에 이자를 붙여 반환하고, 선의의 수익자가 패소한 때에는 그 소를 제기한 때부터 악의의 수익자로 본다(민법 제748조, 제749조). 당사자 일방이 계약을 해제한 때에는 각 당사자는 그 상대방에 대하여 원상회복의 의무가 있고, 반환할 금전에는 그 받은 날로부터 이자를 가하여야 한다(민법 제548조 제1, 2항).

(2) **판례**

1) 채무자위험부담주의가 적용된다면, 쌍방 채무의 이행이 없었던 경우에는 계약상 의무의 이행을 청구하지 못하고 이미 이행한 급부는 법률상 원인 없는 급부가 되어 부당이득 법리에 따라 반환을 청구할 수 있다(대법원 2021. 5. 27. 선고 2017다254228 판결).

2) '소가 제기된 때'란 소송이 계속된 때, 즉 소장 부본이 피고에게 송달된 때를 말한다(대법원 2014. 2. 13. 선고 2012다119481 판결).

(3) **사안의 경우**

1) 부당이득에서는 수익자의 선·악의에 따른 반환 범위를 달리하지만, 계약해제의 경우에는 제548조가 적용되어 이득의 현존 여부와 상대방의 선의·악의를 묻지 않고 받은 급부 전부를 상대방에게 반환한다.

2) 이 사건 매매계약은 채무자위험부담주의가 적용되어 해제에 따른 원상회복이 아닌 부당이득 법리가 적용되는바, 乙은 甲에게 계약금과 중도금 각 지급일이 아닌 이 사건 소장부본송달일인 2024. 6. 26.부터의 이자를 청구할 수 있다.

3. 결론

乙의 청구는 일부 인용(4억 원 및 이에 대하여 2024. 6. 26.부터 다 갚는 날까지 연 5%의 비율)된다.

문제해설 [제2문의 1] 문제 3. 해설

1. 문제

甲의 해제 주장이 민법 제405조 제2항의 처분행위에 해당하는지 문제 된다.

2. 甲의 해제 주장이 민법 제405조 제2항의 처분행위에 해당되는지 여부

(1) **관련 조문** - 채권자는 자기의 채권을 보전하기 위하여 채무자의 권리를 행사할 수 있다(민법 제404조 제1항). 채무자가 전항의 통지를 받은 후에는 그 권리를 처분하여도 이로써 채권자에게 대항하지 못한다(민법 제405조 제2항).

(2) **판례**(대법원 2012. 5. 17. 선고 2011다87235 전원합의체 판결)

1) 채무자가 채권자대위권행사의 통지를 받은 후에 채무를 불이행함으로써 통지 전에 체결된 약정에 따라 매매계약이 자동적으로 해제되거나, 채권자대위권행사의 통지를 받은 후에 채무자의 채무불이행을 이유로 제3채무자가 매매계약을 해제한 경우 제3채무자는 계약해제로써 대위권을 행사하는 채권자에게 대항할 수 있다.

2) 다만 형식적으로는 채무자의 채무불이행을 이유로 한 계약해제인 것처럼 보이지만 실질적으로는 채무자와 제3채무자 사이의 합의에 따라 계약을 해제한 것으로 볼 수 있거나, 채무자와 제3채무자가 단지 대위채권자에게 대항할 수 있도록 채무자의 채무불이행을 이유로 하는 계약해제인 것처럼 외관을 갖춘 것이라는 등의 특별한 사정이 있는 경우에는 채무자가 피대위채권을 처분한 것으로 보아 제3채무자는 계약해제로써 대위권을 행사하는 채권자에게 대항할 수 없다.

(3) 사안의 경우

1) 채권자 丙은 채무자 乙을 대위하여 권리를 행사하였고, 2023. 9. 14. 채무자 乙이 이러한 사실을 알게 되었으므로 피대위권리인 소유권이전등기청구권의 채무불이행에 따른 법정해제는 가능하지만, 합의해제는 불가하다.

2) 甲이 乙의 잔금미지급을 이유로 한 법정 해제가 적법하기 위해서는 동시이행관계를 깨드리고 이행지체에 빠뜨린 상태에서 최고를 하여야 하는데, 甲이 소유권이전에 필요한 서류를 제공하고나 수령하여 갈 것을 최고한 적이 없는 점에서 법정해제가 유효하다고 보기 어렵다. 그리고 해약금(계약금) 해제의 경우, 중도금을 지급하여 이행의 착수에 나아간 점에서 불가하다.

3) 甲이 계약금을 제외한 중도금 상당액을 공탁하고, 乙이 아무런 이의 없이 공탁금을 수령한 것은 합의해제로 볼 여지는 있으나, 이는 민법 제405조 제2항의 처분행위에 해당하여 이를 가지고 丙에게 대항할 수 없다.

3. 결론

甲의 주장은 타당하지 않다.

〈제2문의 2〉

〈 기초적 사실관계 〉

상가분양업자인 乙은 2021. 3. 23. 甲 소유의 X 토지 위에 3층 오피스텔인 Y 건물을 신축하고 이를 분양하기 위해 甲으로부터 X 토지를 90억 원에 매수하고 甲에게 계약금과 중도금으로 60억 원을 지급하였다. 그리고 매매잔대금 30억 원의 지급에 갈음하여, 甲과 乙은 乙이 향후 신축하는 Y 건물 1층의 101호 및 102호에 대한 분양권을 甲에게 양도하고, 분양권명의변경 및 소유권이전등기는 甲 또는 甲이 정하는 자에게로 하는 내용의 대물변제합의(이하 '제1차 대물변제약정'이라 한다)를 하였으며, 乙은 2021. 9. 5. X 토지에 대하여 소유권이전등기를 마쳤다. 다만 분양권명의변경 및 그에 기한 소유권이전등기는 乙이 Y 건물에 대한 소유권보존등기를 마친 후에 해 주기로 하였다.

이후 甲은 乙 및 丁에게 각 15억 원씩을 차용하였는데 이를 변제하지 못하자, 甲은 2022. 9. 13. 위 각 차용금채무의 변제에 갈음하여 乙의 승낙을 받아 101호에 대한 분양권을 다시 乙에게 양도하고, 102호에 대한 분양권은 甲이 丁에게 양도하는 내용의 각 대물변제합의(乙, 丁에 대한 분양권 양도를 통틀어 이하 '제2차 대물변제약정'이라 한다)를 하였다. 마찬가지로 분양권명의변경 및 그에 기한 소유권이전등기는 乙이 Y 건물에 대한 소유권보존등기를 마친 후에 해 주기로 하였다.

한편 甲에게 30억 원의 대출금 채권을 가지고 있던 丙은 2023. 2. 1. 위 대출금 채권을 청구채권으로 하고 甲을 채무자, 乙을 제3채무자로 하여 제1차 대물변제약정에 따라 甲이 乙에 대하여 가지는 101호 및 102호에 대한 분양권에 관하여 양도·처분을 금지하는 내용의 가압류를 신청하였고, 인용된 가압류결정문이 2023. 2. 22. 乙에게 송달되었다. 그 후 丙이 甲을 상대로 30억 원의 대출금 지급청구의 소를 제기하여 2023. 6. 7. 丙의 전부승소 판결이 확정되었다.

2023. 7. 5. Y 건물에 대한 소유권보존등기를 마친 후 乙은 丙의 가압류결정에도 불구하고, 2023. 7. 13. 101호에 대한 분양권을 戊에게 16억 원에 매도하고 戊 명의로 분양권명의변경 및 소유권이전등기를 해 주었고, 102호에 대해 丁 명의로 분양권명의변경 및 소유권이전등기를 해 주었다.

〈 소송의 경과 〉

丙이 乙을 상대로, 101호 및 102호에 대해 戊 및 丁에게 분양권명의변경 및 소유권이전등기를 마쳐 준 행위는 丙의 가압류결정을 위반한 불법행위라며 손해배상을 청구하는 소를 제기하였다. 이에 대해 乙은 다음과 같은 이유를 들어 丙의 가압류는 무효이므로 불법행위책임을 부담하지 않는다고 주장한다.

① 丙의 가압류결정 이전에 이미 대물변제로 甲의 101호 및 102호에 대한 분양권이 소멸하였다.
② 제2차 대물변제약정은 실질적으로 제1차 대물변제약정을 합의해제한 것이므로 甲의 101호 및 102호에 대한 분양권은 소멸하였다.
③ 나아가 101호의 경우, 乙이 제2차 대물변제약정에 의해 甲의 101호에 대한 분양권을 이전받았으므로 甲의 101호에 대한 분양권은 소멸하였다.

그러자 丙은 乙의 각 주장에 대응하여 다음과 같이 반박한다.

> ① 제2차 대물변제약정만 체결되었을 뿐 그에 따른 분양권명의변경과 소유권이전등기가 이루어지지 않았으므로 제1차 대물변제약정에 따른 甲의 101호 및 102호에 대한 분양권은 소멸하지 않았다.
> ② 제2차 대물변제약정을 제1차 대물변제약정에 대한 합의해제로 볼 수 없으며, 설령 합의해제로 보더라도 그 해제로써 丙에게 대항할 수 없다.
> ③ 제2차 대물변제약정으로 甲의 101호에 대한 분양권이 소멸하지 않았고, 설령 소멸하였더라도 그 채권의 양도에 대하여 확정일자 있는 증서에 의한 대항요건을 갖추지 않았으므로 丙에게 대항할 수 없다.

〈 문제 〉

乙 및 丙의 각 주장의 타당성을 검토하고 법원의 결론(소 각하/청구 기각/청구 인용/청구 일부 인용 - 일부 인용의 경우 인용 범위를 특정할 것)을 서술하시오. (40점)

문제해설 [제2문의 2] 문제 해설

1. 문제

丙의 乙에 대한 불법행위 손해배상청구에서 乙의 항변 및 丙의 재항변 당부가 문제 된다.

2. 丙의 乙에 대한 불법행위 손해배상청구 청구[1])

(1) **관련 조문** - 고의 또는 과실로 인한 위법행위로 타인에게 손해를 가한 자는 그 손해를 배상할 책임이 있다(민법 제750조).

(2) **판례** - 채권자가 가압류 등 강제집행을 개시한 사실을 알면서 채무자나 제3자가 그 강제집행의 목적물을 손괴·은닉하는 등의 방법으로 그 강제집행의 실행을 방해하였다면 그 행위는 그 집행채권자에 대하여 불법행위를 구성한다(대법원 2002. 12. 26. 선고 2002다54479 판결).

(3) **사안의 경우** - 甲의 乙에 대한 101호 및 102호에 대한 분양 채권 가압류가 유효함에도 이를 丁과 戊에게 처분하여 丙의 채권집행실행을 방해한 것이라면 이는 가압류에 위배되는 것으로서 가압류채권자인 丙에 대한 불법행위를 구성하므로 청구는 일응 타당하다.

3. 乙의 ① 항변 및 丙의 ① 재항변 당부 - 대물변제에 따른 분양권 소멸 여부

(1) **관련 조문** - 채무자가 채권자의 승낙을 얻어 본래의 채무이행에 갈음하여 다른 급여를 한 때에는 변제와 같은 효력이 있다(민법 제466조).

(2) **판례** - 대물변제는 본래의 채무에 갈음하여 다른 급여를 현실적으로 하는 때에 성립되는 요물계약이므로, 대물변제가 효력을 발생하려면 채무자가 본래의 이행에 갈음하여 행하는 다른 급여가 현실적이어야 하고 등기나 등록을 요하는 경우 그 등기나 등록까지 경료하여야 한다(대법원 1995. 9. 15. 선고 95다13371 판결).

(3) **사안의 경우** - 甲이 제2차 대물변제계약 내용에 따라 101호 및 102호 분양권을 乙과 丁에게 분양권 명의변경 및 소유권이전등기를 하지 않았으므로, 제2차 대물변제계약의 체결 사실만으로는 제1차 대물변제계약에 기한 기존 채무인 甲의 101호 및 102호에 대한 분양권은 소멸하지 않았는바, 乙의 ① 항변은 타당하지 않고 丙의 ① 재항변이 타당하다.

4. 乙의 ② 항변 및 丙의 ② 재항변 당부 - 합의해제 해당 여부

(1) **판례** - 계약의 합의해제는 당사자가 이미 체결한 계약을 체결하지 않았던 것과 같은 효과를 발생시킬 것을 내용으로 하는 또 다른 계약으로서 당사자 간의 합의로 성립한 계약을 합의해제하기 위하여서는 계약이 성립하는 경우와 마찬가지로 기존 계약의 효력을 소멸시키기로 하는 내용의 해제계약의 청약과 승낙이라는 서로 대립하는 의사표시가 합치될 것을 그 요건으로 하는 것이고, 이러한 합의가 성립하기 위하여는 쌍방 당사자의 표시행위에 나타난 의사의 내용이 서로 객관적으로 일치하여야 된다(대법원 1994. 8. 26. 선고 93다28836 판결).

---

1) 실전에서는 생략 가능 하지만 전체적인 논리 구성을 위해 작성하였습니다.

(2) **사안의 경우** - 甲이 乙과 丁에게 제2차 대물변제계약을 체결한 것은 그 형식 및 실질에 있어서 모두 甲은 乙 및 丁에 대한 각 15억 원의 채무의 변제에 갈음하여 甲이 제1차 대물변제계약으로 취득한 101호 및 102호 분양권을 이전하기로 합의한 것으로서, 이는 제1차 대물변제계약이 유효하게 존속함을 전제로 제2차 대물변제계약을 체결한 것이므로, 제1차 대물변제의 효력을 소멸시키는 합의해제로 볼 수 없는바, 乙의 ② 항변은 타당하지 않고 丙의 ② 재항변이 타당하다.

5. 乙의 ③ 항변 및 丙의 ③ 재항변 당부 - 혼동 소멸 여부

(1) **관련 조문** - 채권과 채무가 동일한 주체에 귀속한 때에는 채권은 소멸한다(민법 제507조).

(2) **판례**(대법원 2022. 1. 13. 선고 2019다272855 판결)

1) 채권양도는 양도인과 양수인 사이에 채권을 동일성을 유지하면서 전자로부터 후자에게로 이전시킬 것을 목적으로 하는 계약을 말한다. 채권양도에 의하여 채권은 동일성을 잃지 않고 양도인으로부터 양수인에게 이전되는데, 이는 채권양도의 대항요건을 갖추지 못하였다고 하더라도 마찬가지이다. 이와 같은 채권의 귀속주체 변경의 효과는 원칙적으로 채권양도에 따른 처분행위 시 발생하는바, 지명채권 양수인이 '양도되는 채권의 채무자'인 경우에는 채권양도에 따른 처분행위 시 채권과 채무가 동일한 주체에 귀속한 때에 해당하므로 민법 제507조 본문에 따라 채권이 혼동에 의하여 소멸한다.

2) 민법 제450조 제2항에서 정한 지명채권양도의 제3자에 대한 대항요건은 양도된 채권이 존속하는 동안에 그 채권에 관하여 양수인의 지위와 양립할 수 없는 법률상의 지위를 취득한 제3자가 있는 경우에 적용된다. 따라서 지명채권 양수인이 '양도되는 채권의 채무자'여서 양도된 채권이 민법 제507조 본문에 따라 혼동에 의하여 소멸한 경우에는 후에 채권에 관한 압류 또는 가압류결정이 제3채무자에게 송달되더라도 채권압류 또는 가압류결정은 존재하지 아니하는 채권에 대한 것으로서 무효이고, 압류 또는 가압류채권자는 민법 제450조 제2항에서 정한 제3자에 해당하지 아니한다.

(3) **사안의 경우**

1) 채권양도는 준물권행위 또는 처분행위로서 이행의 문제를 남기지 않고 그 자체로써 권리 귀속을 대세적으로 변동시키고, 확정일자를 구비한 채무자에 대한 통지나 승낙은 제3자 대항요건에 해당할 뿐이다.

2) 그렇다면, 101호에 대한 분양권은 2023. 2. 1. 가압류결정 전인 2022. 9. 13. 이미 채권과 채무가 모두 동일한 주체인 乙에게 귀속(乙 → 甲 → 乙)됨으로써 혼동으로 소멸하였으므로, 상기 101호의 분양권을 가압류한 부분은 존재하지 않는 채권에 대한 것으로서 무효인바, 乙의 ③ 항변은 타당하고 丙의 ③ 재항변이 타당하지 않다.

3) 102호에 대한 분양권은 乙 → 甲 → 丁에게 순차 이전되었을 뿐, 동일인에게 귀속된 적이 없어서 혼동으로 소멸함이 없이 유효하게 존속하는 채권이므로, 가압류 이후 丁에게 처분한 것은 가압류에 저촉되는 행위에 해당한다.

6. 결론

丙의 乙에 대한 불법행위 손해배상청구는 102호 부분에 한하여 일부 인용된다.

〈제2문의 3〉

〈 기초적 사실관계 〉

甲은 2004. 7. 8. 친구인 乙에게 자신을 대신하여 시가 상승이 예상되는 X 토지에 관한 매수인이 되어 줄 것을 부탁하였고, 乙이 이를 승낙함에 따라 甲과 乙 사이에 X 토지에 관한 명의신탁약정이 체결되었다. 더불어 甲과 乙은 같은 날 'X 토지의 소유자가 甲임을 인정하고, 甲이 요구하는 경우 乙은 즉시 甲에게 X 토지를 반환한다'는 취지의 반환약정(이하 'X 토지 반환약정'이라 한다)을 체결하였다. 乙은 2004. 8. 9. X 토지의 소유자인 丙으로부터 X 토지를 매수하기로 하는 매매계약을 체결하였다. 乙은 2004. 9. 9. 甲으로부터 X 토지 매수자금을 제공받아 위 매매계약에 따른 대금을 모두 丙에게 지급하고, 같은 날 X 토지에 관하여 자신 명의의 소유권이전등기를 마쳤다.

[※ 이하의 추가적 사실관계 1, 2는 각각 독립적인 별개의 사실관계임]

〈 추가적 사실관계 1 〉

丙은 甲과 乙 사이에 X 토지에 관한 명의신탁약정이 체결되었다는 사정을 모르고 있었다. 乙은 X 토지에 관하여 소유권이전등기를 마친 이후 계속하여 X 토지를 점유하였다. 甲은 2024. 10. 15. 乙을 상대로 X 토지를 반환할 것을 요구하였으나, 乙은 이를 거절하였다. 이에 甲은 2024. 12. 10. 乙을 상대로 X 토지에 관하여 자신 명의로 소유권이전등기절차의 이행을 구하는 소를 제기하였다.

위 소송에서 甲의 주요 주장은 아래 ①, ②와 같다.

① 甲과 乙 사이에 X 토지에 관한 명의신탁약정과 더불어 X 토지 반환약정이 유효하게 체결된 이상 乙은 甲에게 X 토지 반환약정을 원인으로 X 토지에 관하여 소유권이전등기절차를 이행할 의무가 있다.

② 甲은 X 토지 반환약정에 기하여 乙의 X 토지에 관한 직접점유를 통해 X 토지를 간접점유하였고, 위와 같은 甲의 간접점유 기간이 20년을 경과한 이상 甲의 X 토지에 관한 점유취득시효가 완성되었으므로, 乙은 甲에게 X 토지에 관하여 소유권이전등기절차를 이행할 의무가 있다.

〈 문제 〉

1. 甲의 각 주장이 타당한지 판단하고 그 근거를 서술하시오(X 토지 반환약정과 관련된 소멸시효는 고려하지 말 것). (20점)

〈 추가적 사실관계 2 〉

甲은 乙이 X 토지에 관한 소유권이전등기를 마친 2004. 9. 9.부터 X 토지를 계속 점유하며 사용·수익하다가 2024. 10. 10. 지병으로 사망하였다. 甲의 아들 丁이 甲의 지위를 단독으로 상속하였고, 현재까지 X 토지를 점유하고 있다.

한편 丙이 甲과 乙 사이에 X 토지에 관한 명의신탁약정이 체결된 사정을 알고 있었는지 여부는 밝혀지지 않았고, 甲이 X 토지를 20년 이상 평온·공연하게 점유한 사실은 인정된다. 丁은 '甲의 X 토지에 관한 점유취득시효가 완성된 이상 丁은 X 토지에 관하여 소유권을 취득할 수 있다'는 주장을 하고자 한다.

〈 문제 〉

2. 丁의 주장이 타당한지 판단하고 그 근거를 서술하시오. (10점)

문제해설 [제2문의 3] 문제 1. 해설

1. 문제

甲의 ①, ② 주장 당부가 문제 된다.

2. 甲의 ① 주장 당부

(1) **관련 조문** - 부동산 명의신탁약정은 무효이고, 위 약정에 따라 이루어진 등기는 무효이다(부동산 실권리자명의등기에 관한 법률 제4조 제1항).

(2) **판례** - 부동산을 매수함에 있어 매수대금의 실질적 부담자와 명의인 간에 명의신탁관계가 성립한 경우, 그들 사이에 매수대금의 실질적 부담자의 요구에 따라 부동산의 소유 명의를 이전하기로 하는 등의 약정을 하였다고 하더라도, 이는 부동산 실권리자명의 등기에 관한 법률에 의하여 무효인 명의신탁약정을 전제로 명의신탁 부동산 자체 또는 그 처분대금의 반환을 구하는 범주에 속하는 것이어서 역시 무효라고 보아야 한다(대법원 2022. 6. 9. 선고 2021다244617 판결).

(3) **사안의 경우** - X 부동산 명의신탁약정은 부동산 실권리자명의 등기에 관한 법률 제4조 제1항에 의하여 무효이므로 신탁자 甲은 수탁자 乙에게 X 부동산 자체의 반환을 청구할 수 없다. 甲과 乙 사이에 X 부동산이 명의신탁한 재산임을 전제로 乙이 甲의 요구에 따라 그 소유 명의를 이전하기로 약정한 것은 새로운 약정의 형식을 통해 무효인 명의신탁약정이 유효함을 전제로 명의신탁 부동산 자체의 반환을 약속한 것에 불과하여 역시 무효인바, 甲의 ① 주장은 타당하지 않다.

3. 甲의 ② 주장 당부

(1) **관련 조문** - 20년간 소유의 의사로 평온, 공연하게 부동산을 점유하는 자는 등기함으로써 그 소유권을 취득한다(민법 제245조 제1항).

(2) **판례** - 취득시효의 요건인 점유에는 직접점유뿐만 아니라 간접점유도 포함되지만, 간접점유를 인정하기 위해서는 간접점유자와 직접점유를 하는 자 사이에 일정한 법률관계, 즉 점유매개관계가 필요하다. 이러한 점유매개관계는 직접점유자가 자신의 점유를 간접점유자의 반환청구권을 승인하면서 행사하는 경우에 인정된다(대법원 2022. 6. 9. 선고 2021다244617 판결).

(3) **사안의 경우**

1) 매도인이 선의인 계약명의신탁에서 수탁자 乙은 X 토지에 관하여 완전한 소유권을 취득하므로, 乙의 점유를 두고 간접점유자인 甲의 점유매개관계 즉, X 토지의 반환 청구권을 승인하면서 행사하는 타주점유를 한 것이라고 볼 수는 없는바, 점유의 객관적인 성질상 乙이 자주점유를 한 것으로 해석된다.

2) 즉, 명의수탁자 乙은 자기 소유의 X 부동산을 점유한 것이고, 甲의 ① 주장에서 본 바와 같이 명의신탁자가 명의수탁자에 대하여 해당 부동산에 관하여 적법 유효한 반환청구권 자체를 갖지 않으므로, 乙이 반환청구권을 승인하면서 행사한 경우에 해당하지 않는바, 甲의 간접점유를

통한 자주점유를 전제로 점유취득시효완성을 이유로 소유권이전등기절차 이행을 구하는 甲의 ② 주장은 타당하지 않다.

4. 결론

甲의 ①, ② 주장은 타당하지 않다.

문제해설 [제2문의 3] 문제 2. 해설

1. 문제

丁의 피상속인 甲의 점유취득시효 완성 여부와 관련하여, 계약명의신탁에서 수탁자의 점유 성질이 문제 된다.

2. 계약명의신탁에서 수탁자 점유의 성질

(1) **관련 조문** - 부동산 명의신탁약정은 무효이고, 위 약정에 따라 이루어진 등기는 무효이다. 다만, 상대방 당사자가 명의신탁약정 사실을 모르고 수탁자와 계약을 맺은 경우의 부동산물권변동은 유효이다(부동산 실권리자명의등기에 관한 법률 제4조 제1, 2항).

(2) **판례**

1) 계약명의신탁에서 명의신탁자는 부동산의 소유자가 명의신탁약정을 알았는지 여부와 관계없이 명의신탁자가 명의신탁약정에 따라 부동산을 점유한다면 명의신탁자에게 점유할 다른 권원이 인정되는 등의 특별한 사정이 없는 한 명의신탁자는 소유권 취득의 원인이 되는 법률요건이 없이 그와 같은 사실을 잘 알면서 타인의 부동산을 점유한 것으로, 소유의 의사로 점유한다는 추정은 깨어진다(대법원 2022. 5. 12. 선고 2019다249428 판결).

2) 상속에 의하여 점유권을 취득한 경우에는 상속인은 새로운 권원에 의하여 자기 고유의 점유를 개시하지 않는 한 피상속인의 점유를 떠나 자기만의 점유를 주장할 수 없고, 선대의 점유가 타주점유인 경우 선대로부터 상속에 의하여 점유를 승계한 자의 점유도 상속 전과 그 성질 내지 태양을 달리하지 않으므로 특단의 사정이 없는 한 그 점유가 자주점유로는 될 수 없다(대법원 1996. 9. 20. 선고 96다25319 판결).

(3) **사안의 경우** - 甲이 X 토지를 20년간 점유하였지만 丙의 甲과 乙의 X토지에 관한 명의신탁약정에 대한 인식 여부와 관계없이 이는 타주점유에 해당하여 점유취득시효가 완성되지 않았다. 상속인 丁이 피상속인 甲의 포괄승계인임을 이유로 점유취득시효 완성을 주장하는 것은 타당하지 않다.

3. 결론

丁의 주장은 타당하지 않다.

〈제3문의 1〉

A주식회사는 주식의 전자등록을 하지 않은 비상장회사이다. 甲은 A회사의 정기주주총회에서 2023. 6. 9.부터 정관에 따라 임기를 3년으로 하는 이사로 선임되었다. 한편, A회사의 발행주식총수의 1%를 소유하는 乙(주주명부상 명의개서를 완료함)은 丙에 대한 채무의 이행을 담보하기 위하여 자신이 소유한 A회사 주식 전부에 질권을 설정하였고, 丙은 2024. 10. 초순 「상법」상 등록질권자로서의 요건을 갖추었다. 2024. 11. 중순 소집된 A회사의 이사회는, 甲을 이사에서 해임하는 건을 의제로 하는 임시주주총회를 2025. 1. 10. 개최하기로 적법하게 결의하였다(의결권 행사 기준일: 2024. 12. 1.). A회사는 임시주주총회 소집통지 과정에서 乙에게는 소집통지를 하지 아니하고 丙에게만 소집통지를 하였다. 이후 2025. 1. 10. 개최된 임시주주총회에서 甲을 이사에서 해임하는 안(案)이 가결되었고, 丙은 위 임시주주총회에 참석하여 위 해임안에 대하여 의결권을 행사하였다. 이에 甲은 정당한 이유 없이 임기 만료 전에 해임되었음을 이유로 A회사를 상대로 「상법」 제385조 제1항 후문에 따른 손해배상을 구하는 소를 제기하였다.

〈 문제 〉

1. 「상법」 제385조 제1항 후문의 '정당한 이유'란 무엇이고, A회사에 대한 손해배상청구소송에서 甲과 A회사 중 누가 정당한 이유의 존부에 관한 증명책임을 부담하는가? (10점)
2. 乙이 A회사를 상대로 위 해임 결의의 효력을 다투는 「상법」상 소를 제기한 경우, 법원은 이를 인용할 것인가? (10점)

문제해설 [제3문의 1] 문제 1. 해설

1. 상법 제385조 제1항 후문의 정당한 이유의 의미

'정당한 이유'란 주주와 이사 사이에 불화 등 단순히 주관적인 신뢰관계가 상실된 것만으로는 부족하고, 이사가 법령이나 정관에 위배된 행위를 하였거나 정신적·육체적으로 경영자로서의 직무를 감당하기 현저하게 곤란한 경우, 회사의 중요한 사업계획 수립이나 그 추진에 실패함으로써 경영능력에 대한 근본적인 신뢰관계가 상실된 경우 등과 같이 당해 이사가 경영자로서 업무를 집행하는 데 장해가 될 객관적 상황이 발생한 경우를 의미한다(대법원 2023. 8. 31. 선고 2023다220639 판결).

2. 정당한 이유의 입증책임

'정당한 이유'의 존부에 관한 입증책임은 손해배상을 청구하는 이사가 부담하는바(대법원 2006. 11. 23. 선고 2004다49570 판결), 甲이 부담한다.

문제해설 [제3문의 1] 문제 2. 해설

1. 주식 등록 질권설정자 乙의 주주로서 권리 행사 가부

(1) **관련 조문** - 총회의 소집절차 또는 결의방법이 법령 또는 정관에 위반하거나 현저하게 불공정한 때 또는 그 결의의 내용이 정관에 위반한 때에는 주주 · 이사 또는 감사는 결의의 날로부터 2월 내에 결의취소의 소를 제기할 수 있다(상법 제376조 제1항).

(2) **판례** - 주식에 대해 질권이 설정되었더라도 질권설정계약 등에 따라 질권자가 담보제공자인 주주로부터 의결권을 위임받아 직접 의결권을 행사하기로 약정하는 등의 특별한 약정이 있는 경우를 제외하고 질권설정자인 주주는 여전히 주주로서의 지위를 가지고 의결권을 행사할 수 있다(대법원 2017. 8. 18. 선고 2015다5569 판결).

(3) 사안의 경우

1) 주식 등록 질권설정자 乙은 질권자 丙이 의결권을 행사하기로 하는 특별한 약정이 없으므로, 여전히 A 주식회사 주주로서의 지위를 갖는다.

2) 그런데, A 회사는 주주인 乙에게 소집통지 하지 아니하고, 질권자인 丙에게만 소집통지를 한 절차상의 하자가 존재하는바, 이러한 해임결의의 효력을 다투기 위하여 2025. 1. 10.자 甲을 이사에서 해임하는 안건에 대한 주주총회결의 취소의 소를 제기하는 경우, 법원은 이를 인용해야 한다.

〈제3문의 2〉

A주식회사는 건설업을 하는 비상장회사(대표이사 甲)로서 감사를 두고 있으며, 설립된 지 5년이 경과하였지만 주권을 발행하지 않고 있고, 주식을 전자등록하고 있지도 않다. A회사는 보통주만을 10만 주(1주 액면금액: 2만 원) 발행하였는데, 乙은 그중 1천5백 주를 소유하고 있으며 주주명부에 주주로 기재되어 있다. A회사의 2023년 영업년도 말 대차대조표상 순자산액은 35억 원, 기적립이익준비금은 12억 원, 기적립자본준비금은 0원, 미실현이익은 0원이었다. 한편, 주주총회 소집통지 권한이 없는 A회사의 평이사가 정기주주총회 소집통지를 하여 2024. 3. 15. 정기주주총회가 개최되었다. 위 정기주주총회에서는 2023년 영업년도의 재무제표 및 이익배당안(1주당 2천 원)에 대한 승인 결의가 이루어졌다(2023년 결산기에 이익준비금을 추가로 적립하지 않는 내용을 포함함). 乙은 위 정기주주총회 종료 후 이익배당의 기준일이 도래하기 전에 A회사 주식 1천5백 주 전부를 丙에게 양도하였으나, 이후에도 丙은 계속하여 주주명부의 명의개서를 청구하지 않고 있다.

〈 문제 〉

1. 甲이 A회사를 대표하여 乙의 A회사 주식 1천5백 주 양도 행위를 양도일에 승낙한 경우, 乙과 丙 중 누가 A회사에 대하여 3백만 원의 배당금 지급을 청구할 권리를 가지는가? (15점)
2. A회사가 2억 원의 이익배당금을 주주들에게 지급한 경우, 이러한 배당은 배당가능이익을 초과한 위법배당 또는 배당절차상 하자가 있는 위법배당이라고 할 수 있는가? 만약 위 배당이 위법하다면, A회사는 지급한 배당금을 주주들로부터 반환받기 위해서 어떠한 절차를 거쳐야 하는가? (20점)
3. 만약 A회사가 이사회 결의만으로 자신이 유효하게 취득하여 보유하고 있는 자기주식으로 A회사 자신을 제외한 주주들에게 각자의 주식 보유 비율에 따라 배당하려면, 어떠한 요건을 갖추어야 하는가? (자기주식에 의한 배당은 허용되는 것으로 전제함) (10점)

문제해설 [제3문의 2] 문제 1. 해설

1. 문제

형식주주인 乙과 명의개서 미필주주로 실질주주인 丙 중 누가 배당금지급청구권을 갖는지가 문제된다.

2. 형식주주 乙과 명의개서 미필주주인 실질주주 丙의 이익배당금 지급청구권 인정 여부

(1) **관련 조문** - 주식의 양도에 있어서는 주권을 교부하여야 한다(상법 제336조 제1항). 주식의 이전은 취득자의 성명과 주소를 주주명부에 기재하지 아니하면 회사에 대항하지 못한다(상법 제337조 제1항). 이익배당은 각 주주가 가진 주식의 수에 따라 한다(상법 제464조).

(2) **학설** - ① **편면적구속설** : 법문에 충실하게 회사가 스스로 주주임을 인정할 수 있다. ② **쌍면적구속설** : 회사가 명의개서 미필주주를 인정하는 것은 허용될 수 없다.

(3) **판례**

1) 종래 편면적 구속설에서 쌍면적 구속설로 변경하여 회사도 명의개서 미필주주에게 주주권의 행사를 인정할 수 없다(대법원 2017. 3. 23. 선고 2015다248342 전원합의체 판결).

2) 상법이 주주명부 제도를 둔 이유는 주식의 소유권 귀속에 관한 회사 이외의 주체들 사이의 권리관계와 주주의 회사에 대한 주주권 행사 국면을 구분하여, 후자에 대하여는 주주명부상 기재 또는 명의개서에 특별한 효력을 인정하는 태도이다. 따라서, 주주명부에 적법하게 주주로 기재되어 있는 자는 회사에 대한 관계에서 그 주식에 관한 의결권 등 주주권을 행사할 수 있고, 회사 역시 주주명부상 주주 외에 실제 주식을 인수하거나 양수하고자 하였던 자가 따로 존재한다는 사실을 알았든 몰랐든 간에 주주명부상 주주의 주주권 행사를 부인할 수 없으며, 주주명부에 기재를 마치지 아니한 자의 주주권 행사를 인정할 수도 없다(대법원 2020. 6. 11. 선고 2017다278385 판결).

(4) **사안의 적용**

1) 주식 소유권 귀속 국면에서, A주식회사는 주권미발행 상태로 6개월이 도과하여 주식양도가 가능하고, 주주 乙은 丙에게 주식 전부를 양도하였는바, A회사의 승낙여부와 상관없이 乙과 丙과의 사이에서 주식은 丙에게 귀속된다.

2) 다만, 주주의 회사에 대한 주주권 행사 국면에서는 아직 명의개서를 하지 않은 丙은 실질주주에 불과하여 A회사의 주식양도 사실에 대한 인식 또는 승낙 여부와 상관없이 주주의 권리를 행사할 수 없다.

3. 결론

乙이 A회사에 대하여 3백만 원의 배당금 지급을 청구할 권리를 갖는다.

문제해설 [제3문의 2] 문제 2. 해설

1. 배당가능이익을 초과 또는 배당절차상 하자가 있는 위법배당 여부

(1) 배당가능이익을 초과한 위법배당 여부

1) 관련 조문 - 회사는 대차대조표의 순자산액으로부터 자본금, 결산기까지 적립된 자본준비금과 이익준비금의 합계액, 미실현이익을 공제한 액을 한도로 하여 이익배당을 할 수 있다(상법 제462조 제1항).

2) 사안의 경우 - A 회사는 순자산액 35억 원에서 자본금 20억 원(=2만 원 × 10만 주), 기적립이익준비금 12억 원을 공제한 3억 원을 한도로 이익배당을 할 수 있는바, 2억 원을 이익 배당한 것은 위법하지 않다.

(2) 배당절차상 하자가 있는 위법 배당인지 여부

1) 관련 조문 - 이익배당은 주주총회의 결의로 한다(상법 제462조 제2항).

2) 판례 - 대표이사 아닌 이사가 이사회의 소집 결의에 따라서 주주총회를 소집한 것이라면 위 주주총회에 있어서 소집절차상 하자는 주주총회결의의 취소사유에 불과하고 그것만으로 바로 주주총회결의가 무효이거나 부존재가 된다고 볼 수 없다(대법원 1993. 9. 10. 선고 93도698 판결).

3) 사안의 경우 - 주주총회 소집통지 권한이 없는 A회사의 평이사가 정기주주총회 소집통지를 하여 정기주주총회가 개최되어 이익배당안에 대한 승인결의로 배당이 이루어진 것은 배당절차상 하자가 있는 위법배당에 해당한다.

2. A회사가 위법배당금 반환받기 위한 절차

(1) **관련 조문** - 법률상 원인없이 타인의 재산으로 인하여 이익을 얻고 이로 인하여 타인에게 손해를 가한 자는 그 이익을 반환하여야 한다(민법 제741조).

(2) **사안의 경우** - 이익배당이 주주총회결의로 이루어지는 경우, 배당결의에 취소사유가 존재하면 먼저 주주총회결의 취소의 소를 제기하여 취소판결을 받아야만 위법배당의 취소를 주장 할 수 있는바, A회사의 대표이사 甲은 2024. 3. 15. 자 이익배당에 대한 주총결의취소의 소를 제기하여 승소한 뒤, 배당금을 지급받은 주주들을 상대로 부당이득반환청구의 소를 제기하여야 한다.

문제해설 [제3문의 2] 문제 3. 해설

1. 이사회 결의만으로 현물배당이 가능하기 위한 요건

(1) 관련 조문

1) 회사는 정관으로 금전 외의 재산으로 배당을 할 수 있음을 정할 수 있다(상법 제462조의4 제1항).

2) 이익배당은 주주총회의 결의로 정한다. 다만, 제449조의2 제1항에 따라 재무제표를 이사회가 승인하는 경우에는 이사회의 결의로 정한다(상법 제462조 제2항).

3) 상법 제449조의2(재무제표 등의 승인에 대한 특칙)

① 제449조에도 불구하고 회사는 정관으로 정하는 바에 따라 제447조의 각 서류를 이사회의 결의로 승인할 수 있다. 다만, 이 경우에는 다음 각 호의 요건을 모두 충족하여야 한다.

1. 제447조의 각 서류가 법령 및 정관에 따라 회사의 재무상태 및 경영성과를 적정하게 표시하고 있다는 외부감사인의 의견이 있을 것
2. 감사(감사위원회 설치회사의 경우에는 감사위원을 말한다) 전원의 동의가 있을 것

(2) 사안의 경우

1) A 회사가 자기주식으로 주주들에게 배당하는 것은 현물배당이므로 먼저 회사의 정관에 현물배당이 가능한 규정이 있어야 한다.

2) 현물배당은 이익배당의 일종이므로, 이익배당을 이사회 결의만으로 하기 위해서는 이사회가 재무제표를 승인해야 하고, 외부감사인이 재무제표가 회사의 재무상태와 경영성과를 적정하게 표시했다고 의견을 제시해야 하며, 감사(감사위원회설치회사의 경우에는 감사위원) 전원의 동의가 있어야 한다.

〈제3문의 3〉

농부 甲은 도시 근교에서 점포 및 대규모 생산시설과 설비를 갖추고 상인적 방법으로 사과를 재배하여 판매하는 자로서, 자신이 재배하는 사과가 유기농으로 3개월 보관이 가능한 품종이라는 점을 홍보하고자 한다. 이에 甲은 A주식회사와 사이에, A회사가 甲이 디자인한 도안과 규격에 맞춘 포장지를 제작하여 甲에게 공급하기로 하는 계약을 체결하였다. 甲은 A회사로부터 포장지를 인도받고 즉시 그 하자 유무에 관하여 검사하지 않은 채 보관하다가, 5개월이 지난 후에야 甲 자신이 디자인한 도안 및 규격과 달라서 사용할 수 없음을 발견하고 이를 A회사에 통지하였다. 한편 乙은 2024. 10. 5. 甲으로부터 사과를 구입하고, 그 매매대금의 지급을 위하여 어음금액 10,000,000원, 만기 2024. 12. 16.인 약속어음을 甲에게 발행하였다. 乙은 3개월 보관이 가능한 품종의 사과라는 甲의 말을 믿고 이를 구입하였으나, 수령한 날로부터 1주일 만에 사과가 썩기 시작하여 절반 이상의 사과가 상품 가치를 상실하게 되었다. 이에 乙은 2024. 10. 25. 위 사과 매매계약을 적법하게 해제하였다. 甲은 위 사과 매매계약이 해제된 사실을 알고 있는 丙에게 2024. 10. 27. 위 약속어음을 배서·교부하였다.

〈 문제 〉

1. 甲은 상인인가? 甲은 A회사와 체결한 포장지 공급계약을 「상법」 제69조에 따라 해제할 수 없는 것인가? (15점)
2. 丙이 위 약속어음을 계속 소지하고 있다가 2024. 12. 16. 위 약속어음 발행인인 乙에게 지급제시한 경우, 乙은 丙에게 어음금을 지급하여야 하는가? (10점)
3. 만약 丙이 위 약속어음을 소지하던 중 사망한 후 유일한 상속인인 丁이 2024. 12. 1. 위 약속어음을 戊에게 배서·교부하였다면, 戊가 乙에게 어음상 권리를 행사하고자 할 때 적법한 어음의 소지인으로 추정되는가? (10점)

문제해설 [제3문의 3] 문제 1. 해설

1. 甲의 상인 여부

(1) 관련 조문

1) 자기명의로 상행위를 하는 자를 상인이라 한다(상법 제4조).

2) 점포 기타 유사한 설비에 의하여 상인적 방법으로 영업을 하는 자는 상행위를 하지 아니하더라도 상인으로 본다(상법 제5조 제1항).

(2) 사안의 경우

1) 농부 甲은 사과를 재배하여 판매하는 자로서 이른바 원시취득업자의 매도행위는 상법 제46조 제1호에 매매가 될 수 없는바, 상행위를 하는 당연상인에 해당하지 않는다.

2) 다만, 점포 및 대규모 생산시설과 서비를 갖추고 상인적 방법으로 영업을 하는 자이므로 상행위를 하지 아니하더라도 의제상인에 해당하는바, 상인이다.

2. 상법 제69조에 따른 해제 가부

(1) **관련 조문** - 상인 간의 매매에 있어서 매수인이 목적물을 수령한 때에는 지체없이 이를 검사하여야 하며 하자를 발견한 경우에는 즉시 매도인에게 그 통지를 발송하지 아니하면 이로 인한 계약해제를 청구하지 못한다. 매매의 목적물에 즉시 발견할 수 없는 하자가 있는 경우에 매수인이 6월 내에 이를 발견한 때에도 같다(상법 제69조 제1항).

(2) **판례** - 물건이 특정의 주문자의 수요를 만족시키기 위한 불대체물인 경우에는 당해 물건의 공급과 함께 그 제작이 계약의 주목적이 되어 도급의 성질을 강하게 띠고 있다 할 것이므로 이 경우에는 매매에 관한 규정이 당연히 적용된다고 할 수 없다(대법원 1987. 7. 21. 선고 86다카2446 판결).

(3) **사안의 경우** - 의제상인 甲이 당연상인인 주식회사 A회사와 체결한 포장지 공급계약은 도급이지 매매가 아니므로 상사매매에 관한 규정이 적용될 수 없는바, 상법 제69조에 따라 해제할 수 없다.

문제해설 [제3문의 3] 문제 2. 해설

1. 문제

丙의 乙에 대한 어음금 청구에 대하여, 乙이 원인관계 해제 및 그 사실에 대하여 丙이 악의임을 이유로 어음금 지급을 거절할 수 있는지가 문제 된다.

2. 乙의 어음금 지급 가부

(1) **관련 조문** - 약속어음에 의하여 청구를 받은 자는 발행인 또는 종전의 소지인에 대한 인적 관계로 인한 항변으로써 소지인에게 대항하지 못한다. 그러나 소지인이 그 채무자를 해할 것을 알고 어음을 취득한 경우에는 그러하지 아니하다(어음법 제17조, 제77조).

(2) **판례** - 어음법 제17조 단서의 해의의 항변이라 함은 항변사유의 존재를 인식하는 것만으로는 부족하고 자기가 어음을 취득함으로써 항변이 절단되고 채무자가 해를 입는다는 사실까지도 알아야 한다(대법원 1996. 5. 14. 선고 96다3449 판결).

(3) **사안의 경우** - 丙이 어음의 만기일인 2024. 12. 26. 乙회사에 어음금 청구를 하는 경우, 乙은 원인관계인 사과 매매계약을 2024. 10. 25. 적법하게 해제하고, 이 사실에 대하여 丙이 알고 있었다는 사정만으로 어음금 지급을 거절할 수 없으며, 어음법 제17조 단서의 해의까지 입증하여야 어음금 지급을 거절할 수 있다.

3. 결론

乙은 丙의 해의를 입증하지 못하는 한 약속어음금을 지급하여야 한다.

문제해설 [제3문의 3] 문제 3. 해설

1. 문제

배서의 연속이 단절된 경우에도, 소지인의 자격수여적 효력이 인정되는지 여부가 문제 된다.

2. 배서연속이 단절된 경우, 소지인의 자격수여적 효력 인정 여부

(1) **관련 조문** - 약속어음의 점유자가 배서의 연속에 의하여 그 권리를 증명할 때에는 그를 적법한 소지인으로 추정한다(어음법 제16조, 제77조).

(2) **판례** - 어음에 있어서의 배서의 연속은 형식상 존재함으로써 족하고 또 형식상 존재함을 요한다 할 것이나, 형식상 배서의 연속이 끊어진 경우에 딴 방법으로 그 중단된 부분에 관하여 실질적 관계가 있음을 증명한 소지인이 한 어음상의 권리행사는 적법하다(대법원 1995. 9. 15. 선고 95다7024 판결).

(3) **사안의 경우** - 乙 → 甲, 甲 → 丙, 丁 → 戊로 약속어음이 배서 교부되었으므로, 형식적 배서 연속의 흠결이 존재하는바, 소지인 戊가 적법한 어음의 소지인으로 추정되지 않는다. 다만, 丁은 丙의 유일한 상속인으로 포괄승계인이므로, 실질적 권리자임을 증명한 경우에 한하여 戊는 적법한 어음의 소지인으로 권리를 행사할 수 있다.

3. 결론

어음에 있어서 배서의 연속이 단절되었으므로 戊는 乙에게 어음상 권리를 행사하고자 할 때 적법한 어음의 소지인으로 추정되지 않지만, 중단된 부분에 관하여 실질적 관계가 있음을 증명한 때에는 어음상 권리를 행사할 수 있다.

제3편
기록형

2025년도 제14회 변호사시험 문제

시험과목	민사법(기록형)

응시자준수사항

【공통사항】

1. 시험 시작 전 문제지의 봉인을 손상하는 경우, 봉인을 손상하지 않더라도 문제지를 들추는 행위 등으로 문제 내용을 미리 보는 경우 그 답안은 영점으로 처리됩니다.
2. 시험시간 중에는 휴대전화, 스마트워치, 무선이어폰 등 무선통신 기기를 비롯한 전자기기를 지녀서는 안 됩니다.
3. 답안지에는 문제 내용을 쓸 필요가 없으며, 답안 이외의 사항을 기재하거나 밑줄 기타 어떠한 표시도 하여서는 안 됩니다.
4. 지정된 시각까지 지정된 시험실에 입실하지 않거나 시험관리관의 승인 없이 시험 시간 중에 시험실에서 퇴실한 경우, 그 시간 시험과 나머지 시간의 시험에 응시할 수 없습니다.
5. 시험시간 중에는 어떠한 경우에도 문제지를 시험실 밖으로 가지고 갈 수 없고, 그 시험시간이 끝난 후에는 문제지를 시험장 밖으로 가지고 갈 수 있습니다.

【CBT 방식】

1. 시험 시작 전까지 **프로그램에 로그인하지 않았을 경우, 그 시간 시험과 나머지 시간의 시험에 응시할 수 없습니다.**
2. 시험시간은 프로그램에 의해 자동 시작, 종료되며 시험이 종료되면 답안을 수정하는 등 답안 작성을 일절 할 수 없습니다.

【수기 방식】

1. 답안은 흑색 또는 청색 필기구(수성펜이나 연필 사용 금지) 중 한 가지 필기구만을 사용하여 답안 작성란(흰색 부분) 안에 기재하여야 합니다.
2. 답안지에 성명과 수험번호 등을 기재하지 않아 인적사항이 확인되지 않는 경우에는 영점으로 처리되는 등 불이익을 받게 됩니다. 특히 답안지를 바꾸어 다시 작성하는 경우, 성명 등의 기재를 빠뜨리지 않도록 유의하여야 합니다.
3. 답안을 정정할 경우에는 두 줄로 긋고 다시 써야 하며, 수정액.수정테이프 등은 사용할 수 없습니다.
4. 시험 종료 시각에 임박하여 답안지를 교체했더라도 시험시간이 끝나면 그 즉시 새로 작성한 답안지를 회수합니다.
5. 시험시간이 지난 후에는 답안지를 일절 작성할 수 없습니다. 이를 위반하여 **시험시간이 종료되었음에도 불구하고 계속 답안을 작성할 경우 그 답안은 영점으로 처리됩니다.**
6. **배부된 답안지는 백지 답안이라도 모두 제출**하여야 하며, **답안지를 제출하지 아니한 경우 그 시간 시험과 나머지 시험에 응시할 수 없습니다.**

【문　제】

귀하는 변호사 최선만으로서, 의뢰인 강용원, 양정숙과의 상담을 통해 다음 【상담내용】과 같은 사실관계를 청취하고, 【의뢰인의 희망사항】 기재사항에 관한 본안소송의 대리권을 수여받고, 첨부된 서류를 자료로 받았다.

의뢰인을 위하여 본안의 소를 제기하는 데 필요한 소장을 작성하시오.

【작 성 요 령】

1. 소장 작성일 및 소 제기일은 2025. 1. 17.로 하시오.
2. 일방 당사자가 여러 명인 경우 성명으로 특정하시오(예:'원고 홍길동', '피고 이몽룡').
3. 청구취지와 청구원인은 가급적 당사자별로 나누어 기재하시오.

[이하 작성요령은 실무의 기준과 다를 수 있음]

4. 관할권이 있는 법원 중 한 곳에 1건의 공동소송으로 제기하되, 나머지 공동소송의 요건은 갖추어진 것으로 전제하고, 주관적이든 객관적이든 예비적·선택적 병합청구는 하지 마시오.
5. 【의뢰인의 희망사항】란에 기재된 희망사항에 부합하도록 소장을 작성하되, 현행법과 그 해석상 승소 가능한 최대한의 범위에서 청구하고, 소 각하나 청구기각 부분이 발생하지 않도록 하시오.
6. 【사건관계인의 주장】 및 【의뢰인의 희망사항】으로 정리된 사항 중 원고의 주장 및 희망사항에 관하여는 해당 법리에 대한 판단을 거쳐서 청구 여부 및 범위를 결정하고, 피고의 주장에 관하여는 이유 있다고 판단되면 청구 여부 및 범위에 반영하되 이유 없다고 판단되면 해당 청구원인 부분에서 배척의 이유를 기재하시오.
7. 임료, 임료 상당액 또는 이자에 대한 각 지연손해금은 고려하지 마시오.
8. **[의뢰인 상담일지]**와 첨부자료에 기재된 사실관계는 모두 사실에 부합하는 것으로 보고(작성자의 의견에 해당하는 사항은 제외), 기재되지 않은 사실은 없는 것으로 전제하며, 첨부서류는 모두 진정하게 성립된 것으로 간주하시오.
9. 〈증명방법〉란과 〈첨부서류〉란 기재는 생략하고, 부동산의 표기는 다음 [별지 목록]을 소장 말미에 첨부함을 전제로 하여 [별지 목록]을 별도로 작성하지 마시오.
10. 관련 증거자료를 제시하여 기술할 필요는 없습니다.
11. 기록상의 날짜가 공휴일인지, 도로명과 문서의 서식이 실제와 부합하는지는 고려하지 마시오.

별지

목 록

1. 서울 성동구 성수동 256 대 330㎡

2. 서울 성동구 성수동 256([도로명주소] 서울 성동구 성수로 30) 지상 경량철골조 샌드위치패널지붕 단층 근린상가 200㎡

3. 서울 관악구 신림동 779([도로명주소] 서울 관악구 신림로 115) 지상 철근콘크리트조 콘크리트지붕 단층 근린상가 100㎡

4. (1동의 건물의 표시)
   평택시 서정3길 123 지상 철근콘크리트조 슬래브지붕 3층 건물
   1층 171㎡
   2층 171㎡
   3층 145.2㎡
   (대지권의 목적인 토지의 표시)
   평택시 서정3길 123 대 312㎡
   (전유부분의 건물의 표시)
   제1층 제101호 철근콘크리트조 54.85㎡
   (대지권의 표시)
   소유권대지권 312분의 47

5. (1동의 건물의 표시)
   서울 동작구 흑석로 80 지상 철근콘크리트조 슬래브지붕 3층 건물
   1층 200㎡
   2층 192㎡
   3층 188㎡
   (대지권의 목적인 토지의 표시)
   서울 동작구 흑석로 80 대 380㎡
   (전유부분의 건물의 표시)
   제2층 제201호 철근콘크리트조 150.32㎡
   (대지권의 표시)
   소유권대지권 380분의 54. 끝.

【참고자료】

각급 법원의 설치와 관할구역에 관한 법률 (일부)

제4조(관할구역) 각급 법원의 관할구역은 다음 각 호의 구분에 따라 정한다. 다만, 지방법원 또는 그 지원의 관할구역에 시·군법원을 둔 경우 「법원조직법」제34조 제1항 제1호 및 제2호의 사건에 관하여는 지방법원 또는 그 지원의 관할구역에서 해당 시·군법원의 관할구역을 제외한다.

1. 각 고등법원·지방법원과 그 지원의 관할구역: 별표 3

(이하 제2호 내지 제8호는 생략)

[별표 3] 고등법원 · 지방법원과 그 지원의 관할구역 (일부)

지방법원	지원	관할구역
서울중앙		서울특별시 종로구 · 중구 · 강남구 · 서초구 · 관악구 · 동작구
서울동부		서울특별시 성동구 · 광진구 · 강동구 · 송파구
서울남부		서울특별시 영등포구 · 강서구 · 양천구 · 구로구 · 금천구
서울북부		서울특별시 동대문구 · 중랑구 · 성북구 · 도봉구 · 강북구 · 노원구
서울서부		서울특별시 서대문구 · 마포구 · 은평구 · 용산구
대전		대전광역시 · 세종특별자치시 · 금산군
대구		대구광역시 중구 · 동구 · 남구 · 북구 · 수성구 · 영천시 · 경산시 · 칠곡군 · 청도군
부산		부산광역시 중구 · 동구 · 영도구 · 부산진구 · 동래구 · 연제구 · 금정구
광주		광주광역시 · 나주시 · 화순군 · 장성군 · 담양군 · 곡성군 · 영광군
수원	평택	평택시 · 안성시

의뢰인 상담일지

변호사 최선만 법률사무소

서울 서초구 서초중앙로12길 107, 305호(서초동, 두레타운)
전화 02) 529-3872, 전자메일 best10000@lawyer.com

접수번호	2025-07	상담일시	2025. 1. 8.
상 담 인	강용원, 양정숙	내방경위	직접 방문

【 상 담 내 용 】

의뢰인 강용원은 2024. 8. 10. 사망한 강호연의 아버지이고, 의뢰인 양정숙은 망 강호연의 배우자이다.

1. 인테리어 자재대금 채권 관련

가. 강용원은 인테리어 자재 도매업을 하던 중, 2021. 6. 5. '해드림(SUN-DREAM)'이라는 비법인 상호로 인테리어 시공업을 하는 김선웅과의 사이에서 대금 2억 원 상당의 인테리어 자재 매매계약을 체결하고 같은 날 납품을 완료하였는데, 그 당시 대금은 추후 지급하기로 하면서 지급기일을 약정하지 않았다.

나. 강용원은 2021. 11. 5. 김선웅에게 전화로 위 물품대금의 지급을 요구하였고, 2024. 5. 4. 김선웅에게 같은 취지의 최고서를 보낸 사실이 있다.

다. 오민한은 2024. 7. 5. 김선웅으로부터 위 '해드림(SUN-DREAM)'을 인수하여 현재까지 같은 장소에서 인테리어 시공업을 하고 있다.

라. 강용원이 2024. 8. 5. 위 '해드림(SUN-DREAM)' 양도사실을 전해 듣고서 김선웅을 찾아가 항의를 하자, 김선웅은 이행각서를 작성하여 강용원에게 교부하였다.

2. 성수동 대지 및 그 지상 건물 관련

가. 별지 목록 제1항 기재 대지('성수동 대지')에 관하여서는 그 소유자인 강석우가 사망함으로써 강용원이 2/5의, 정유심이 3/5의 각 지분에 따라 상속하였는데, 강용원은 인테리어 자재 도매업체의 영업자금 조달을 위하여 오민한으로부터 2023. 1. 6. 2억 원을 차용하면서 성수동 대지의 2/5 지분에 근저당권을 설정해 주었다.

나. 강용원은 2023. 4. 6. 정유심으로부터 성수동 대지의 3/5 지분을 증여받아 소유권이전등기를 마친 후, 2023. 7. 6. 같은 영업자금 조달을 위하여 오민한으로부터 추가로 3억 원을 차용하면서 성수동 대지의 3/5 지분에 근저당권을 설정하여 주었다.

다. 강용원은 2024. 7. 5. 오민한에게 위 차용금 변제로 4억 원을 지급하였는데, 그 무렵 강용원과 오민한은 변제할 채무를 구체적으로 특정하지 않았다.

라. 오민한은 위와 같이 차용금을 변제받았음에도 성수동 대지의 지분에 관한 위 각 근저당권설정등기에 터 잡아 법원에 담보권실행을 위한 경매를 신청하여 각 경매개시결정을 받았고, 법원이 일괄경매로 진행한 결과 이문호가 최고가 매수신고를 하고 매각대금을 완납함으로써 성수동 대지 전체에 관하여 이문호 앞으로 소유권이전등기가 마쳐졌다.

마. 이문호는 위 경매의 매각대금을 납입하기 위하여 2024. 10. 5. 주식회사 대한은행으로부터 4억 원을 대출받으면서 성수동 대지 전체에 근저당권설정등기를 마쳐주었다.

바. 이문호는 집행법원으로부터 인도명령을 받아 2024. 10. 10. 성수동 대지를 인도받고서, 같은 해 11. 10. 성수동 대지 위에 별지 목록 제2항 기재 건물('성수동 건물')을 신축하였는데, 그 이후 성수동 대지 전체가 성수동 건물의 부지로만 사용되고 있다.

사. 성수동 건물에 관하여서는 아직 소유권보존등기가 경료되지 않은 상태인데, 2024. 11. 20. 박성희는 이문호로부터 '성수동 대지를 임차하고 성수동 건물을 매수'하기로 약정하고, 같은 날 임대차보증금과 매매대금을 모두 지급하고서 성수동 대지와 성수동 건물을 모두 인도받아 현재까지 점유하고 있다.

3. 박연희 채무 변제금 관련

가. 강용원은 2022. 4. 18. 친구인 오국한에게 1억 원을 대여하면서, 같은 날 담보 목적으로 오국한 소유의 별지 목록 제3항 기재 상가('신림동 상가')에 2순위 근저당권을 설정받았는데, 당시 신림동 상가에는 이미 나일오 명의의 1순위 근저당권이 설정되어 있었다.

나. 한편 강용원은 2022. 5. 18. 오국한에게 1억 원을 추가로 대여하면서, 같은 날 담보 목적으로 오국한의 아버지 오칠성 소유인 포천시 소재 임야('포천시 임야')에 관하여 채권최고액 1억 5,000만 원의 1순위 근저당권을 설정받았다. 당시 오국한은 강용원에게 포천시 임야의 실제 가치가 2억 원 이상을 호가한다고 강조하였다.

다. 오국한은 강용원한테 돈을 빌리기 전부터 상당한 채무를 부담하고 있었는데, 강용원이 최근 오국한의 재산 상황을 조사하다가, 포천시 임야의 실제 가치는 2억 원에 훨씬 못 미치고, 오국한이 2023. 3.경 그의 유일한 재산인 신림동 상가에 관하여 사촌인 오민한 명의로 소유권이전등기를 마쳐주었다는 사실을 알게 되었다.

라. 한편 강용원의 강력한 항의를 받은 오민한은 2024. 10. 17. 갑자기 강용원을 찾아와 2022. 4. 18. 자 채무의 원리금 1억 3,000만 원을 변제하였고, 이후 신림동 상가에 설정된 강용원 명의 근저당권설정등기가 말소되었다.

4. 둔산동 건물 관련

가. 박광윤은 공사대금 채권을 변제받기 위해 별지 목록 제4항 기재 건물('평택시 빌라')에 거주하면서 유치권을 행사하고 있다. 박광윤은 2022. 2. 1.부터 7. 31.까지 임의로 평택시 빌라를 타인에게 임대한 사실이 있고, 2022. 8. 1.부터 현재까지는 가족과 함께 평택시 빌라에 거주하고 있다.

나. 강호연은 2022. 10. 1. 정남이로부터 평택시 빌라를 매수하여 소유권이전등기를 마쳤다.

다. 강용원과 양정숙은 2024. 8. 29. 박광윤에게 유치권 소멸을 청구하는 취지의 통지서를 발송하였고, 같은 해 9. 1. 그 통지서가 박광윤에게 도달하였다.

5. 제1 전부명령 관련

가. 윤건우는 2023. 10. 1. 이수인과의 사이에서 별지 목록 제5항 기재 상가('흑석동 상가')를 매도하기로 약정하고, 이에 따라 이수인에게 흑석동 상가를 인도하였다.

나. 양정숙은 2024. 2. 1. 이수인과의 사이에서 흑석동 상가에 관한 임대차계약을 체결하고, 이를 인도받아 같은 날 사업자등록을 신청한 후 그곳에서 현재까지 '맛나식당'을 운영하고 있다.

다. 이수인은 윤건우에게 위 매매계약에서 정하지도 않은 다른 사람 명의로의 등기이전 등을 요구하였고, 윤건우가 이를 거절하자, 연락도 받지 않으면서 등기이전을 받을 사람의 인적사항조차 알려주지 않았다. 그러자 윤건우는 2024. 5. 15. 이수인에게 흑석동 상가에 관한 매매계약을 해제한다는 내용의 통지서를 송부하였다.

라. 그 후 윤건우가 거의 매일같이 양정숙이 운영하는 식당에 찾아와 '매매계약을 해제하였으니, 식당 운영을 중단하고 흑석동 상가를 인도하라'고 요구하는 바람에 양정숙은 제대로 식당을 운영하기 어려운 상황이다.

【사건관계인의 주장】

1. 인테리어 자재대금 채권 관련

오민한은 '위 물품대금 채무가 시효로 소멸하였고, 만일 김선웅이 채무를 인정하였더라도 그 효과는 양수인인 자신에게 미치지 않는다'고 주장한다.

2. 인테리어 자재대금 채권 관련

이문호와 주식회사 대한은행은 '성수동 대지에 관하여 등기부와 경매절차를 신뢰하고서 소유권이전등기와 근저당권설정등기를 마쳤으므로 법적으로 보호받아야 하고, 민사집행법 제267조가 경매의 공신력을 인정하고 있는 이상 자신들에 대한 등기말소청구에는 응할 수 없다'고 주장한다.

3. 신림동 상가 관련

가. 오민한은 '오국한이 자신에게 신림동 상가의 소유명의를 이전한 것은 계약명의신탁 관계에서 비롯된 것이므로 사해행위에 해당하지 않는다'고 주장한다.

나. 오민한은 '신림동 상가의 취득이 사해행위라고 인정되어 강용원에게 돈을 지급해야 한다면 자신이 오국한에게 제공한 매수자금 4,000만 원과 2022. 7. 오국한에게 대여한 1,000만 원 역시 고려되어 배상금이 감액되어야 한다'고 주장한다.

4. 평택시 빌라 관련

가. 박광윤은 '그동안 유치권자로서의 의무를 위반한 사실이 없고, 만일 위반했어도 채무자(건축주)가 아닌 평택시 빌라의 양수인 측이 유치권 소멸청구를 할 수는 없다'고 주장한다.

나. 박광윤은 '만일 평택시 빌라와 관련하여 금전지급의무가 있더라도, 이는 유치권의 피담보채권에 충당되어 소멸하였다'고 주장한다.

5. 흑석동 상가 관련

윤건우는 '매수인의 귀책사유로 매매계약이 해제된 이상 매도인인 자신은 매수인이 체결한 임대차에 대하여 책임을 질 수 없고, 임대차 관계를 인정하더라도 양정숙이 차임을 여러 번 연체하여 임대차계약은 해지되었다'고 주장한다.

【의뢰인의 희망사항】

1. 인테리어 자재대금 채권 관련

강용원은 물품대금 채권을 실현하는 데 필요한 소의 제기를 희망한다.

2. 성수동 대지 및 그 지상 건물 관련

강용원은 성수동 대지와 관련하여 자신이 가지는 모든 권리를 실현하기 위한 소의 제기를 희망한다. 아울러 가능하다면, 성수동 건물을 강제로 철거할 경우 철거에 지장이 없도록 그 점유자를 퇴거시키는 데 필요한 소의 제기를 희망한다.

3. 신림동 상가 관련

강용원은 신림동 상가와 관련하여 자신의 채권을 보전하는 데 가장 유리한 소의 제기를 희망한다. 다만 오국한에 대한 대여금 청구의 소 제기는 희망하지 않는다.

4. 평택시 빌라 관련

의뢰인들은 박광윤을 평택시 빌라에서 퇴거시켜 이를 돌려받고자 한다. 아울러 가능하다면 박광윤이 평택시 빌라에 거주하면서 얻은 수익을 반환받기 위한 소의 제기를 희망한다.

5. 흑석동 상가 관련

양정숙은 흑석동 상가와 관련하여 윤건우와의 분쟁을 해결하기 위해, 판결을 통해 자신에게 적법한 권리가 있다는 점을 분명히 해 두기를 희망한다.

최고 통지서

수신인 김선웅

서울 강남구 역삼2길 339 에이동 302호 (삼성동, 선릉빌라)

1. 귀하의 건승을 기원합니다.
2. 귀하도 잘 기억하고 계시겠지만, 본인은 2021. 6. 5. 귀하가 운영하는 인테리어 시공업체 [해드림(SUN-DREAM)]에 인테리어 자재 2억 원어치를 납품하였지만, 귀하는 아직도 그 대금을 지급하지 않고 있습니다.
3. 본인은 2021. 11. 5. 전화와 문자메시지로 귀하에게 변제를 요구한 것 외에, 아직까지 한번도 독촉을 한 적이 없는데, 이는 오랫동안 귀하와 거래하면서 쌓아 온 인간관계를 신뢰하였기 때문입니다.
4. 그런데 귀하가 최근 사업운영이 어려워져서 사업체를 매각하려고 한다는 소문을 듣고서 부득이 최고 통지서를 보내게 되었으니, 혜량하시기 바랍니다.
5. 귀하도 아시다시피, 최근에는 경기가 어려워져서 본인도 자금사정에 어려움을 겪고 있으니, 부디 늦지 않게 일부라도 변제해 주시기를 당부드립니다.

2024년 5월 4일

발신인 강용원 (元姜 印容)

서울 서초구 방배대로 111, 101동 502호 (방배동, 서래아파트)

서울서초우체국
2024. 5. 4.
24 - 12867

우 편 물 배 달 증 명 서			
수취인의 주거 및 성명 서울 강남구 역삼2길 339 에이동 302호 (삼성동, 선릉빌라) 김선웅			
접수국명	서울서초	접수연월일	2024년5월4일
접수번호	12867	배달연월일	2024년5월6일
적 요	수취인과의 관계 본인 수령 김동구		서울강남우체국장인 서울강남우체국장

본 우편물은 2024-5-4
제12867호에 의하여
내용증명우편물로 발송하였음을 증명함
서울서초우체국장

서울서초우체국장인

영업양도 계약서

갑: 김선웅 (600123-1****)**

을: 오민한 (540607-1****)**

갑과 을은 인테리어 시공업체 [해드림(SUN-DREAM)]의 양도양수를 위하여 아래와 같이 약정한다.

제1조: 갑은 본 계약과 동시에 하남시 감북동 238 대 250㎡ 및 그 지상 건물에 관한 임차권과 계약일 현재 위 지상 및 건물에 보관 중인 설비, 비품, 자재, 공구 등 영업에 필요한 자산 일체를 을에게 양도하고, 갑은 임대인의 동의절차에 협조한다.

제2조: 을은 위 양도의 대가로 2024. 7. 말일까지 갑에게 대금 2억 원을 지급한다.

제3조: 을은 본 계약과 동시에 갑이 위 지상에서 운영하고 있는 인테리어 시공업체 [해드림(SUN-DREAM)]에 관하여 고객관계, 고용관계를 승계하고, 갑은 그 승계 및 동일 영업을 위한 인허가 등 절차에 협조한다.

제4조: 을은 [해드림(SUN-DREAM)] 상호를 계속 사용할 수 있고, 갑은 이에 대하여 이의를 제기하거나 대가의 지급을 요구하지 아니한다.

제5조: 을은 본 계약일 전에 갑의 영업으로 인해 발생한 채무에 대하여 책임을 지지 아니한다.

2024년 7월 5일

갑(양도인) : 김선웅 (600123-1******) 

서울 강남구 역삼2길 339 에이동 302호 (삼성동, 선릉빌라)

을(양수인) : 오민한 (540607-1******) 

서울 강서구 공항대로 37

이 행 각 서

강용원 귀하

본인은 2021. 6. 5. 자 인테리어 자재 물품대금 채무를 2024. 8. 말까지 차질 없이 갚겠습니다.

만일 약속한 기일까지 갚지 못하면 채무를 담보하기에 충분한 보증인이라도 세워 드릴 것을 약속드립니다.

2024. 8. 5.

각서인 김선웅 (웅김 인선)

통 지 서

수신인: 강용원

서울 서초구 방배대로 111, 101동 502호 (방배동, 서래아파트)

1. 본인은 수일 전에 귀하로부터 전화로 김선웅씨의 채무를 변제하라는 요구를 받은 오민한입니다.
2. 본인은 그날 귀하로부터 생각지도 않은 말을 듣고서 당황한 나머지 제대로 답변을 못하였는데, 그 후 김선웅씨를 만나서 전후 상황을 확인하고 법률 자문까지 받은 터라 이렇게 서신으로 본인의 분명한 입장을 전달해 드리고자 합니다.
3. 귀하는 본인과 김선웅씨와의 계약관계를 잘 알지 못하고, 또 본인이 현재까지 [해드림(SUN-DREAM)] 상호나 간판을 그대로 사용하고 있다 보니까 오해를 한 나머지 저에게 그런 전화를 했던 것 같습니다.
4. 본인은 김선웅씨와 계약할 당시에, 본인이 [해드림(SUN-DREAM)]의 영업을 인수하기 전에 발생한 채무에 관하여서는 제가 책임지지 않는다는 점을 분명히 약정하고서 계약서에도 그 점을 기재했습니다. [해드림(SUN-DREAM)]은 법인이 아니라 김선웅씨의 개인사업체에 불과하기 때문에 제가 김선웅씨의 자재대금 채무를 대신 갚을 법적인 근거도 없는 것입니다.
5. 더구나 김선웅씨가 귀하로부터 자재 납품을 받은 것은 이미 오래 전이라 그 채무는 이미 시효로 소멸되었을 것이고, 혹시라도 귀하와 김선웅씨 사이에서 시효중단이나 시효이익 포기로 볼 사정이 있었더라도 그것이 제3자인 본인에게까지 효력이 있을 수는 없는 것입니다.

2024년 12월 27일

반신인 오민한 (吳民漢印)

서울 강서구 공항대로 37

서울강서우체국
2024. 12. 27.
24 - 14227

본 우편물은 2024-12-27
제14227호에 의하여
내용증명우편물로 발송하였음을 증명함
서울강서우체국장

서울강서우체국장인

등기사항전부증명서(말소사항 포함)-토지

[토지] 서울특별시 성동구 성수동 256 고유번호 3103-1325-341248

【표 제 부】	(토지의 표시)				
표시번호	접 수	소 재 지 번	지 목	면 적	등기원인 및 기타사항
1 (전2)	1994년10월15일	서울특별시 성동구 성수동 256 [도로명주소] 서울특별시 성동구 성수로 30	대	330㎡	부동산등기법 제177조의6 제1항의 규정에 의하여 2001년10월11일 전산이기

【갑 구】	(소유권에 관한 사항)			
순위번호	등기목적	접 수	등기원인	권리자 및 기타사항
1 (전5)	소유권이전	1997년4월16일 제1453호	1997년3월15일 매매	소유자 박재경 330812-1****** 서울특별시 성북구 정릉동 32 미래빌 502호
				부동산등기법 제177조의6 제1항의 규정에 의하여 2001년10월11일 전산이기
2	소유권이전	2017년7월2일 제7026호	2017년6월30일 매매	소유자 강석우 250712-1****** 서울특별시 강동구 고덕동 32
3	소유권이전	2022년12월8일 제11202호	2022년11월8일 상속	공유자 지분 5분의 3 정유심 270420-2****** 서울특별시 강동구 고덕동 32 공유자 지분 5분의 2 강용원 471211-1****** 서울특별시 서초구 방배대로 111, 101동 502호 (방배동, 서래아파트)
4	3번정유심지분전부이전	2023년4월8일 제7202호	2023년4월6일 증여	공유자 지분 5분의 3 강용원 471211-1****** 서울특별시 서초구 방배대로 111, 101동 502호 (방배동, 서래아파트)
~~5~~	~~담보권실행을위한경매개시결정(일괄)~~	~~2024년7월22일 제12402호~~	~~2024년7월21일 서울동부지방법원의경매개시결정(2024타경12786,12787)~~	~~채권자 오민한 540607-1****** 서울특별시 강서구 공항대로 37~~
6	소유권이전	2024년10월5일 제25797호	2024년10월5일 담보권실행을 위한 경매로 인한 매각	소유자 이문호 641003-1****** 서울특별시 마포구 동교3길 338
7	5번담보권실행을위한경매개시결정등기말소	2024년10월5일 제25800호	2024년10월5일 담보권실행을 위한 경매로 인한 매각	

【을 구】 (소유권 이외의 권리에 관한 사항)				
순위번호	등 기 목 적	접 수	등 기 원 인	권리자 및 기타사항
~~1~~	~~갑구3번강용원 지분5분의2근저당권설정~~	~~2023년1월6일 제1088호~~	~~2023년1월6일 설정계약~~	~~채권최고액 금 260,000,000원~~ ~~채무자 강용원 471211-1******~~ ~~서울특별시 서초구 방배대로 111, 101동 502호 (방배동, 서래아파트)~~ ~~근저당권자 오민한 540607-1******~~ ~~서울특별시 강서구 공항대로 37~~
~~2~~	~~갑구4번강용원 지분5분의3근저당권설정~~	~~2023년7월6일 제8293호~~	~~2023년7월6일 설정계약~~	~~채권최고액 금 390,000,000원~~ ~~채무자 강용원 471211-1******~~ ~~서울특별시 서초구 방배대로 111, 101동 502호 (방배동, 서래아파트)~~ ~~근저당권자 오민한 540607-1******~~ ~~서울특별시 강서구 공항대로 37~~
3	1,2번근저당권 설정등기말소	2024년10월5일 제25798호	2024년10월5일 담보권실행을 위한 경매로 인한 매각	
4	근저당권설정	2024년10월5일 제25799호	2024년10월5일 설정계약	채권최고액 금 520,000,000원 채무자 이문호 641003-1****** 서울특별시 마포구 동교3길 338 근저당권자 주식회사 대한은행 (105912-0******) 서울특별시 종로구 율곡로 131 대표이사 최창근

---- 이 하 여 백 ----

수수료 1,000원 영수함

관할등기소 서울동부지방법원 등기국 / 발행등기소 법원행정처 등기정보중앙관리소

이 증명서는 등기기록의 내용과 틀림없음을 증명합니다.

서기 2025년 1월 7일

법원행정처 등기정보중앙관리소 전산운영책임관

*실선으로 그어진 부분은 말소사항을 표시함. *등기기록에 기록된 사항이 없는 갑구 또는 을구는 생략함.

문서 하단의 바코드를 스캐너로 확인하거나 **인터넷등기소(http://iros.go.kr)의 발급확인 메뉴에서 발급확인번호**를 입력하여 **위·변조 여부를 확인할 수 있습니다. 발급확인번호**를 통한 확인은 발행일부터 3개월까지 5회에 한하여 가능합니다.

발행번호 03826315221794219 1ULDO704942QNG26858142722 1/1 발급확인번호 AKSD-XOHR-3764 발행일 2025/01/07

대 법 원

차 용 증

오민한 귀하

본인은 귀하로부터 아래와 같이 금전을 차용합니다.

원 금	200,000,000원
이 자	연 10%
변제기	2024. 1. 5.
차용금의 용도	영업자금
특 약	본 차용금반환채무의 담보를 위하여 차용인은 서울 성동구 성수동 256 대 330㎡의 5분의 2 지분에 1순위 근저당권을 설정하기로 함

2023년 1월 6일

차용인: 강용원(471211-1******) (元姜印容)

서울 서초구 방배대로 111, 101동 502호 (방배동, 서래아파트)

차 용 증

오민한 귀하

본인은 귀하로부터 아래와 같이 금전을 차용합니다.

원 금	300,000,000원
이 자	연 15%
변제기	2024. 7. 5.
차용금의 용도	영업자금
특 약	본 차용금반환채무의 담보를 위하여 차용인은 서울 성동구 성수동 256 대 330㎡의 5분의 3 지분에 1순위 근저당권을 설정하기로 함

2023년 7월 6일

차용인: 강용원(471211-1******) 

서울 서초구 방배대로 111, 101동 502호 (방배동, 서래아파트)

내용증명

수신인 강용원

서울 서초구 방배대로 111, 101동 502호 (방배동, 서래아파트)

1. 본사는 소관 지점을 통해 귀하가 2024. 11. 20. 자로 제출한 [등기말소 신청서]를 검토한 결과, 아래와 같이 답신하고자 합니다.
2. 귀하는 위 신청서를 통해 서울 성동구 성수동 256 대지에 관하여 본사가 채권자로 된 근저당권설정등기가 원인무효라고 주장하였는데, 이는 귀하가 아래와 같이 부동산경매에 관한 법리를 오해한 데 따른 것임을 알려 드립니다.
   - ○ 위 대지에 관하여서는 법원이 경매개시결정을 하고, 그에 따라 일련의 경매절차가 진행된 결과 최고가 매수신고인이 매각대금을 완납함으로써 소유권이전등기까지 이루어졌는바, 그 과정에 어떠한 절차상의 하자도 없었습니다.
   - ○ 본사는 성수동 대지의 등기부와 최고가 매수신고인으로부터 제출받은 증빙자료를 통해 법원이 정상적으로 매각허가결정을 하였음을 확인하고서 본사의 경매대금 대출기준에 따라 대출하고 근저당권설정등기를 마쳤습니다.
   - ○ 경매개시결정 근거가 된 근저당권설정등기나 경매법원의 촉탁으로 이루어지는 소유권이전등기를 신뢰하고서 대출 절차를 진행한 경우 해당 금융기관이 보호받지 못한다면 금융제도의 안정성에 큰 위해가 되고, 이는 결과적으로 금융소비자들에 대한 책임으로 전가될 것입니다.
   - ○ 위와 같은 취지에서 민사집행법 제267조는 경매의 공신력을 인정하는 규정을 두고 있는 것입니다.
3. 본 답신이 귀하의 오해를 해소하는 데 도움이 되기를 기원합니다.

2024년 12월 22일

발신인 주식회사 대한은행
서울 종로구 율곡로 131
대표이사 최창근

주식회사
대한은행
대표이사

서울종로우체국
2024. 12. 22.
24 - 34732

본 우편물은 2024-12-22
제34732호에 의하여
내용증명우편물로 발송하였음을 증명함
서울종로우체국장

서울종
로우체
국장인

계 약 서

임대목적물의 표시: 서울 성동구 성수동 256 대 330㎡

매매목적물의 표시: 위 지상 경량철골조 샌드위치패널지붕 단층 근린상가 200㎡

갑 (임대인/매도인) : 이문호

을 (임차인/매수인) : 박성희

1. 갑은 을에게 임대목적물인 대지를 보증금 3억 원, 차임 월 300만 원(매월 말일 지급), 임대차기간 계약일부터 2년으로 정하여 임대하기로 하고, 계약 당일 임대차보증금을 지급받음과 동시에 을에게 현상대로 인도한다.
2. 갑은 을에게 매매목적물인 상가를 대금 2억 원에 매도하기로 하고, 계약 당일 매매대금을 전액 지급받음과 동시에 을에게 현상대로 인도한다.
3. 갑은 본 계약일로부터 1개월 내에 위 상가에 관한 건축허가명의를 을로 변경하는 데 필요한 서류를 을에게 교부하고, 을은 자신의 책임하에 위 상가의 건축허가조건을 충족시켜서 을의 명의로 소유권보존등기를 하며, 갑은 이에 필요한 절차에 협력한다.
4. 갑이 위 상가의 매매대금을 전액 지급받은 후, 을은 자신의 책임하에 상가와 대지를 관리·사용하고, 그에 대한 제세공과금을 부담하며, 갑은 이에 대하여 일체의 이의를 제기할 수 없다.
5. 위 상가건물이 존속하는 동안 갑은 위 대지에 관하여 을의 임대차계약 갱신요구를 거절하지 못한다. 다만 위 대지에 관하여 5기 이상의 차임을 연체할 경우에는 예외로 한다.

2024. 9. 30.

갑 (임대인/매도인) : 이문호 (李文鎬印)
서울 마포구 동교3길 338

을 (임차인/매수인) : 박성희 (박성희)
서울 강동구 고덕2길 101동 203호 (고덕동, 강동빌라트)

감정평가 의견서

강용원 귀하

대상 토지: 서울 성동구 성수동 256 대 330㎡ (전체)

귀하의 의뢰에 따라, 대상 토지에 관하여 2024년도 차임 시세를 다음과 같이 확인하여 회신합니다.

지상에 건물이 있는 경우	보증금 3억 원인 경우	월 250만 원
	보증금 없는 경우	월 400만 원
지상에 건물이 없는 경우	보증금 3억 원인 경우	월 350만 원
	보증금 없는 경우	월 500만 원

참고: 현재의 부동산 시장 상황에 비추어, 특별한 사정이 없는 한 이후로도 2, 3년간은 같은 시세가 유지될 것으로 전망됩니다.

2024년 12월 29일

감정평가법인 광나루 (법인등록번호 383202-1******)
서울 성동구 성수3길 209호 (성수동, 광진빌딩)
감정평가사 이선욱

감정평
가법인
광나루

내용증명

발신인: 강용원

서울 서초구 방배대로 111, 101동 502호(방배동, 서래아파트)

수신인: 오민한

서울 강서구 공항대로 37

1. 안녕하십니까. 본인은 귀하의 사촌 형인 오국한에게 2억 원을 대여한 채권자입니다. 당시 오국한은 본인에게 오국한 소유의 서울 관악구 신림로 115 지상 상가(2022. 4. 18. 자 채무 담보) 및 아버지 오칠성 소유의 포천시 일동면 218 소재 임야(2022. 5. 18. 자 채무 담보)에 대해 각 근저당권을 설정해주었습니다.
2. 그러나 오국한이 원리금을 변제하지 않아 상황을 알아보니 설정 당시 시가 2억 원을 호가한다고 들었던 포천시 소재 임야는 시가 3,000만 원에 불과합니다. 또한 최근 부동산등기부등본을 확인해 본 결과 오국한이 2023. 3. 17. 그 소유의 신림동 상가를 귀하에게 매도한 사실을 알게 되었습니다.
3. 주변 소문으로는 신림동 상가의 매도 전부터 오국한은 경제적으로 매우 어려운 상황이었다고 합니다. 위 신림동 상가의 1순위 근저당권자인 나일오 이야기도 들어 보니, 나일오 역시 2023. 3. 17. 당시에는 채무가 4,000만 원에 불과했으나, 그 뒤에 추가로 대여하여 현재 오국한에게 빌려준 대여금 합계가 채권최고액인 5,000만 원보다 많은 7,000만 원에 이른다고 합니다.
4. 주변에 알아보니 이러한 경우 제가 매매계약을 취소할 수 있다고 합니다. 빠른 시간 내에 위 건물의 소유권을 오국한에게 돌려놓거나 본인에게 그에 상응하는 배상을 하시기 바랍니다.

첨부 : 차용증 각 1부

2024. 9. 15.

강용원 (姜容元印)

서울서초우체국
2024. 9. 15.
24 - 17146

본 우편물은 2024-9-15
제17146호에 의하여
내용증명우편물로 발송하였음을 증명함
서울서초우체국장

서울서초우체국장인

차용증

강용원 귀하

오국한은 아래와 같이 금전을 차용합니다.

원　금 : 100,000,000원

변제기 : 2022. 12. 17.

이　자 : 월 1%

2022. 4. 18.

대　주 : 강용원 (471211-1******)

차　주 : 오국한 (470415-1******)

차용증

강용원 귀하

오국한은 아래와 같이 금전을 차용합니다.

원　금 : 100,000,000원

변제기 : 2023. 3. 17.

이　자 : 월 1%

2022. 5. 18.

대　주 : 강용원 (471211-1******)

차　주 : 오국한 (470415-1******)

등기사항전부증명서(말소사항 포함) - 건물

[건물] 서울특별시 관악구 신림로 115 고유번호 1436-2018-250456

【표 제 부】 (건물의 표시)

표시번호	접 수	소재지번 및 건물번호	건물내역	등기원인 및 기타사항
1	2006년 5월 8일	서울특별시 관악구 신림동 779 [도로명주소] 서울특별시 관악구 신림로 115	철근콘크리트조 콘크리트 지붕 단층 근린상가 100㎡	

【갑 구】 (소유권에 관한 사항)

순위번호	등기목적	접 수	등기원인	권리자 및 기타사항
1	소유권보존	2006년5월8일 제24759호		소유자 이경주 590722-1****** 경기도 화성시 동탄면 1278
2	소유권이전	2015년9월17일 제56457호	2015년9월17일 매매	소유자 오국한 470415-1****** 서울특별시 도봉구 도봉로 168, 302호 거래가액 금 40,000,000원
3	소유권이전	2023년3월17일 제11593호	2023년3월17일 매매	소유자 오민한 540607-1****** 서울특별시 강서구 공항대로 37 거래가액 금 150,000,000원

【을 구】 (소유권 이외의 권리에 관한 사항)

순위번호	등기목적	접 수	등기원인	권리자 및 기타사항
1	근저당권설정	2021년8월1일 제50099호	2021년8월1일 설정계약	채권최고액 50,000,000원 채무자 오국한 서울특별시 도봉구 도봉로 168, 302호 근저당권자 나일오 470812-1****** 서울특별시 강서구 화곡로 154
2	~~근저당권설정~~	~~2022년4월18일~~ ~~제26597호~~	~~2022년4월18일~~ ~~설정계약~~	~~채권최고액 150,000,000원~~ ~~채무자 오국한~~ ~~서울특별시 도봉구 도봉로 168, 302호~~ ~~근저당권자 강용원 471211-1******~~ ~~서울특별시 서초구 방배대로 111, 101동 502호~~
3	2번근저당권 설정등기말소	2024년10월17일 제74586호	2024년10월17일 해지	

---- 이 하 여 백 ----

수수료 금 1,000원 영수함

관할등기소 서울중앙지방법원 등기국 / 발행등기소 법원행정처 등기정보중앙관리소

이 증명서는 등기기록의 내용과 틀림없음을 증명합니다.

서기 2025년 1월 7일

법원행정처 등기정보중앙관리소 전산운영책임관

등기정보
중앙관리
소전산운
영책임관

*실선으로 그어진 부분은 말소사항을 표시함. *등기기록에 기록된 사항이 없는 갑구 또는 을구는 생략함.

문서 하단의 바코드를 스캐너로 확인하거나 **인터넷등기소(http://iros.go.kr)의 발급확인 메뉴에서 발급확인번호**를 입력하여 **위·변조 여부를 확인할 수 있습니다. 발급확인번호**를 통한 확인은 발행일부터 3개월까지 5회에 한하여 가능합니다.

발행번호 1210762477153498 71ULDO704942CPAF27463145429 1/1 발급확인번호 WGIT-XLBJ-7632 발행일 2025/01/07

대 법 원

감정평가서

수신 : 강용원 귀하

1. 서울 관악구 신림로 115 지상 철근콘크리트조 콘크리트지붕 단층 근린상가 100㎡

해당기간	건물 시가
2022. 1. 1. ~ 2022. 12. 31.	2억 3,000만 원
2023. 1. 1. ~ 2023. 12. 31.	2억 4,000만 원
2024. 1. 1. ~ 현재	2억 5,000만 원

2. 경기 포천시 일동면 218 임야 978㎡

해당기간	임야 시가
2022. 1. 1. ~ 2022. 12. 31.	3,000만 원
2023. 1. 1. ~ 2023. 12. 31.	3,000만 원
2024. 1. 1. ~ 현재	3,500만 원

※ 앞으로도 특별한 사정이 없는 한 2, 3년 동안 같은 시세를 유지할 것으로 예상됩니다.

의뢰하신 부동산들의 시가를 위와 같이 감정평가하여 회신합니다.

2024. 9. 13.

서울감정평가사사무소

감정평가사 장수현 (장수현인)

내용증명에 대한 답신

발신인: 오민한

수신인: 강용원

1. 귀하가 보낸 이행최고서는 2024. 9. 20. 잘 받아 보았습니다.
2. 사실 엄밀히 말해 본인은 오국한의 최대 피해자 중 한 명입니다. 신림동 상가는 애초부터 본인 소유로, 처음 신림동 상가를 매수할 당시 신림동 상가의 전 소유자 이경주와 본인 간의 다툼이 있어 사촌 형인 오국한에게 2015. 9. 17. 매수대금 4,000만 원을 지급하고 매수를 부탁하였던 것입니다. 그런데 본인이 신경을 쓰지 못하는 사이 오국한이 마치 신림동 상가가 자기 소유인 것처럼 나일오와 귀하에게 근저당권을 설정해 준 것입니다.
3. 작년에 오국한과 원만히 문제를 해결하기 위해 소정의 금액을 지급하고 신림동 상가를 매수하는 형식을 취하였으나, 해당 부동산은 어디까지나 당초부터 본인 소유였기에 제가 양수받은 것이 사해행위에 해당할 수는 없습니다.
4. 주변에 물어본 결과 '신탁자인 본인이 명의를 이전받은 것이 오국한의 일반 채권자에게는 문제될 여지가 있어도, 신림동 상가 및 포천시 임야에 이미 충분한 담보를 확보하고 있던 귀하에 대하여는 사해행위가 되지 않는다'고 합니다.
5. 정말 만에 하나 귀하의 주장과 같이 매매계약이 사해행위로 인정된다면 저로서는 이미 그 재산 없다고 생각하고 살아온 세월이 오래된 까닭에, 일부 원래대로 돌려놓을 마음은 있습니다만, 어떠한 경우에도 제가 귀하에게 추가적인 금전지급책임은 지지 않는 것으로 알고 있습니다.
6. 본인 역시 오국한에게 상당한 액수의 채권을 가진 채권자이므로, 만일 제가 금전지급책임을 져야 한다면 본인의 채권 합계금 5,000만 원(신림동 상가 매수대금 4,000만 원, 2022. 7. 18. 자 대여금 1,000만 원)으로 귀하의 채권을 소멸시키겠습니다.

[첨부 : 각서, 금전소비대차계약서 각 1부]

서울강서우체국
2024. 9. 30.
24 - 7920

2024. 9. 30.

오민한 (吳民漢印)

본 우편물은 2024-9-30
제7920호에 의하여
내용증명우편물로 발송하였음을 증명함
서울강서우체국장

서울강서우체국장인

각 서

1. 각서인 오국한은 오민한의 요청으로 매수자금 4,000만 원을 받아 서울 관악구 신림동 779 지상 단층 근린상가를 이경주로부터 매수하여 각서인 명의로 등기를 마쳤습니다. 따라서 위 신림동 상가는 명의만 오국한으로 되어 있을 뿐, 오민한(540607-1******) 소유임을 확인합니다.
2. 향후 본인은 어떠한 경우에도 이경주에게 실제 매수인이 오민한임을 밝히지 않을 것이고, 추후 신림동 상가에 대한 소유권 등 어떠한 권리도 주장하지 않을 것임을 약속합니다.
3. 만일 본인이 위 약속을 어길 시 어떠한 민형사상 처벌도 감수할 것임을 분명하게 약속합니다.

2015년 9월 17일

각서인 오 국 한 (470415-1****)**

금전소비대차계약서

오국한은 오민한으로부터 아래와 같이 1,000만 원을 차용하고, 변제기일까지 이를 틀림없이 지급하겠습니다.

원　금 : 10,000,000원

변제기 : 2023. 7. 17.

2022. 7. 18.

대여인 : 오민한 (540607-1******)

차용인 : 오국한 (470415-1******)

등기사항전부증명서(말소사항 포함) - 집합건물

[집합건물] 경기도 평택시 서정3길 123　　　　　　　　고유번호 1145-5548-155651

【표 제 부】 (1동의 건물의 표시)

표시번호	접 수	소재지번, 건물명칭	건물내역	등기원인 및 기타사항
1	2021년12월10일	경기도 평택시 서정동 550 [도로명주소] 경기도 평택시 서정3길 123(서정동, 서정빌라)	철근콘크리트조 슬래브 지붕 3층 건물 1층 171㎡ 2층 171㎡ 3층 145.2㎡	도면편철장 제4책 제43면

(대지권의 목적인 토지의 표시)

표시번호	소재지번	지목	면적	등기원인 및 기타사항
1	경기도 평택시 서정3길 123	대	312㎡	2021년12월10일

【표 제 부】 (전유부분의 건물의 표시)

표시번호	접 수	건물번호	건물내역	등기원인 및 기타사항
1	2021년12월10일	제1층 제101호	철근콘크리트조 54.85㎡	도면편철장 제4책 제43면

(대지권의 표시)

표시번호	대지권 종류	대지권 비율	등기원인 및 기타사항
1	소유권대지권	312분의 47	2021년12월10일 대지권 2021년12월10일 등기

【갑 구】 (소유권에 관한 사항)

순위번호	등기목적	접 수	등기원인	권리자 및 기타사항
1	소유권보존	2021년12월10일 제7233호		소유자 김일동 681017-1****** 경기도 안산시 상록수길 112 거래가액
2	소유권이전	2021년12월30일 제7871호	2000년11월25일 매매	소유자 정남이 570411-1****** 경기도 평택시 평택3길 2 거래가액
3	~~가압류~~	~~2022년9월1일~~ ~~제11593호~~	~~2022년9월1일~~ ~~수원지방법원~~ ~~평택지원의~~ ~~가압류결정~~ ~~(2022카단43434)~~	~~청구금액 금14,000,000원~~ ~~채권자 김동국 690127-1******~~ ~~경기도 수원시 원천로 3~~
4	소유권이전	2022년10월1일 제12321호	2022년10월1일 매매	소유자 강호연 730519-1****** 서울특별시 관악구 봉천3길 12, 301호 (성현동, 성현연립) 거래가액

[집합건물] 경기도 평택시 서정3길 123　　　　고유번호 1145-5548-155651

순위번호	등기목적	접 수	등기원인	권리자 및 기타사항
5	3번가압류등기 말소	2022년11월25일 제13153호	2022년11월25일 가압류신청취하	

【을 구】 (소유권 이외의 권리에 관한 사항)				
순위번호	등기목적	접 수	등기원인	권리자 및 기타사항
1	근저당권설정	2023년7월15일 제71098호	2023년7월15일 설정계약	채권최고액 금 350,000,000원 채무자 강호연 730519-1****** 서울특별시 관악구 봉천3길 12, 301호 (성현동, 성현연립) 근저당권자 주식회사 한서상호저축은행 (110125-0******) 서울특별시 종로구 계동 12-1 대표이사 조현조

---- 이 하 여 백 ----

수수료 1,000원 영수함 관할등기소 수원지방법원 송탄등기소 / 발행등기소 법원행정처 등기정보중앙관리소

이 증명서는 등기기록의 내용과 틀림없음을 증명합니다.

서기 2025년 1월 7일

법원행정처 등기정보중앙관리소 전산운영책임관　등기정보 중앙관리 소전산운 영책임관

*실선으로 그어진 부분은 말소사항을 표시함.　*등기기록에 기록된 사항이 없는 갑구 또는 을구는 생략함.

문서 하단의 바코드를 스캐너로 확인하거나 **인터넷등기소(http://iros.go.kr)의 발급확인 메뉴에서 발급확인번호**를 입력하여 **위·변조 여부를 확인할 수 있습니다. 발급확인번호**를 통한 확인은 발행일부터 3개월까지 5회에 한하여 가능합니다.

발행번호 00457405188943019OSLBO6047832QIF17845156352 1/1 발급확인번호 EGET-EGEY-1578 발행일 2025/01/07

대 법 원

가	족

가족관계증명서 [폐쇄]

등록기준지	경기도 평택군 송탄읍 서정리 111

구 분	성명	출생연월일	주민등록번호	성 별	본
본 인	강호연(姜鎬然) 사망	1973년 5월 19일	730519-1******	남	晉州

가족사항

구 분	성명	출생연월일	주민등록번호	성 별	본
부	강용원(姜容元)	1947년 12월 11일	471211-1******	남	晉州
모	김순자(金順子) 사망	1949년 8월 10일	490810-2******	여	全州
배우자	양정숙(梁晶淑)	1974년 11월 21일	741121-2******	여	濟州
자 녀	강형수(姜亨壽)	2000년 3월 18일	000318-3******	남	晉州
자 녀	강지수(姜智壽)	2002년 11월 30일	021130-4******	여	晉州

위 가족관계증명서는 가족관계등록부의 기록사항과 틀림없음을 증명합니다.

서기 2024년 12월 27일

서울특별시 관악구청장 서울특별시관악구청장의인

서 울 가 정 법 원
심 판

사 건	2024느단52199 상속포기
청 구 인	1. 강형수 2. 강지수 청구인들 주소 서울 관악구 봉천3길 12, 301호 (성현동, 성현연립) 청구인들 등록기준지 경기 평택군 송탄읍 서정리 111 청구인들 소송대리인 변호사 김수현, 최진혁
피 상 속 인	망 강호연 2024. 8. 10. 사망 최후주소 서울 관악구 봉천3길 12, 301호(성현동, 성현연립) 등록기준지 경기 평택군 송탄읍 서정리 111

주 문

청구인들이 피상속인 망 강호연의 재산상속을 포기하는 2024. 9. 11. 자 신고는 이를 수리한다.

이 유

이 사건 청구는 이유 있으므로 주문과 같이 심판한다.

정본입니다.
2024. 10. 8.
법원주사 최지현 서울가정법원주사인

2024. 9. 20.

사법보좌관 이승희

소멸청구 통지서

수신인: 박광윤
평택시 서정3길 123, 101호(서정동, 서정빌라)

1. 발신인들은 귀하가 가족들과 함께 거주하는 평택시 서정동 서정빌라 101호의 소유주였던 강호연씨의 아버지(강용원)와 아내(양정숙)입니다.
2. 잘 아시다시피, 귀하가 거주하는 서정빌라 101호는 강호연의 소유였고, 발신인들은 강호연씨의 상속인으로서 위 빌라에 관한 소유권을 행사하고자 합니다.
3. 그동안 귀하는 발신인 측에서는 알지도 못하는 서정빌라 건축주로부터 공사대금을 받지 못하였다며 서정빌라 101호를 점거하고, 직접 거주까지 해 오셨습니다. 아무리 강호연이 저렴하게 매입했다 하더라도, 타인의 집을 이렇게 승낙 없이 임의로 사용해 오신 점에 대해서는 심히 유감을 표하지 않을 수 없습니다.
4. 귀하도 확인해 주셨다시피, 귀하는 2022년 2월부터 7월까지 6개월간 서정빌라 101호를 인근 공장의 직원 숙소로 임대를 놓아 임대수익도 벌어들였습니다.
5. 발신인들이 확인해 보니, 아무리 공사대금을 받기 위해 유치권을 행사하는 업자분이라 하더라도, 위와 같이 소유자의 승낙 없이 건물을 사용하거나 대여하는 행위는 법적으로 금지되어 있고, 이를 위반하면 소유자가 유치권 소멸을 청구할 수 있다고 합니다.
6. 강호연의 사망 후 발신인 양정숙 등 가족들은 경제적으로 매우 어려운 지경에 이르러, 서정빌라에서 임대수익이라도 벌어들여야 할 상황입니다.
7. 이에 발신인들은 이 통지서를 통해 귀하가 행사하는 유치권의 소멸을 청구하오니, 조속히 서정빌라 101호를 발신인들에게 인도해 주시고, 나아가 강호연이 소유권을 취득한 2022년 10월부터의 사용수익도 지급해 주시기를 바랍니다.

2024년 8월 29일

발신인 강용원, 서울 서초구 방배대로 111, 101동 502호(방배동, 서래아파트) (元善印容)

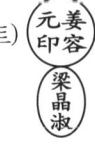

양정숙, 서울 관악구 봉천3길 12, 301호(성현동, 성현연립) (梁晶淑)

서울관악우체국
2024. 8. 29.
24 - 1991

본 우편물은 2024-8-29
제1991호에 의하여
내용증명우편물로 발송하였음을 증명함
서울관악우체국장

서울관악우체국장인

답 변 서

수신인: 이수인
서울 동작구 만양로 18, 701동 101호 (노량진동, 달빛아파트)

1. 귀하들이 보낸 2024. 8. 29. 자 통지서는 2024. 9. 1. 잘 받아 보았습니다.
2. 그간 전화로 누차 설명드린 바와 같이 본인은 평택시 소재 서정빌라를 기일에 맞춰 완공하였지만, 건축주 김일동으로부터 공사잔금 3억 원을 받지 못하여, 그 무렵부터 현재까지 서정빌라 101호에 관한 유치권을 행사 중입니다.
3. 공사업자가 공사대금을 받지 못하여 유치권을 행사할 때, 자기가 지은 건물의 용도 그대로 사용하는 것은 전혀 문제되지 않는 것으로 알고 있습니다.
4. 서정빌라 101호는 주택이기에, 본인이 스스로 판단하여 2022. 2. 1.부터 7. 31.까지 인근 공장 직원숙소로 월 200만 원에 임대하여 위 잔금 변제에 충당하였습니다. 잔금 3억 원에 지연이자까지 생각하면, 위 차임이나 저와 제 가족이 서정빌라 101호에 거주하는 기간의 차임을 공제하더라도 여전히 3억 원 가까운 채무가 남아 있고, 이 돈이 다 변제될 때까지 저는 계속 위 101호에 거주할 수 있습니다.
5. 따라서 최근까지도 계속 지급하겠다는 다짐만 할 뿐 지금껏 잔금을 한 푼도 갚지 못한 건축주가 시비 걸 일도 아니거니와, 전 소유자인 정남이와의 분쟁 과정에서도 명확히 밝힌 바와 같이 제3자인 건물주가 문제 삼을 일도 아닙니다. 그럼에도 이제 와서 그 당시의 소유자도 아닌 강호연 씨 가족이 왈가왈부할 수 없습니다.
6. 그러므로 저는 서정빌라 101호에 그동안 거주하면서 얻은 수익을 위 공사대금 원리금 채권에 충당하였다는 점을 분명히 말씀드리고, 향후에도 마찬가지로 충당할 것입니다.

2024년 10월 31일

발신인 박광윤, 평택시 서정3길 123, 101호(서정동, 서정빌라) (潤朴印光)

평택우체국
2024. 10. 31.
24 - 4501

본 우편물은 2024-10-31
제4501호에 의하여
내용증명우편물로 발송하였음을 증명함
평택우체국장

평택우체국장

공사도급 계약서

공사목적물	● 위치: 경기 평택시 서정3길 123 ● 신축건물 철근콘크리트조 슬래브지붕 3층 건물(다세대주택) 1층 171㎡, 2층 171㎡, 3층 145.2㎡.
공사 기간	● 2021. 5. 1. ~ 2021. 11. 10.
공사 대금	● 총 공사대금: 10억 원 (1,000,000,000원) ● 지급방법: ① 甲은 계약금으로 공사대금 중 3억 원을 본 계약과 동시에 지급한다. 위 계약금 3억 원을 정히 영수함 박광윤 (潤朴印光) ② 중도금 4억 원은 2021. 8. 30. 기성고율 70% 달성 확인 시 지급한다. ③ 잔금 3억 원은 완공일에 지급한다.

2021. 5. 1.

甲(도급인): 김일동 (童金印日)
경기도 평택시 합정동 885-1

乙(수급인): 박광윤(상호: 광윤건업) (潤朴印光)
경기도 평택시 포승읍 신영리 333

영 수 증

금 4억 원정 (400,000,000원)

위 돈을 경기 평택시 서정3길 123 지상 건물신축공사 중도금으로 수령합니다.

2021. 8. 30.

박광윤(광윤건업) (潤朴印光)

임 료 시 세 확 인 서

목적물	경기도 평택시 서정3길 123(서정동, 서정빌라)
월 차임 시세	보증금 없이 월세 200만 원
기준일	2022. 10.경

참고

: 기준일 이후 현재까지도 시세의 변동은 없는 것으로 판단되고, 특별한 사정이 없는 한 이후로도 2~3년간은 같은 시세가 유지될 것으로 전망됨.

2024. 12. 23.

공인중개사 김민식 (金旼湜印)

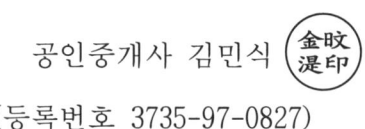

(등록번호 3735-97-0827)

경기도 평택시 중앙동 13 중앙상가 103호

부동산 매매계약서

매도인과 매수인 쌍방은 아래와 같이 부동산 매매계약을 체결한다.

1. 부동산의 표시

서울 동작구 흑석로 80 지상 철근콘크리트조 슬래브지붕 3층 건물 201호(150.32㎡)

2. 계약내용

제1조 매수인은 매도인에게 매매대금을 아래와 같이 지불하기로 한다.

매매대금 : 10억 원(1,000,000,000원)

계 약 금 : 2억 원(200,000,000원) 계약당일 지급 *2023. 10. 1. 영수함. 윤건우* (尹建宇印)

중 도 금 : 5억 원(500,000,000원) 2024. 1. 1. 지급 *2024. 1. 1. 영수함. 윤건우* (尹建宇印)

잔 금 : 3억 원(300,000,000원) 2024. 5. 1. 지급

제2조 매도인은 매수인으로부터 잔금을 지급받음과 동시에 매수인에게 소유권이전등기에 필요한 모든 서류를 교부한다.

제3조 매도인은 위 부동산에 설정된 제3자 명의의 저당권, 지상권, 임차권 등 소유권의 행사를 제한하는 사유가 있거나, 조세·공과금 기타 부담금의 미납금 등이 있을 때에는 잔금 수수일까지 그 권리의 하자 및 부담 등을 제거한 상태로 소유권이전등기를 하여야 한다

제4조 매수인이 매도인에게 중도금을 지불할 때까지는 매도인은 계약금의 배액을 상환하고, 매수인은 계약금을 포기하고 이 계약을 해제할 수 있다.

특 약 사 항

매도인은 매수인으로부터 중도금을 지급받은 날 매수인에게 위 부동산을 인도한다.

2023년 10월 1일

매도인 : 윤 건 우 (770722-1******) (尹建宇印)
서울 영등포구 당산대로 75, 101동 202호 (당산동, 선유도아파트)

매수인 : 이 수 인 (820901-2******) (이수인인)
서울 동작구 만양로 18, 701동 101호 (노량진동, 달빛아파트)

중개인 : 행운부동산 (서울 영등포구 당산대로 74, 해피상가 101호)
공인중개사 양 재 혁 (등록번호 3624-03-1577) (梁宰赫印)

임대차 계약서

이수인(임대인)과 양정숙(임차인)은 아래와 같이 임대차계약을 체결함

제1조 (임대물건의 표시)

서울 동작구 흑석로 80 지상 철근콘크리트조 슬래브지붕 3층 건물 201호(150.32㎡)

제2조(임대차기간)

2024년 2월 1일부터 2029년 1월 31일까지 5년

제3조 (임대차보증금 및 차임)

임대차보증금은 3억 원(₩300,000,000), 월 차임은 500만 원으로 하고, 차임은 매월 말일 지급한다.

※ 임대차보증금은 임차인이 계약 당일 목적물을 인도받음과 동시에 지급완료하였음을 쌍방 확인함. 이수인 (이수인인) 양정숙 (梁晶淑)

제4조 (증 · 개축부분의 소유권 귀속)

임차인이 임차 건물을 증 · 개축하였을 때에는 임대인의 승낙 유무에 불구하고 그 부분은 임대인의 소유로 귀속된다.

2024. 2. 1.

임대인: 이수인 (820901-2******) (이수인인)

서울 동작구 만양로 18, 701동 101호(노량진동, 달빛아파트)

임차인: 양정숙 (741121-2******) (梁晶淑)

서울 관악구 봉천3길 12, 301호(성현동, 성현연립)

사 업 자 등 록 증

(일반과세자)

등록번호 : 261-53-00201

상 호 : 맛나식당

성 명 : 양정숙 생 년 월 일 : 1974년 11월 21일

개업 연월일 : 2024년 2월 1일

사업장소재지 : 서울 동작구 흑석로 80, 201호

사업의 종류 : 업태 음식점업 종목 한식

교 부 사 유 : 신규

국세청

사업자단위과세 적용사업자 여부: 여( ) 부(∨)

2024년 2월 2일

동작 세무서장

동작세무
서장의인
민원실용

국세청

통 지 서

발신인 이수인
서울 동작구 만양로 18, 701동 101호 (노량진동, 달빛아파트)

수신인 윤건우
서울 영등포구 당산대로 75, 101동 202호 (당산동, 선유도아파트)

1. 댁내 두루 평안하시길 기원합니다.
2. 서울 동작구 흑석로 80 지상 상가건물 201호 관련하여, 제가 세금부담 문제를 충분히 고려하지 않고서 매매계약을 한 점에 대해서는 지난번에 전화로 말씀드린 바와 같이 거듭 양해를 당부드리고, 이 상태로는 제가 소유권이전등기를 넘겨받을 수 없다는 점을 다시 한번 말씀드립니다.
3. 거듭 청하옵건대, 매매대금을 10% 정도라도 감액하여 주시고, 다른 사람 이름으로 소유권이전등기를 해 주실 것을 당부드립니다.
4. 귀하의 현명한 답변을 기다리겠습니다.

2024. 3. 30.

이수인 (이수인인)

서울동작우체국
2024. 3. 30.
24 - 3455

본 우편물은 2024-3-30
제3455호에 의하여
내용증명우편물로 발송하였음을 증명함
서울동작우체국장

서울동작우체국장인

해제 통지서

발신인 윤건우
서울 영등포구 당산대로 75, 101동 202호 (당산동, 선유도아파트)

수신인 이수인
서울 동작구 만양로 18, 701동 101호 (노량진동, 달빛아파트)

1. 귀하의 통지서를 2024. 4. 1. 받아 보았습니다. 저는 지난번 마지막 통화에서 귀하의 요청을 받아들일 수 없다고 분명히 말씀드렸는데, 다시 같은 요구를 하면서 통지서를 보내시니 매우 당혹스럽습니다.
2. 다른 사람 앞으로 등기를 이전하는 것은 계약 당시 없던 요구였을 뿐 아니라, 현행법상 금지된 것으로 알고 있습니다. 또한 이제 와서 매매대금을 감액해 달라는 요구는 도저히 받아들일 수 없다는 점을 다시 한번 분명히 말씀드립니다.
3. 귀하도 알다시피 부동산매도인이 소유권이전등기를 넘겨주기 위해서는 매수인의 주민등록상의 인적사항이 명기된 [부동산매도용 인감증명서]를 발급받아야 하는데, 지난번 통화 이후로 귀하는 매수인 인적사항을 알려주기는커녕, 전화・문자 메시지도 받지 않는 등 일체의 연락을 피하고 있으니, 본인으로서는 귀하가 더 이상 매매계약을 이행할 의사가 없다고 판단할 수밖에 없습니다.
4. 따라서 부득이 본인은 귀하와 체결한 흑석동 상가에 관한 2023. 10. 1. 자 매매계약을 지금 이 통지로써 해제하겠습니다. 귀하에게 매도했던 것은 없던 일로 할 테니, 그렇게 아시기 바랍니다.

2024. 5. 15.

윤건우 (尹建宇印)

서울영등포우체국
2024. 5. 15.
24 - 9813

본 우편물은 2024-5-15
제9813호에 의하여
내용증명우편물로 발송하였음을 증명함
서울영등포우체국장

서울영등포우체국장

<table>
<tr><td colspan="4">우 편 물 배 달 증 명 서</td></tr>
<tr><td colspan="4">수취인의 주거 및 성명
서울 동작구 만양로 18, 701동 101호
(노량진동, 달빛아파트) 이수인</td></tr>
<tr><td>접수국명</td><td>서울영등포</td><td>접수년월일</td><td>2024년 5월 15일</td></tr>
<tr><td>등기번호</td><td>9813</td><td>배달년월일</td><td>2024년 5월 16일</td></tr>
<tr><td>적 요</td><td colspan="2" rowspan="2">수취인과의 관계
본인 수령
이수인</td><td rowspan="2">서울동
작우체
국장인
서울동작우체국장</td></tr>
<tr><td></td></tr>
</table>

내용증명

발신인 윤건우
서울 영등포구 당산대로 75, 101동 202호 (당산동, 선유도아파트)

수신인 양정숙
서울 관악구 봉천3길 12, 301호 (성현동, 성현연립)

1. 저는 귀하가 임차한 서울 동작구 흑석로 80 지상 상가건물 201호의 소유자입니다.
2. 귀하와 임대차계약을 체결한 이수인은 제 소유의 위 흑석동 상가를 매수했던 사람입니다. 그런데 이수인의 귀책사유로 위 흑석동 상가에 관한 매매계약은 이미 해제되었습니다.
3. 매매계약이 해제된 마당에 제가 이수인이 체결한 임대차계약에 대해서 책임을 질 하등의 이유가 없습니다. 그러므로 즉시 식당 영업을 중단하고 흑석동 상가를 본인에게 인도하시기 바랍니다.
4. 확인해 보니 귀하는 식당영업을 하면서 이수인에게 지급해야 할 차임을 2024년 3월 및 2024년 4월 총 2번 연체한 적이 있는데 현재까지도 미지급되었습니다. 매매계약 해제 직후 제가 귀하에게 명도요구를 하자 귀하는 이수인을 통해 제 계좌번호를 알아냈는지 일방적으로 제 계좌에 차임을 입금했는데, 확인해 보니 그마저도 2024년 8월분과 2024년 9월분 차임은 입금되어 있지 않았습니다.
5. 제가 임대인이 아닌 이상 차임을 지급받을 이유도 없지만, 만일 임대인의 입장이 된다 하더라도 상가건물 임대차보호법에 따르면 3회 이상 차임 연체 시에는 임대차를 해지할 수 있는 것으로 알고 있습니다.
6. 따라서 이 서면을 통해 임대차계약을 해지하오니, 받는 즉시 건물을 비워 주시기 바라며 이에 응하지 않을 시 무단점거의 법적 책임을 묻게 될 것임을 통보합니다.

2024. 11. 29.

윤건우 (尹建宇印)

서울영등포우체국
2024. 11. 29.
24 - 15679

본 우편물은 2024-11-29
제15679호에 의하여
내용증명우편물로 발송하였음을 증명함
서울영등포우체국장

서울영등포우체국장

우 편 물 배 달 증 명 서

수취인의 주거 및 성명
서울 관악구 봉천3길 12, 301호
(성현동, 성현연립) 양정숙

<table>
<tr><td>접수국명</td><td>서울영등포</td><td>접수년월일</td><td>2024년11월29일</td></tr>
<tr><td>등기번호</td><td>15679</td><td>배달년월일</td><td>2024년11월30일</td></tr>
<tr><td>적 요</td><td rowspan="2" colspan="2">수취인과의 관계
본인 수령
양정숙</td><td rowspan="2">서울관
악우체
국장인

서울관악우체국장</td></tr>
<tr><td></td></tr>
</table>

확 인 : 법무부 법조인력과장 

소　　　　　　장

원　고　1. 강용원
서울 서초구 방배대로 111, 101동 502호 (방배동, 서래아파트)
2. 양정숙
서울 관악구 봉천3길 12, 301호 (성현동, 성현연립)
원고들 소송대리인 변호사 최선만
서울 서초구 서초중앙로12길 107, 305호(서초동, 두레타운)
전화 02-529-3872, 전자메일 best10000@lawyer.com

피　고　1. 김선웅
서울 강남구 역삼2길 339, 에이동 302호 (삼성동, 선릉빌라)
2. 오민한
서울 강서구 공항대로 37
3. 이문호
서울 마포구 동교3길 338
4. 주식회사 대한은행 (105912-0******)
서울 종로구 율곡로 131
대표이사 최창근
5. 박성희
서울 강동구 고덕2길, 101동 203호 (고덕동, 강동빌라트)
6. 박광윤
평택시 서정3길 123, 101호(서정동, 서정빌라)
7. 윤건우
서울 영등포구 당산대로 75, 101동 202호 (당산동, 선유도아파트)

매매대금지급 등 청구의 소

청 구 취 지

1. 피고 김선웅과 피고 오민한은 공동하여 원고 강용원에게 2억 원 및 이에 대하여 2021. 11. 6.부터 이 사건 소장 부본송달일까지는 연 6%의, 그 다음 날부터 다 갚는 날까지는 연 12%의 각 비율로 계산한 돈을 지급하라.
2. 원고 강용원에게,
   가. 피고 이문호는 별지목록 제1항 기재 토지 중 3/5 지분에 관하여 서울동부지방법원 등기국 2024. 10. 5. 접수 제25797호로 마친 소유권이전등기의 말소등기절차를 이행하고,
   나. 피고 주식회사 대한은행은 별지목록 제1항 기재 토지 중 3/5 지분에 관하여 서울동부지방법원 등기국 2024. 10. 5. 접수 제25799호로 마친 근저당권설정등기의 말소절차를 이행하라.
3. 피고 박성희는 원고 강용원에게
   가. 별지목록 제2항 기재 건물을 철거하고,
   나. 별지목록 제1항 기재 토지를 인도하라.
4. 원고 강용원에게, 피고 이문호는 2024. 11. 10.부터[2], 피고 박성희는 피고 이문호와 공동하여 2024. 11. 20.부터 각 별지목록 제1항 기재 토지의 인도완료일까지 월 300만 원의 비율로 계산한 돈을 각[3] 지급하라.
5. 원고 강용원과 피고 오민한 사이에서,
   가. 오국한과 피고 오민한 사이에서 별지목록 제3항 기재 상가에 관하여 2023. 3. 17. 체결된 매매계약을 7,000만 원의 한도 내에서 취소한다.
   나. 피고 오민한은 원고 강용원에게 7,000만 원 및 이에 대하여 이 판결확정일 다음 날부터 다 갚는 날까지 연 5%의 비율로 계산한 돈을 지급하라.
6. 피고 박광윤은 원고 양정숙에게
   가. 별지목록 제4항 기재 건물을 인도하고,
   나. 2024. 9. 1.부터 위 건물의 인도완료일까지 월 200만 원의 비율로 계산한 돈을 지급하라.
7. 별지목록 제5항 기재 건물에 관하여, 피고 윤건우를 임대인, 원고 양정숙을 임차인으로 하고, 원고 양정숙과 피고 윤건우 사이의 2024. 2. 1. 임대차계약에 의한 기간 5년, 임대차 보증금 300,000,000원, 차임 매월 5,000,000원으로 한 임차권이 존재함을 확인한다.
8. 소송비용은 피고들이 부담한다.
9. 제1, 3, 4, 6항은 각 가집행할 수 있다.

라는 판결을 구합니다.

---

2) 피고 이문호가 집행법원으로부터 인도명령을 받아 2024. 10. 10. 별지목록 제1항 기재 토지를 인도받았지만 토지를 점유사용하였다는 정황은 나타나 있지 않다. 따라서, 이문호가 같은 해 11. 10. 별지목록 제1항 기재 토지 위에 별지 목록 제2항 기재 건물을 신축한 때로부터 부당이득반환을 청구할 수 있다고 판단하고 그에 맞는 청구취지를 구성하였다.

3) 피고 이문호에 대한 청구와 피고 박성희에 대한 청구가 일부는 중첩되고(2024. 11. 20. 이후 부분), 일부는 중첩되지 않는바(2024. 11. 10. ~ 2024. 11. 19.), '각 지급하라'라고 표기하여야 한다.

청 구 원 인

1. 인테리어 자재대금 채권 관련하여

가. 원고 강용원의 피고 김선웅, 오민한에 대한 매매대금 지급청구

1) 매매대금 청구

가) 매매계약 체결

원고 강용원은 2021. 6. 5. '해드림(SUN-DREAM)'이라는 비법인 상호로 인테리어 시공업을 하는 피고 김선웅에게 인테리어 자재를 대금 200만 원에 매도하고 같은 날 납품을 완료하였습니다. 위 매매계약 당시 대금은 추후 지급하기로 하면서 지급기일은 약정하지 않았습니다. 원고 강용원은 2021. 11. 5. 피고 김선웅에게 전화와 문자메시지로 위 자재대금의 지급을 요구하였으나 현재까지 위 자재대금 및 이에 대한 지연손해금을 지급하지 않고 있는 상태입니다.

나) 피고 오민한의 상호속용 영업양수

피고 오민한은 2024. 7. 5. 위 인테리어 시공업체 '해드림(SUN-DREAM)'을 피고 김선웅으로부터 양수하면서 동일한 상호 및 영업을 승계하였습니다. 양도인 피고 김선웅이 사용하던 상호 '해드림(SUN-DREAM)'을 피고 오민한은 영업양수시로부터 현재까지 사용하고 있습니다.

2) 피고 김선웅, 오민한의 예상되는 항변

가) 영업양수 계약상 채무불인수 약정의 존재

피고 오민한은 2024. 7. 5. 인테리어 시공업체 '해드림(SUN-DREAM)'을 피고 김선웅으로부터 양수하면서, 영업을 인수하기 전에 발생한 채무에 관하여서는 피고 오민한이 책임지지 않는다는 약정(영업양도 계약서 제5조)을 들어 매매대금 및 이에 대한 지연손해금을 지급할 책임이 없다는 취지로 항변을 할지도 모릅니다.

그런데, 피고 오민한은 영업양도를 받은 후 지체없이 양도인의 채무에 대한 책임이 없음을 등기한 바 없고(상법 제42조 제2항 전문), 2024. 12. 27. 자 통지서에서 원고 강용원이 피고 김선웅과 피고 오민한 사이의 계약관계를 잘 알지 못한다는 점을 인정하여, 영업양도인 피고 김선웅과 영업양수인 피고 오민한이 지체없이 제3자 원고 강용원에게 위 약정의 뜻을 통지하지 않았음을 자인하고 있습니다(상법 제42조 제2항 후문).

그렇다면, 원고 강용원의 이익을 위하여 위 자인 진술을 원용할 수 있는바, 피고 오민한은 원고 강용원에 대하여 상법 제42조 제1항의 상호속용 양수인의 책임에서 벗어날 수 없습니다.

따라서, 피고 오민한의 이 부분 항변은 이유 없습니다.

나) 매매대금 채권의 소멸시효 완성 주장

피고 오민한은 인테리어 자재대금은 기한의 정함이 없는 채권으로 채권성립시부터 소멸시효가 진행되므로, 상인인 원고 강용원이 판매한 물품대금채권은 2021. 6. 5.부터 민법 제163조 제6호

3년의 소멸시효가 진행되어 2024. 6. 5. 소멸시효가 완성되었다는 주장을 할지 모릅니다.

그런데, 원고 강용원은 2024. 5. 4. 피고 김선웅에게 위 자재대금의 변제를 요구한 최고서가 2024. 5. 6. 도달하였고, 그로부터 6개월 내인 2024. 8. 5. 피고 김선웅은 이행각서(채무승인 내지 포기)를 작성하여 원고 강용원에게 교부하였습니다. 채권자의 최고가 있은 후 6개월 내에 이와 같은 채무자의 승인이 있는 경우, 민법 제174조가 유추적용되어 시효중단의 효력은 최고가 도달된 2024. 5. 6.로 소급하여 발생합니다(대법원 2022. 7. 28. 선고 2020다46663 판결).

그렇다면, 영업양도인의 영업으로 인한 채무와 상호를 속용하는 영업양수인의 상법 제42조 제1항에 따른 채무의 관계는 부진정연대채무이고, 채권자 원고 강용원이 영업양도인 피고 김선웅을 상대로 2024. 5. 6. 위와 같이 최고하여 소멸시효 중단의 효과가 확정적으로 발생한 뒤, 2024. 7. 5. 영업양도가 이루어졌다면 그와 같은 소멸시효 중단의 효과는 상호를 속용하는 영업양수인 피고 오민한에게 미치는 것입니다(대법원 2023. 12. 7. 선고 2020다225138 판결).

따라서, 피고 오민한의 이 부분 항변은 이유 없습니다.

3) 소결

이에, 피고 김선웅과 피고 오민한은 공동하여 원고 강용원에게 200만 원 및 이에 대하여 2021. 11. 6.부터 이 사건 소장 부본송달일까지는 상법이 정한 연 6%의, 그 다음 날부터 다 갚는 날까지는 소송촉진 등에 관한 특례법에 의한 연 12%의 각 비율로 계산한 돈을 지급할 의무가 있습니다.

2. 성수동 대지 및 그 지상 건물 관련하여

가. 원고 강용원의 피고 이문호, 피고 주식회사 대한은행에 대한 3/5 지분 소유권이전등기 및 근저당권설정등기 말소청구

1) 소유권이전등기 및 근저당권설정등기 말소청구

가) 원고 강용원의 별지목록 제1항 기재 토지 소유사실

원고 강용원은 별지목록 제1항 기재 토지 중 2/5 지분에 관하여는 서울동부지방법원 등기국 2022. 12. 8. 접수 제11202호로, 3/5 지분에 관하여는 서울동부지방법원 등기국 2023. 4. 8. 접수 제7202호로 각 소유권이전등기를 마친 소유자입니다.

나) 피고 이문후의 소유권이전등기 및 피고 대한은행의 근저당권설정등기 경류

피고 이문호는 2024. 10. 5. 별지목록 제1항 기재 토지에 관한 담보권실행을 위한 경매절차에서 경락대금을 완납한 다음, 별지목록 제1항 기재 토지에 관하여 서울동부지방법원 등기국 2024. 10. 5. 접수 제25797호로 소유권이전등기를 마쳤습니다. 피고 주식회사 대한은행은 별지목록 제1항 기재 토지에 관하여 서울동부지방법원 등기국 2024. 10. 5. 접수 제25799호로 근저당권자 주식회사 대한은행(105912-0******), 채무자 피고 이문호, 채권최고액 금 5억 2,000만 원으로 한 근저당권설정등기를 마쳤습니다.

다) 각 등기의 원인무효

(1) 원고 강용원은 2023. 1. 6. 피고 오민한으로부터 영업자금 2억 원을 이자 연 10%, 변제기 2024. 1. 5.로 하여 차용하면서 별지목록 제1항 기재 토지의 2/5 지분에 근저당권을, 2023. 7. 6. 영업자금 3억 원을 이자 연 15%, 변제기 2024. 7. 5.로 하여 차용하면서 별지목록 제1항 기재 토지의 3/5 지분에 근저당권을 각 설정하여 주었습니다.

(2) 원고 강용원은 2024. 7. 5. 피고 오민한에게 변제할 채무를 구체적으로 특정하지 않은 채 위 차용금 변제로 4억 원을 지급하였습니다.

(3) 2024. 7. 5. 당시 2023. 1. 6. 자 채무는 원금 2억 원, 이자 2,000만 원(=2억 원 × 12개월 × 연 10%), 지연손해금 1,000만 원(=2억 원 × 6개월 × 연 10%)이 발생한 상태였고, 2023. 7. 6. 자 채무는 원금 3억 원, 이자 4,500만 원(=3억 원 × 12개월 × 연 15%)이 발생한 상태였습니다.

(4) 양 당사자 사이에서 합의 충당이나 지정 충당 사실이 없으므로, 민법 제479조 법정변제충당에 따라 2024. 7. 5. 자 원고 강용원의 차용금 변제액 4억 원은 ① 2023. 7. 6. 자 채무의 이자 4,500만 원 ② 2023. 1. 6. 자 채무의 이자 및 지연손해금 3,000만 원에 충당되고, 민법 제477조 제2호에 따라 이자율이 커서 변제이익이 더 큰 ③ 2023. 7. 6. 자 채무의 원금 3억 원 ④ 2023. 1. 6. 자 채무의 원금 2,500만 원 순으로 충당됩니다.

(5) 그 결과 2023. 7. 6. 자 채무는 모두 변제되어, 이에 대한 담보로 별지목록 제1항 기재 토지의 3/5 지분에 관하여 설정된 근저당권은 소멸하였습니다. 그럼에도 위 소멸한 근저당권에 터 잡아 경매절차가 이루어졌다면 이러한 경매는 무효입니다.

(6) 그렇다면, 담보권실행을 위한 경매로 인한 매각을 원인으로 별지목록 제1항 기재 토지 중 3/5 지분에 관하여 서울동부지방법원 등기국 2024. 10. 5. 접수 제25797호로 마쳐진 피고 이문호 명의의 소유권이전등기는 원인무효의 등기입니다. 또한 이에 터 잡아 별지목록 제1항 기재 토지 중 3/5 지분에 관하여 서울동부지방법원 등기국 2024. 10. 5. 접수 제25799호로 근저당권자 주식회사 대한은행(105912-0******), 채무자 피고 이문호, 채권최고액 금 5억 2,000만 원으로 마쳐진 피고 대한은행 명의의 근저당권설정등기 역시 원인무효의 등기입니다.

2) 피고 이문호, 피고 주식회사 대한 은행의 예상되는 항변

가) 등기의 공신력에 관한 주장

피고 이문호, 주식회사 대한은행은 경매개시결정 근거가 된 근저당권설정등기나 경매법원의 촉탁으로 이루어지는 소유권이전등기를 신뢰한 이상 등기의 공신력에 따라 피고 이문호와 주식회사 대한은행 명의의 각 등기가 유효하다고 항변할 지도 모릅니다.

그런데, 등기의 공신력이 인정되지 않는 현행 등기제도 하에서는 등기기재에 부합하는 실체상의 권리관계가 존재함을 전제로 그 등기의 유효성이 인정되는 것입니다.

따라서, 등기의 공신력에 근거한 피고 이문호, 대한은행의 항변은 이유없는 주장입니다.

나) 경매의 공신력에 관한 주장

피고 이문호, 주식회사 대한은행은 민사집행법 제267조의 경매의 공신력에 따라 피고 이문호와 주식회사 대한은행 명의의 각 등기가 유효하다고 항변할 지도 모릅니다.

그런데, 이미 소멸한 근저당권에 기하여 임의경매가 개시되고 매각이 이루어진 경우, 그 경매의 효력은 무효이고, 민사집행법 제267조는 경매개시결정이 있은 뒤에 담보권이 소멸하였음에도 경매가 계속 진행되어 매각된 경우에만 적용됩니다(대법원 2022. 8. 25. 선고 2018다205209 전원합의체 판결).

그렇다면, 이미 소멸한 근저당권에 기하여 임의경매가 개시되고 매각이 이루어진 이 사건의 경우, 경매의 효력은 무효이고 그에 따른 피고 이문호, 주식회사 대한은행 명의의 각 등기 또한 무효이며, 민사집행법 제267조는 적용되지 않습니다.

따라서, 이 부분 피고 이문호, 주식회사 대한은행의 항변은 이유없는 주장입니다.

3) 소결

이에, 원고 강용원에게, 피고 이문호는 별지목록 제1항 기재 토지 중 3/5 지분에 관하여 서울동부지방법원 등기국 2024. 10. 5. 접수 제25797호로 마친 소유권이전등기의 말소등기절차를 이행할 의무가, 피고 주식회사 대한은행은 별지목록 제1항 기재 토지 중 3/5 지분에 관하여 서울동부지방법원 등기국 2024. 10. 5. 접수 제25799호로 마친 근저당권설정등기의 말소 절차를 이행할 의무가 있습니다.

나. 원고 강용원의 피고 박성희에 대한 철거 및 토지 인도 청구

1) 건물철거 및 토지 인도 청구

가) 원고 강용원의 토지 소유

원고 강용원은 별지목록 제1항 기재 토지 중 3/5지분에 관한 소유자로서 과반수 지분권자입니다.

나) 피고 박성희의 지상 건물 소유 및 토지 점유

피고 이문호는 2024. 10. 5. 담보권실행을 위한 경매로 인한 매각절차에서 별지목록 제1항 기재 토지에 관하여 경락대금을 완납하고 소유권이전등기를 마친 다음, 집행법원으로부터 인도명령을 받아 2024. 10. 10. 별지목록 제1항 기재 토지를 인도받고서, 같은 해 11. 10. 별지목록 제1항 기재 토지 위에 별지 목록 제2항 기재 건물을 신축하였는데, 그 이후 별지목록 제1항 기재 토지 전체가 별지목록 제2항 기재 건물의 부지로만 사용되고 있습니다. 별지목록 제2항 기재 건물에 관하여서는 아직 소유권보존등기가 경료되지 않은 상태인데, 2024. 11. 20. 피고 박성희는 피고 이문호로부터 '별지목록 제1항 기재 토지를 임차하고 별지목록 제2항 기재 건물을 매수'하기로 약정하고, 같은 날 임대차보증금과 매매대금을 모두 지급한 다음 위 토지와 건물을 모두 인도받아 현재까지 점유하고 있습니다.

별지목록 제1항 기재 토지 중 2/5 지분을 소유한 소수지분권자 피고 이문호는 무단으로 별지목록 제1항 기재 토지 위에 토지 위에 별지 목록 제2항 기재 건물을 신축하고, 피고 박성희에게 별지목록

제1항 기재 토지를 임차하고 별지목록 제2항 기재 건물을 매도하였으며, 피고 박성희는 별지목록 제2항 기재 건물에 관하여서는 아직 소유권보존등기가 경료되지 않은 상태로 별지목록 제2항 기재 건물을 소유하고 이로써 별지목록 제1항 토지의 전부를 점유하고 있습니다.

2) 소결

이에, 별지목록 제2항 기재 건물의 미등기 양수인인 피고 박성희는 사실상 또는 법률상의 처분권자로서 원고에게 별지목록 제2항 기재 건물을 철거하고, 별지목록 제1항 기재 토지를 인도할 의무가 있습니다.

다. 원고 강용원의 피고 이문호, 피고 박성희에 대한 부당이득반환청구

1) 부당이득반환청구

가) 부당이득 발생사실

(1) 사회통념상 건물은 그 부지를 떠나서는 존재할 수 없으므로 건물의 부지가 된 토지는 그 건물의 소유자가 점유하는 것으로 볼 것이고, 이 경우 건물의 소유자가 현실적으로 건물이나 그 부지를 점거하고 있지 아니하고 있더라도 건물의 소유를 위하여 그 부지를 점유한다고 보아야 합니다. 타인 소유의 토지 위에 권원 없이 건물을 소유하는 자는 그 자체로써 건물 부지가 된 토지를 점유하고 있는 것이므로 특별한 사정이 없는 한 법률상 원인 없이 타인의 재산으로 인하여 토지의 차임에 상당하는 이익을 얻고 이로 인하여 타인에게 동액 상당의 손해를 주고 있다고 할 것이고, 이는 건물 소유자가 미등기건물의 원시취득자이고 그 건물에 관하여 사실상의 처분권을 보유하게 된 양수인이 따로 존재하는 경우에도 다르지 아니하므로, 미등기건물의 원시취득자는 토지 소유자에 대하여 부당이득반환의무를 집니다.

(2) 한편 미등기건물을 양수하여 건물에 관한 사실상의 처분권을 보유하게 됨으로써 그 양수인이 건물 부지 역시 아울러 점유하고 있다고 볼 수 있는 경우에는 미등기건물에 관한 사실상의 처분권자도 건물 부지의 점유·사용에 따른 부당이득반환의무를 부담한다. 이러한 경우 미등기건물의 원시취득자와 사실상의 처분권자가 토지 소유자에 대하여 부담하는 부당이득반환의무는 동일한 경제적 목적을 가진 채무로서 부진정연대채무 관계에 있다고 볼 것입니다(대법원 2022. 9. 29. 선고 2018다243133 판결).

(3) 2024. 11. 10. 별지목록 제2항 기재 미등기 건물을 신축하여 원시취득한 피고 이문호는 그때부터 별지목록 기재 제1항 토지 중 3/5 지분에 관하여 소유권을 가진 원고 강용원에 대하여 그 지분비율에 상응하는 범위만큼의 부당이득 반환의무를 부담합니다. 별지목록 제2항 기재 건물의 미등기 매수인인 피고 박성희는 2024. 11. 20.부터 위 건물의 소유를 위하여 그 부지인 별지목록 제1항 기재 토지를 점유하고 있습니다. 피고 박성희는 2024. 11. 20.부터 별지목록 기재 제1항 토지 중 3/5 지분에 관하여 소유권을 가진 원고 강용원에 대하여 그 지분비율에 상응하는 범위만큼의 부당이득 반환의무를 부담합니다. 이러한 부당이득 반환의무에 관하여 피고 박성희와 피고 이문호는 부진정연대채무의 관계에 있습니다.

나) 부당이득 반환범위

소수지분권자 피고 이문호가 별지목록 제2항 기재 건물을 무단신축 하기 전 '지상에 건물이 없는 상태'에서 '보증금이 없는 경우'2024년도 차임 시세 감정평가 결과는 월 500만 원입니다. 따라서 별지목록 제1항 기재 토지 중 3/5 지분소유권자인 원고 강용원은 별지목록 제2항 기재 건물의 존재로 인하여 월 300만 원(=500만 원 × 원고 강용원의 지분비율 3/5)의 손해를 입고, 피고 이문호는 2024. 11. 10.부터, 피고 박성희는 2024. 11. 20.부터 원고 강용원에 대하여 월 300만 원의 이득을 얻고 있다고 할 것입니다.

2) 소결

이에, 원고 강용원에게, 피고 이문호는 2024. 11. 10.부터, 피고 박성희는 피고 이문호와 공동하여 2024. 11. 20.부터 각 별지목록 제1항 기재 토지의 인도완료일까지 월 300만 원의 비율로 계산한 돈을 각 지급할 의무가 있습니다.

3. 신림동 상가 관련하여

가. 원고 강용원의 피고 오민한에 대한 사해행위 취소청구

1) 사해행위취소 및 원상회복청구

가) 사해행위 및 사해의사

원고 강용원은 2022. 4. 18. 오국한에게 1억 원을 이자 월 1%, 변제기 2022. 12. 17.로 정하여 대여하면서, 별지목록 제3항 기재 상가에 서울중앙지방법원 등기국 2022. 4. 18. 접수 제26597 접수로 근저당권자 강용원, 채무자 오국한, 채권최고액 1억 5,000만 원으로 하는 근저당권설정등기를 마쳤습니다. 원고 강용원은 2022. 5. 18. 오국한에게 1억 원을 이자 월 1%, 변제기 2023. 3. 17.로 정하여 대여하면서, 오칠성 소유의 포천시 일동면 218 소재 임야에 대해 근저당권설정등기를 마쳤습니다. 오국한은 원고 강용원에게 대여금을 전혀 변제하지 않다가 2023. 3. 17. 피고 오민한에게 별지목록 제3항 기재 상가를 매도하였고, 같은 날 위 매매계약을 원인으로 하는 소유권이전등기를 마쳐주었습니다.

이 사건 매매계약 당시 오국한은 당시 시가 2억 4,000만 원 상당의 별지목록 제3항 기재 상가 이외에 다른 적극재산은 없었습니다. 이 사건 매매계약일인 2023. 3. 17. 당시 오국한은 별지목록 제3항 기재 상가에 설정된 제1순위 나일오 명의 근저당권의 피담보채무액 4,000만 원, 제2순위 원고 강용원 명의 근저당권의 2022. 4. 18. 자 피담보채무 1억 1,100만 원(=원금 1억 원 + 1억 원 × 월 1% × 11개월), 원고 강용원에 대한 2022. 5. 18. 자 채무 1억 1,000만 원(=1억 원 + 1억 원 × 월 1% × 10개월)의 채무가 있어 채무초과 상태에 있었습니다.

이 사건 매매계약 당시 원고 강용원에 대한 오국한의 2022. 5. 18. 자 채무는 1억 1,000만 원이었고, 위 채무에 대한 근저당권의 담보로 제공된 오칠성 소유의 포천시 일동면 218 소재 임야의 가액은 3,000만 원에 불과하여, 위 채무액 중 근저당권으로 담보되지 않는 피보전채권액 8,000만 원이 존재하고 있었습니다. 이 범위에서 원고 강용원은 일반채권자의 지위에 있었습니다.

이와 같이 오국한이 채무초과상태에서 자신의 유일한 재산인 별지목록 제3항 기재 상가를 피고 오민한에게 매도하고 소유권이전등기를 마쳐준 것은 특별한 사정이 없는 한 사해행위에 해당하고, 오국한의 사해의사도 추정되며, 수익자인 피고 오민한의 악의 역시 추정되는바, 오국한과 피고 오민한 사이의 이 사건 매매계약은 사해행위로서 취소되어야 합니다.

나) 원상회복청구

피고 오민한은 2024. 10. 17. 강용원에게 2022. 4. 18. 자 채무의 원리금 1억 3,000만 원을 변제하였고, 이후 별지목록 제3항 기재 상가에 설정된 원고 강용원 명의 근저당권설정등기는 말소되었습니다.

위와 같이 근저당권이 설정되어 있는 부동산을 양도한 행위가 사해행위에 해당하는 경우, 그 부동산이 양도된 후 근저당권설정등기가 말소되었다면, 양도계약을 취소하고 부동산의 소유권 자체를 채무자에게 환원시키는 것은 당초 일반 채권자들의 공동담보로 제공되지 아니한 부분까지 회복시키는 결과가 되어 불공평하므로, 채권자는 그 부동산의 가액에서 근저당권의 피담보채무액을 공제한 잔액의 한도 내에서 증여계약의 일부 취소와 그 가액의 배상을 청구하여야 하므로 결국 원상회복은 가액배상의 방법에 의하여야 합니다(대법원 2001. 9. 4. 선고 2000다66416 판결).

다) 가액배상의 범위

채권자가 채권자취소권을 행사할 때에는 원칙적으로 자신의 채권액을 초과하여 취소권을 행사할 수 없고(대법원 1997. 9. 9. 선고 97다10864 판결), 사해행위의 취소 및 가액배상은 취소채권자의 피보전채권액과 사해행위 목적물이 가지는 공동담보가액을 비교하여 그 중 적은 금액을 한도로 이루어져야 합니다.

한편, 저당권이 설정되어 있는 부동산에 관하여 사해행위가 이루어진 경우 그 사해행위는 부동산의 가액에서 저당권의 피담보채권액을 공제한 잔액의 범위 내에서만 성립한다고 보아야 하는데, 그 부동산 가액의 산정은 사실심 변론종결 시를 기준으로 하여야 합니다(대법원 2001. 12. 27. 선고 2001다33734 판결).

이 사건의 경우 오국한은 사해행위 이전에 별지목록 제3항 기재 상가에 대하여 나일오 명의의 제1순위 근저당권을 설정하여 주었고, 현재 그 피담보채권액이 채권최고액 5,000만 원을 초과한 7,000만 원에 이르는 상태입니다. 그리고 피고 오민한은 2024. 10. 17. 강용원에게 2022. 4. 18. 자 채무의 원리금 1억 3,000만 원을 변제하였고, 이후 별지목록 제3항 기재 상가에 설정된 원고 강용원 명의 근저당권설정등기는 말소되었습니다.

그렇다면, 별지목록 제3항 기재 상가 중 일반채권자들의 공동담보에 제공된 책임재산 가액은, 별지목록 제3항 기재 상가의 현재 시가 2억 5,000만 원에서 동 상가에 설정되어 있는 나일오 명의의 근저당권 채권최고액 5,000만 원 및 설정되어 있었던 원고 강용원 명의의 근저당권 피보전채권액 1억 3,000만 원을 공제한 7,000만 원입니다.

따라서, 원고 김용원의 오국한에 대한 일반채권액은 현재 8,000만 원을 초과하므로 사해행위 취소 및 가액배상 금액은 책임재산 가액 7,000만 원과 원고 강용원의 피보전채권액 중 적은 금액인 7,000만 원이 됩니다.

2) 피고 오민한의 예상되는 항변

가) 피보전채권이 존재하지 않는다는 주장

피고 오민한은 '별지목록 제3항 기재 상가 및 포천시 임야에 이미 충분한 담보를 확보하고 있던 원고 강용원은 일반채권자의 지위에 있지 아니하므로, 채권자취소권의 기초가 되는 피보전채권이 존재하지 않는다는 항변을 할 것으로 예상됩니다.

그런데, 이 사건 매매계약 당시 원고 강용원에 대한 오국한의 2022. 5. 18. 자 채무는 1억 1,000만 원이었고, 위 채무에 대한 근저당권의 담보로 제공된 오칠성 소유의 포천시 일동면 218 소재 임야의 가액은 3,000만 원에 불과하여, 위 채무액 중 근저당권으로 담보되지 않는 피보전채권액 8,000만 원이 존재하고 있었습니다. 이 범위에서 원고 강용원은 일반채권자의 지위에 있었습니다.

따라서, 이 부분 피고 오민한의 항변은 이유 없는 주장입니다.

나) 무효인 명의신탁으로서 채무자의 책임재산이 아니라는 주장

피고 오민한은, 오국한 명의의 별지목록 제3항 기재 상가가 무효인 계약명의신탁에 의한 것으로, 오국한의 소유가 아니어서 오국한의 일반채권자들에게 공동담보로 제공되는 책임재산에 해당하지 아니하고, 동시에 피고 오민한이 양수의 형식으로 소유권을 취득한 것도 명의신탁재산의 회복일 뿐 사해행위에 해당하지 아니한다는 취지의 주장을 할지도 모릅니다.

그런데, 계약명의신탁약정을 맺고 명의수탁자가 당사자가 되어 명의신탁약정이 있다는 사실을 알지 못하는 소유자와의 사이에 부동산에 관한 매매계약을 체결한 후 그 매매계약에 따라 당해 부동산의 소유권이전등기를 수탁자 명의로 마친 경우에는 명의신탁자와 명의수탁자 사이의 명의신탁약정의 무효에도 불구하고 그 명의수탁자는 당해 부동산의 완전한 소유권을 취득하게 됩니다(대법원 2010. 10. 14. 선고 2007다90432 판결).

그렇다면, 오국한은 피고 오민한의 요청으로 매수자금 4,000만 원을 받아 별지목록 제3항 기재 상가를 이경주로부터 매수하여 오국한 본인 명의로 등기를 마쳤고, 매도인 이경주는 이러한 사실을 알지 못하였는바, 2023. 3. 17. 사해행위 당시 별지목록 제3항 기재 상가는 오국한의 소유로, 별지목록 제3항 기재 상가는 오국한의 책임재산이라 할 것입니다.

따라서, 이 부분 피고 오민한의 주장은 이유없습니다.

다) 피고 오민한의 오국한에 대한 채권으로 상계하겠다는 주장

피고 오민한은, 가액배상청구에 대하여 피고 오민한이 오국한에게 가지고 있는 채권을 자동채권으로 하여 상계한다는 취지의 주장을 할 것으로 예상됩니다.

그런데, 사해행위취소의 소에서 수익자가 원상회복으로서 채권자취소권을 행사하는 채권자에게 가액배상을 할 경우, 수익자 자신이 사해행위취소소송의 채무자에 대한 채권자라는 이유로 채무자에 대하여 가지는 자기의 채권과 상계하거나 채무자에게 가액배상금 명목의 돈을 지급하였다는 점을 들어 채권자취소권을 행사하는 채권자에 대해 이를 가액배상에서 공제할 것을 주장할 수 없습니다(대법원 2017. 8. 21.자 2017마499 결정).

따라서, 피고 오민한의 이러한 항변 역시 이유 없는 주장입니다.

3) 소결

이에, 오국한와 피고 오민한 사이에 체결된 이 사건 매매계약은 7,000만 원의 한도 내에서 사해행위로 취소되어야 하고, 그에 따른 원상회복으로서 피고 오민한은 원고 김용원에게 7,000만 원 및 이에 대하여 이 판결 확정일 다음 날부터 다 갚는 날까지 민법이 정한 연 5%의 비율로 계산한 지연손해금을 지급할 의무가 있습니다.

4. 평택시 빌라 관련하여

가. 원고 양정숙의 피고 박광윤에 대한 건물인도청구

1) 건물인도청구

가) 원고 양정숙의 건물 소유

강호연은 2022. 10. 1. 정남이로부터 별지목록 제4항 기재 건물을 매수하여 소유권이전등기를 마쳤습니다. 원고 강용원은 2024. 8. 10. 사망한 강호연의 아버지이고, 원고 양정숙은 망 강호연의 배우자입니다. 망 강호연의 직계비속으로는 강형수, 강지수가 있는데 이들 모두 상속을 포기하였고 2024. 9. 20. 상속포기 수리심판이 당사자들에게 고지되어 확정되었습니다. 그 결과 별지목록 기재 제4항 기재 건물은 원고 양정숙이 단독으로 상속하였습니다.

나) 피고 박광윤의 건물 점유

박광윤은 공사대금 채권을 변제받기 위해 별지 목록 제4항 기재 건물에 거주하면서 유치권을 행사하고 있습니다. 박광윤은 2022. 2. 1.부터 7. 31.까지 임의로 별지 목록 제4항 기재 건물을 타인에게 임대한 사실이 있고, 2022. 8. 1.부터 현재까지는 가족과 함께 별지 목록 제4항 기재 건물에 거주하고 있습니다. 원고 양정숙은 2024. 8. 29. 박광윤에게 유치권 소멸을 청구하는 취지의 통지서를 발송하였고, 2024. 9. 1. 그 통지서가 박광윤에게 도달하였습니다.

2) 피고 박광윤의 예상되는 항변

가) 원고 양정숙의 유치권소멸청구가 부적법

피고 박광윤은 자신이 건물의 용도 그대로 사용하고 임대한 것은 적법하며, 당시 소유자가 원고 양정숙이 아니었음을 이유로 원고 양정숙이 유치권소멸청구를 할 수 없다는 취지로 주장할 것으로 예상됩니다.

그런데, 민법 제324조에서 정한 유치권소멸청구는 유치권자의 선량한 관리자의 주의의무 위반에 대한 제재로서 채무자 또는 유치물의 소유자를 보호하기 위한 규정이므로, 특별한 사정이 없는 한 민법 제324조 제2항을 위반한 임대행위가 있은 뒤에 유치물의 소유권을 취득한 제3자는 유치권소멸청구를 할 수 있습니다(대법원 2023. 8. 31. 선고 2019다295278 판결).

그렇다면, 피고 박광윤이 유치권자로서 2022. 2. 1.부터 2022. 7. 31.까지 당시 소유자의 동의 없이 임의로 별지 목록 제4항 기재 건물을 타인에게 임대한 사실이 있고 이는 유치권자로서의 선관주의 의무를 위반한 행위에 해당하므로, 이후에 소유권을 취득한 강호연 및 그 포괄승계인 원고 양정숙은 현재 소유자의 지위에서 과거 무단 임대 사실을 이유로 유치권 소멸을 청구할 수 있고, 이는 형성권으로 유치권 소멸청구가 피고 박광윤에게 도달한 2024. 9. 1. 유치권이 소멸하는바, 그때부터 피고 박광윤은 별지 목록 제4항 기재 건물을 점유할 권리가 없습니다.

따라서, 피고 박광윤의 이러한 항변 역시 이유 없는 주장입니다.

3) 소결

이에, 피고 박광윤은 원고 양정숙에게 별지목록 제4항 기재 건물을 인도할 의무가 있습니다.

나. 원고 양정숙의 피고 박광윤에 대한 부당이득반환청구

1) 부당이득 반환청구

가) 부당이득 발생사실

원고 양정숙의 유치권 소멸청구가 피고 박광윤에게 도달한 2024. 9. 1.부터 피고 박광윤의 유치권은 소멸하므로, 법률상 원인 없이 별지 목록 제4항 기재 건물을 점유하고 있습니다.

나) 부당이득 반환범위

피고 박광윤은 원고 양정숙에게 2024. 9. 1.부터 별지 목록 제4항 기재 건물의 인도완료일까지 사용수익액 상당인 월 200만 원의 비율로 계산한 돈을 지급하여야 합니다.

2) 피고 박광윤의 예상되는 항변

가) 유치권자로서 과실수취권

피고 박광윤은 유치권자로서 민법 제323조에 따른 과실수취권이 있으므로 원고 양정숙의 부당이득반환청구에 응할 수 없다는 주장을 할 것으로 예상됩니다.

그런데, 민법 제323조에 의해 유치권자에게 과실수취권이 인정되지만, 이는 유치물의 사용, 임대 등에 소유자의 승낙이 있거나 그것이 보존행위에 해당함을 전제로 하는 것이므로, 유치권자에 대한 과실 수취권의 인정이 승낙 없는 사용이나 대여를 정당화할 수는 없습니다(대법원 2006. 2. 23. 선고 2005다57523 판결).

그렇다면, 유치권자가 유치권의 행사를 위하여 가족과 함께 유치목적물을 점유·사용한 것은 유치물의 보존에 필요한 사용이므로, 유치권자는 유치물을 적법하게 사용하여 얻은 차임 상당의 이익을 유치권의 피담보채권의 변제에 우선 충당할 수 있는바, 강호연은 2022. 10. 1. 정남이로부터 별지목록 제4항 기재 건물을 매수하여 소유권이전등기를 마친 때로부터 유치권소멸청구가 피고 박광윤에게 도달하기 전인 2024. 8. 31.까지는 과실수취권이 인정되어 유치권자 피고 박광윤의 피담보채권에 우선 충당된다는 주장이 타당합니다. 다만, 유치권이 소멸된 2024. 9. 1. 이후부터의 사용은 법률상 원인 이 없는바, 이 부분에 대한 피고 박광윤의 항변은 이유 없는 주장입니다.

따라서, 피고 박광윤의 이러한 항변은 2024. 8. 31.까지 부분에 한정하여 타당하고, 2024. 9. 1. 이후부터는 타당하지 않습니다.

3) 소결

이에, 피고 박광윤은 원고 양정숙에게 2024. 9. 1.부터 위 건물의 인도완료일까지 월 200만 원의 비율로 계산한 돈을 지급할 의무가 있습니다.

5. 흑석동 상가 관련하여

가. 원고 양정숙의 피고 윤건우에 대한 임차권 존재 확인청구

1) 임차권존재확인청구

가) 원고 양정숙의 임대차계약 체결사실

원고 양정숙은 2024. 2. 1. 이수인과의 사이에서 별지목록 제5항 기재 건물에 관하여 기간 5년, 임대차보증금 3억 원, 월 차임 500만 원으로 하는 임대차계약을 체결하였습니다. 원고 양정숙은 2024. 2. 2. 별지목록 제5항 기재 건물에 관하여 상호 '맛나식당', 등록번호 261-53-00201로 사업자등록을 마침으로써, 상가임대차보호법상의 대항력을 갖추었습니다. 별지목록 제5항 기재 건물의 양도인 피고 윤건우는 2024. 5. 15. 이수인이 피고 윤건우가 매매계약에 따른 의무이행을 함에 필요한 조력하지 않고 있고, 연락조차 하지 않음으로서 이행거절의사를 명백히 하였음을 들어 별지목록 제5항 기재 건물의 매매계약을 해제한다고 통보하였습니다. 이 통보는 2024. 5. 16. 이수인에게 도달하여 별지목록 제5항 기재 건물의 매매계약은 적법하게 해제되었습니다.

나) 확인의 이익 존재

확인의 소에는 권리보호요건으로서 확인의 이익이 있어야 하고 확인의 이익은 확인판결을 받는 것이 원고의 권리 또는 법률상의 지위에 현존하는 불안·위험을 제거하는 가장 유효적절한 수단일 때에 인정됩니다. 현재 피고 윤건우는 별지목록 제5항 기재 건물의 소유권이 피고 윤건우에게 복귀한 이상 체결된 원고 양정숙과 이수인의 사이에서 체결된 임대차계약에 대해서 책임을 질 수 없다고 주장하면서, 원고 양정숙에게 별지목록 제5항 기재 건물의 인도를 요구하고 있습니다. 원고 양정숙의 별지목록 제5항 기재 건물에 관한 임차권 확인을 받는 것은 원고 양정숙의 임차인 지위에 현존하는 불안·위험을 제거하는 가장 유효 적절한 수단이라 할 수 있습니다.

2) 피고 윤건우의 예상되는 항변

가) 임대차계약을 승계하지 않음

피고 윤건우는 원고 양정숙과 이수인 사이에서 2024. 2. 1. 체결된 임대차계약을 자신이 승계하지 않는다는 취지의 주장을 할지도 모릅니다.

그런데, 상가건물 임대차보호법 제3조는 '대항력 등'이라는 표제로 제1항에서 대항력의 요건을 정하고, 제2항에서 "임차건물의 양수인(그 밖에 임대할 권리를 승계한 자를 포함한다)은 임대인의 지위를 승계한 것으로 본다."라고 정하고 있습니다. 이 조항은 임차인이 취득하는 대항력의 내용을 정한 것으로, 상가건물의 임차인이 제3자에 대한 대항력을 취득한 다음 임차건물의 양도 등으로 소유자가 변동된 경우에는 양수인 등 새로운 소유자(이하 '양수인'이라 한다)가 임대인의 지위를 당연히 승계하며, 소유권 변동의 원인이 매매 등 법률행위든 상속·경매 등 법률의 규정이든 상관없이 이 규정이 적용됩니다(대법원 2017. 3. 22. 선고 2016다218874 판결).

그렇다면, 원고 양정숙이 별지목록 제5항 기재 건물에 관하여 상가임대차보호법 상의 대항력 있는 임차권을 갖춘 뒤에, 별지목록 제5항 기재 건물에 관하여 매매계약이 해제되어 그 소유권이 피고 윤건우에게 복귀하였다면, 피고 윤건우는 위 임대차계약의 임대인 지위를 승계합니다.

따라서, 이 부분에 관한 피고 윤건우의 항변은 이유 없는 주장입니다.

나) 원고 양정숙의 차임연체로 인한 임대차계약의 해지

피고 윤건우는 원고 양정숙이 3회 이상 차임은 연체하였으므로 임대차계약을 해지한다는 항변을 할 지도 모릅니다.

그런데, 임대인 지위가 양수인에게 승계된 경우 이미 발생한 연체차임채권은 따로 채권양도의 요건을 갖추지 않는 한 승계되지 않고, 따라서 양수인이 연체차임채권을 양수받지 않은 이상 승계 이후의 연체차임액이 3기 이상의 차임액에 달하여야만 비로소 임대차계약을 해지할 수 있습니다(대법원 2008. 10. 9. 선고 2008다3022 판결).

그렇다면, 원고 양정숙은 2024. 3. 및 2024. 4.분 차임을 연체한 사실이 있으나 이는 이수인의 연체차임채권으로서 따로 채권양도의 요건을 갖추지 않은 피고 윤건우에게 승계되지 않고, 피고 윤건우의 연체차임을 이유로 한 임대자해지의 통지가 원고 양정숙에게 도달한 2024. 11. 30. 이전에 원고 양정숙은 연체차임을 일부 지급하여 2024. 11. 30. 당시에는 연체차임액이 2기의 차임액에 불과하였습니다.

따라서, 이 부분 피고 윤건우의 항변도 이유 없는 주장입니다.

3) 소결

이에, 법원은 별지목록 제5항 기재 건물에 관하여, 피고 윤건우를 임대인, 원고 양정숙을 임차인으로 하고, 원고 양정숙과 피고 윤건우 사이의 2024. 2. 1. 임대차계약에 의한 기간 5년, 임대차 보증금 300,000,000원, 차임 매월 5,000,000원으로 한 임차권이 존재함을 확인해 줄 의무가 있습니다.

6. 결론

원고의 이 사건 청구를 모두 인용하여 주시기 바랍니다.

증명방법 및 첨부서류

(생략)

2024. 1. 17.

원고들 소송대리인 변호사 최선만

서울중앙지방법원 귀중

지은이 **이관형** 변호사(辯護士), 법학박사(法學博士)

[학 력]
- 인천 세일고 졸업
- 성균관대 법학과 졸업
- 경북대 법학전문대학원 졸업
- 성균관대 일반대학원 법학과 졸업(Ph. D - 조세법)

[경 력]
- 제7회 변호사시험 합격, 법무법인 세지원 구성원 변호사
- 베리타스 법학원 민사법 전임강사
- 강남대학교 정경학부 세무학과 겸임교수(兼任教授)
- 한국조세법학회 우수 박사학위 논문상 수상
- 대법원 국선변호인
- 인천광역시 환경분쟁조정위원
- 인천광역시 부평구청 법률고문·재건축분쟁조정위원 ·행정자치위원·의정비심의위원

[저 술]
- 학위논문 "상속형 신탁 활성화를 위한 상속·증여 세제 개선방안에 관한 연구" - 지도교수 이전오
- 학술논문 "상속형 신탁과 유류분의 관계", 「법학논고」 제79권, 2022. 10. - 윤진수 교수님 著 친족상속법 강의 제5판 참고문헌 기재
- COMPACT 변시기출 연도별 민사법사례연습(학연, 2023)
- COMPACT 변시모의 연도별 민사법사례연습(학연, 2023)
- COMPACT 변시 진도별 환경법사례연습(학연, 2023)
- COMPACT 변시 청구별 민사기록연습(학연, 2023)
- 한 눈에 보는 COMPACT 민사집행법(학연, 2023)
- 한 눈에 보는 COMPACT 어음수표법(학연, 2023)
- 한 눈에 보는 COMPACT 친족상속법(학연, 2023)
- COMPACT 변시 진도별 민법사례연습(학연, 2024)
- COMPACT 변시 진도별 민사소송법사례연습(학연, 2024)
- COMPACT 변시 진도별 상법사례연습(학연, 2024)
- COMPACT 변시 진도별 민법선택연습(기출편)(학연, 2024)
- COMPACT 변시 진도별 민법선택연습(모의편)(학연, 2024)
- COMPACT 변시 진도별 민사소송법선택연습(기출편)(학연, 2024)
- COMPACT 변시 진도별 민사소송법선택연습(모의편)(학연, 2024)
- COMPACT 변시 민법의 感(판례편)(학연, 2024)
- COMPACT 변시 민법의 感(이론편)(학연, 2024)
- COMPACT 변시 민사소송법의 感(이론편/판례편)(학연, 2024)
- COMPACT 변시 환경법의 感(이론과 사례)(학연, 2024)
- COMPACT 변시 진도별 상법선택연습(기출편)(학연, 2024)
- COMPACT 변시 진도별 상법선택연습(모의편)(학연, 2024)
- COMPACT 변시 2024년 6모 민사법(선택사례기록형) 해설(학연, 2024)
- COMPACT 변시 2024년 8모 민사법(선택사례기록형) 해설(학연, 2024)
- COMPACT 변시 2024년 10모 민사법(선택사례기록형) 해설(학연, 2024)

지은이 **송재광** 변호사(辯護士)

[학 력]
- 대구고등학교
- 서울대학교 국사학과(학사),
- 서울대학교 법학전문대학원 졸업(석사)
- 13회 변호사시험 합격

[저 술]
- COMPACT 변시 2024년 6모 민사법(선택사례기록형) 해설(학연, 2024)
- COMPACT 변시 2024년 8모 민사법(선택사례기록형) 해설(학연, 2024)
- COMPACT 변시 2024년 10모 민사법(선택사례기록형) 해설(학연, 2024)

COMPACT 2025년 14회 변호사시험 민사법(선택·사례·기록형) 해설

발 행 일 : 2025년 02월 12일
저　　자 : 이 관 형, 송 재 광
발 행 인 : 이 인 규
발 행 처 : 도서출판 (주)학연
주　　소 : 충청북도 진천군 백곡면 명암길 341
출판등록 : 2012.02.06. 제445-251002012000013호
www.baracademy.co.kr / e-mail:baracademy@naver.com / Fax : 02-6008-1800

저자와 협의하여
인지를 생략함

정가 : 18,000 원　　ISBN: 979-11-94323-38-9(93360)